漢文法基礎

本当にわかる漢文入門

二畳庵主人
加地伸行

講談社学術文庫

はじめに

この本を手にされた読者は、失礼ながらおそらく次の三つの型のどこかに入《はい》られるのではなかろうか。

①漢文をしっかりと勉強したい高校生や大学受験生。

②懐しい高校時代にもどり、あらためて漢詩や漢文を独りで読みたい、学びたい方。

③昔、Z会の会員であり、本書の元となった連載「漢文法基礎」、そこから生れた単行本『漢文法基礎』を懐しみ、もう一度読みたい方。

本書はZ会（増進会出版社）刊『漢文法基礎』（二畳庵主人著）を修補した上の再登場であり、ここにほぼ二十年振りに世に送りだすこととなった。

全体として、二畳庵主人という名の老師が高校生に語りかける口調であるので、②・③の読者は、そのことを御諒承の上、以下、気楽にお読みいただけると幸いである。

平成二十二年七月九日

孤剣楼　加地伸行

なぜこの本を書くのか。それには理由がある。そこらに転がっている漢文の受験参考書のひどさにあきれたからだ。

例えば、関西の某有名進学高校の先生が書いた本の表紙には「読んでゆくだけで、のみこめる革命的な新方式——これだけつかんだら他を考えるな——どんな設問にも完璧」とある。なんだか神様みたいな威力がありそう、この私も教えてほしい、というわけで立ち読みしたところ、呆れはてた。なにひとつ目新しいものもなければ、なにひとつ説得力もないお古い漢文受験参考書にすぎない。「革命的な新方式」が聞いてあきれる。こんな文句にまどわされて諸君は買わされるわけだな。哀れよのう。

また、同じその高校の先生の勉強のしかたについて書いたものもある。そのなかの漢文のところを読んで驚いた。要約してみると、第一に、漢詩を五十ほど覚えなさい、と言う。目標は百！

第二の目標は、故事熟語をしっかり覚えなさい、と言う。これはいったいどういうこと？漢詩を百も覚えるなんて。考えてもみたまえ、専門に中国文学を研究している人でも、たちどころにスラスラと百首も口をついて出てくるのかね。現実に専門家でも難しいことを、どうして高校生が可能であろうかのう。

また故事熟語は、なるほどたくさん覚えているにこしたことはない。しかし、故事熟語の意味を問うといったような設問の比重は小さい。そんなところに力を入れるという発想がわからない。英文法で例外ばかり覚えようとしている神経質なのがいるが、そんな連中の意識とあまり変わらないなあ。

さらにこの本の著者は、書き下し文を白文に直せと言う。白文というのは、原文の漢字だけの文（原漢文と言う）のこと。その白文に、書き下し文を直す、などという仕事は、そう簡単にできるわけではない。相当の本格的訓練が必要なんだ。そりゃあ、「我、書ヲ読ム」などというカンタンなのはだれでもできる。ということは、そんなもの出題されないということだ。それ以上の複雑な書き下し文を白文に直すことなど、この著者御自身おできになんでしょうかねえ。

そこで考えた。どうしてこんなクフウのないタイクツな本が出るのか、と。で、どうやら原因がつかめた。著者の高校は東大進学者が多いので有名である。そこで出版社は、この高校になにやら秘術があるんではなかろうか、という漠然とした期待感を持つ受験生心理をとらえて著者に起用したのだろう。だから別にすぐれた力を持つ著者というわけではない。にもかかわらず、著者はトクトクとして説明している。それを読んでいるうちに、ああ、この人はクロウが足りないな、と思った。だいたい、その高校の生徒は、はじめから質が高いのを集めている。だから、教師が少々タイクツな公式的説明をしても、なんとかのみこんでしまう。楽なもんだ。というわけで、教師はデキの悪い生徒に教えるクフウというものをしなくなる。クロウが足らんわけである。そこの高校生は、先生が覚えなさい、と言えば、ハーイとすぐに覚えてしまう力がもともとあるのだ。そういう気楽なとこで気楽に教えた結果にすぎない。ふつうの高校では、先生が覚えろ、とドナッテ、生徒が頭かきかき、目標達成率一〇パーセントぐらいでチョン。「受験勉強はしかたがない」とボヤキながらガンバッテイルノデアル。

或る漢文受験参考書もひどいもんである。例えば「解法ルール」という項目があり、「漢文の表現は簡潔である。語句と語句のつながりを考えて全体の構成を明らかにし、主題を把握する」ときた。これはなにも漢文に限った話ではないので、日本語に接するかぎり、常にそのように注意すべきことではないのか。その対策として、例えば蘇軾《そしょく》と韓愈《かんゆ》との文はよく出題されるので「教科書を中心に参考書にできるだけ多くあたっておく」と言う。コレ本気で書いているのかネ。受験生は、英数を放り出して毎日この二人の文を読んだって読みきれぬほど多作で、しかも難解な漢文なのに——こういう対策とは、まことにやりきれない思いである。

そのほか山ほどある参考書は、どうしてあんなにあれもこれもとテンコモリになんでもかんでも載せているのだろう。そのくせ、いざその説明となるとまったく陳腐な教科書的説明のくり返しである。例えば、「遂」ということばがある。これにいきなり「ついに」という訳語をあててハイオシマイ。これでは困るんだ。「遂」には、プロセスの感じがある。ああなってこうなってそうなった、という感じなんだなあ。だから「こういうわけで」とか「こういう事情で」という感じだというふうにその語感を説明してあると、この「遂」一語で、前後の文脈がすっと通る解釈が可能になる。

ゴタゴタとむつかしい「曷・害・庸・詎」の読みかたや用法を説くひまがあったら、しょっちゅう出てくる語の語感の説明をこそすべきなのだ。諸君も、漢文法を勉強するときは、こういうところを押さえてほしい。ゴタゴタ多くのむつかしいことを覚える必要はまったくない。ではその基準ということだが、それは実は簡単なことなのだ。というのは、一冊問題集を通覧すればよい。五十問も見れば十分だ。せいぜいその範囲内の漢文法で十分だ。いわば、各自が自分の力で漢文法を作るということだが、素人の諸君にそんなことできるわけがない。そこで、この二畳庵先生が登場した。

日本語と中国語との絶対的な相違、そして、そのギャップを埋める努力の果てに完成した訓読といわれるものに対する検討こそ、ほんとうの漢文法研究である。というわけで、四年前から増進会（Z会）の機関誌『旬報』に連載してきたのが「漢文法基礎」で、それをまとめたのが本書である。

そこでちょっと自己紹介しておこう。二畳庵先生は、さる大学の先生である。いろいろうるさい問題があるので、覆面しているわけだ。もっとも、覆面の楽しさというものもあり、それは、かつて私自身、増進会のペンネームの会員だったころ以来感じている。私のペンネームは「文殊の智慧」だった。

この私、二畳庵先生は、大学で中国のことを専攻して以来、二十年あまり漢文で明け暮れてきた。そして二十代のころ、公立高や定時制高、私立男子校、私立女子校、はては予備校といったいろいろなところで漢文を教えたことがあり、こう言ってては自慢めくが、高校漢文教育の経験豊富である。だから諸君の弱点もよーく知っておるぞ。

その経験のなかで知ってきたことの一つはこうである。できのよい生徒とできの悪い生徒とに対する説明のしかたは同じでよい、という真理である。ちょっと聞くとこれは奇妙な話だが、経験から得た事実だからしかたがない。そのことは、本文を読んでゆくうちにおいおいわかるだろう。私の説明は、〈なぜかと根本的理由を求める〉できのよい生徒と〈詳しくわかりやすい説明を求める〉できの悪い生徒とだけによくわかる。残念ながら〈覚えるものはなにか、その個条書きだけを求める〉ような中間のフワーンとした連中にはわからない。

だから、諸君は、本文を読み進んでゆくうちに、私の説明がわかってくるならば、オレはできがよい、と喜んでもいいし、或いは、オレはできが悪いのかも、と疑ってもいい。どちらにしても、結果として漢文がわかってくれればそれでよいではないか、ン?

一九七七年六月

二畳庵主人

目次

漢文法基礎

第三部　構文編

漢文法基礎

雲もまた自分のやうだ
自分のやうに
すつかり途方にくれてゐるのだ
あまりにあまりにひろすぎる
涯《はて》のない蒼空なので
おう老子よ
こんなときだ
にこにことして
ひよつこりとでてきませんか
——山村暮鳥《ある時》（詩集『雲』より）

第一部　基礎編

(1) 漢文学習の準備体操

やあ、諸君、お早う。いや、こんばんは、と言うべきか。ま、そんなことどうでもよいが、これから漢文を勉強することにしよう。と言っても、諸君は漢文って何、という段階だから、とにかく最初から説明してゆく。安心したまえ。そうこわがることはない。と同時に、はっきり言っておくが、本当の漢文は、なかなかてごわいということった。そのてごわさは、だんだん知ってゆくことになるだろうから、今ここでは言わない。

さて、諸君の手もとの教科書に、漢文が出ているはずだ。教科書をちょっと見てみたまえ。ぱらぱらっとめくってみたまえ。おそらく、ウンザリ、ということだろうなあ。なにしろ、君たちの一番不得意な漢字が並んでるんだから。しかし、そんな程度でウンザリするのではアカンゾ。まず、次の漢文を見たまえ。

人皆有不忍人之心先王有不忍人之心斯有不忍人之政矣以不忍人之心行不忍人之政治天下可運之掌上所以謂人皆有不忍人之心者今人乍見孺子将入於井皆有怵惕惻隠之心非所以内交於孺子之父母也………

なんのことか、さっぱりわかるまい。そう、さっぱりわからんというのでよろしい。本当の漢文というのは、この文のように、ただ漢字だけがズラズラッと並んでいるだけなんだ。てなことを言うと、もうボク、ダメッ、と絶望的になってしまうだろうねえ。

しかし、安心したまえ。こういう本格派中の本格派漢文は、諸君にとって絶対に関係がない。この本格派漢文に、砂糖を入れて、調味料をパッパッとふりかけ、グツグツと日本人向きに味つけして炊き出した形のものが、教科書に載っているわけさ。つまーり、いつでも、さっと食べられるように、ちゃーんと料理してお膳に出ているわけ。インスタントものね。ファーストフードよ。さきほどのズラズラッと漢字が行列している本格派漢文は、プロの食いものさ。食通の料理さ。ここのところを、しっかり、記憶してくれたまえ。漢文と言っても、諸君の漢文は、日本人向けにちゃんと手を加えたもの。けっして専門家用の漢文ではない、ということ。

けれども、ただただ日本人用だけというわけでもない。なにしろ、もとは中国という外国で生まれた文章なんだから、どうしても、ピリッ、ピリッと外国風の、いや中華風の味つけが残っている。そこで、そういう中華風のところに注意してゆけば、少なくとも、教科書中や入試問題として出されている漢文の読解は可能だ。だから、安心して、しっかりとついてきてくれたまえ。

そこで、まず、漢文そのものにはいる前に、準備体操をすることにしよう。なんでもそうで、いきなり飛びこんだり、走ったりしては息が切れる。まず、ゆっくりと筋肉をもみほぐすこと。そこで、ともかく次の二つの文を読んでくれたまえ。

(一) よもや姉さんはそんなことを望んでいなさるはずがないからそれをきいたらきっとめいわくしなさるだろうといいますとしかしあんさんがわたしをおもらいなされたのは私のあねときょうだいになりたかったからでござりましょう、姉はあんさんの妹さんからそんなはなしをきいておりましたので私もしょうちしておりました、あんさんはずいぶん今日までよいえんだんがありながらどれもお気にめさなんだとやらではござりませぬか、そんなにむずかしいお方がわたしのようなふつつかなものを貰ってくださいましたのは……

(二) 偖斯の如く主人に尻を向けた細君はどう云う了見か、今日の天気に乗じて、尺に余る緑の黒髪を、麩海苔と生卵でゴシゴシ洗濯せられた者と見えて癖のない奴を、見よがしに肩から脊へ振りかけて、無言の儘小供の袖なしを熱心に縫って居る。実は其洗髪を乾かす為に唐縮緬の布団と針箱を椽側へ出して、恭しく主人に尻を向けたのである。

どうかね、この二つの文章。どちらも、まちがいなく国語でしかも大作家のものだ。マンガや劇画のギャーッ、ガーッ、ゴツン、スパッ、てな調子のものばかり読んできた君には、手も足も出まい。ざまあみろ。

㈠文の場合、なにしろ、たらたらたらたらと長い長い文章で、シンドイ。けれども、これは日本のかな古典文学の伝統につながっているわけで、まず第一にこうした㈠文のような文章を読みきることができなくては国語の征服はムリですなあ。これは谷崎潤一郎の『蘆刈《あしかり》』の一節であるぞ。典型的な和文脈だ。

㈡文はどうかね。これは㈠とは対照的に漢字がめったやたらと多い。最初の「偖斯の如く……」が読めるかね。これは「偖《さて》斯《かく》の如《ごと》く……」と読むんだぞ。この文章をだいたい読めたとしたら、国語力は相当あると言えよう。この㈡文のような文体も、日本語の伝統の中に流れているのだ。ちょうど㈠文の文体の流れと対照的に。ふつう、こうした㈡文のような文体を、広い意味で漢文脈と言う。すなわち漢文の影響を受けた文章という意味だ。しかし、この㈡文は、漢文脈と言っても、オーソドックスな漢文脈とは異なり、かなりくだけている。いわゆる漢文脈というのは、次の㈢のような文体である。そうそう、言うのを忘れてた。㈡文は夏目漱石の『吾輩は猫である』の一節じゃぞ。

㈢　天は自ら助くるものを助くと云へる諺は、確然経験したる格言なり、僅に一句の中に、歴く人事成敗の実験を包蔵せり、自ら助くと云ふことは、能く自主自立して、他人の力に倚ざることとなり、自ら助くるの精神は、凡そ人たるものの才智の由て生ずるところの根原なり……

この㈢文、おそらく諸君には読めまい。まず発音としても読めないだろうし、その次は文意をつかむのが難しいだろう。例えば、「僅に」「歴く」「能く」「凡そ」をどう読むか。正解は「ワヅカに」「アマネく」「ヨく」「オヨそ」である。こうした奇妙な読みかたをすることばは、実は漢文においてふつうに使われているものであって、すこしも珍しいものでない。漢文でふつうに使われていたからこそ、作者自身の文、すなわち日本語を書くときに、そのままそっくり使ったのである。どうしてそんなことをしたのか、と言うと、それは時代のなせるわざである。というのは、この㈢文は、中村正直の『西国立志編』(イギリス人のサミュエル・スマイルズ『自助論』の訳)の最初のところである。明治の初めの有名な翻訳である。すなわち、明治時代の人たちは、漢文がよく読めたから、しぜんと日本語の中に漢文で使われることばを転用したのである。読者もそれを読んでわかった。漱石や鷗外の文章に、漢文で使われることばがごくふつうに使われているのは、そういうわけである。

そこで、漢文を習い始めの諸君に言っておきたいのだ。いきなり漢文を読む、などという生意気なことをしないで、まずなによりも漢文脈の文章に慣れることだ。これまで中学校で、現代文ばかり勉強してきただろうから、㈠文のような、かな文学や、㈡・㈢文のような、漢文脈の文章はとっつきにくいだろう。わかる、そのつらさ。けれども、高等学校では、現代文以外に古典（古文・漢文）を学ぶのだ。これはもう、日本人として、現代文をよりよく理解するためにも絶対必要なことなのだ。

その古典の内、漢文にはいってゆく道として、漢文脈の文章をたくさん読むことを勧《すす》める。そこらの変な漢文受験参考書（この『漢文法基礎』は別じゃぞ、ウン）など、見る必要はない。明治の作家たちの作品の中には、漢文脈のものがずいぶんと多い。そういうものをたくさん読むことだ。このごろは、ふりがながついているから、それを頼りにして読んでゆけ。そしてそれは同時に、古文の力や、現代文の力の養成にもなる一石三鳥（この意味、ワカル？）なのだ。

(2) 入試の漢文

まず入試の漢文問題というところあたりから話してみよう。と言うと、ガゼンひざを乗り出してくるんだからコマッチャウ。まあま、そうあわてずに読んでほしい。

いわゆる漢文の受験参考書をアチコチ見ているうちに、ふと気づいたことがある。なにかと言うと、その用例として採っている文章が、そろいもそろって、中国での一級の作品ばかりである。これはいったいどういうわけかいな、ウン、オカシイと思って、いろいろ見て、さらに気がついた。その目的は、どうやら一種の名文集を作ることのようである。これはおかしいんじゃないか。漢文の参考書の第一目的は、漢文の実力の養成にあるのであって、いわゆる「名作」を教えこむということではなかろうに。そんな「名作鑑賞」は学校の教科書にまかせておけばよい。ところが、漢文の参考書は、教科書の焼きなおしみたいなものである。その上、肝心の語感の説明は、というと、「矣《い》、これは断定を表す」なんて書いてあるだけで、わかったようなわからんような教科書的説明である。ひどいのになると「よく覚えておくこと」と宣《のたも》うている。よく覚えられんから受験生は苦労しているのである。それをまあ、スイスイと、あれも覚えろ、これも記憶しろというんじゃ、タマッタモノじゃない。こういうのは、単なる名作選集じゃないか、とケチをつけると、ただちに反論するのが出てくる。だって、センセ、ロンゴの出題率は一二パーセント、モーシの出題率は五パーセントなのよっ、とね。どこで見つけたか、出題率とやらがあり、『論語』や『孟子』を勉強しておくと、ヒョッとしたら同じ内容が出るカモ、というわけである。そこで学習参考書の出版社は、中国三千年、圧死させるほどのものすごい本の量のうちから、総花的に名文をチョイチョイと集め、出題率にひっかけて受験生の精神状態をクスグルというわけである。コリャ一体、だれの発案なるか。

名文チョイ集め集の元祖はだれだか知らないが、出題率などと称して近代化したのは、某社のなんとかの『傾向と対策』シリーズであろう。この本、もっともらしく、なにが何パーセントで、最近五ヵ年間出典別統計グラフなどというものまで作っている。御苦労なのは受験生で、フム、今年の『論語』の出題率は去年より一パーセント上ガットル、なんてことに一喜一憂している。しかし、結論から言わしてもらうと、こんな出題率は屁のツッパリにもならないし、どこのなにを勉強するなどという予想は、いっさいアテにならない。すこし古いが、昭和四十七年版の傾向欄になんと書いてあったか。「漢文は有名出典をマークしたい」と。これ、某社は、本気で書いているのであろうか。神サマでもできそうにないことを平気で書いている。私は別に某社にウラミツラミがあるわけではない。その昔、同社の合格体験記なんてのを書いて入選し、合格した大学の特信員を拝命、小銭をもらっていたので、むしろ感謝していたのだが、この『傾向と対策』はアキマヘン。私が受験生だったころの『傾向と対策』の内容とあまり変わっていないのである。昔出た『傾向と対策』でも結構役に立つ。『論語』の出題数はそのころすでに一位だったのだから。

もし、本気で予想するとするならば、私ならこうする。受けようとする大学の専任教員中、中国哲学・中国文学を専攻する人がいるのかどうかということを調べる。もし、その大学にそういう人がいたとしたならば、出題の範囲は相当に広いものと考えねばなるまい。というのは、彼らは漢文読解力があるので専門を生かして、未出の材料を選ぶだろうから。或いは既出の材料でも、ひとひねりするであろうからである。もし、中国関係専門の人がいない大学とすれば、おそらく国文学の人が出題するであろうから、出題の範囲は狭いものと考えてよい。極端に言えば、訳本のある漢文から出題することであろう。というのは、解答に自信がないから、翻訳に頼るわけである。もちろん、現在、中国ものの訳本は多くなっているから、それにつれて出題範囲も多少前よりも広くなってきてはいるであろう。これが、大学入試漢文問題の大きな傾向なのである。

とすると、なぜ、いわゆる古典・名作の出題が多いのかという理由は以上の説明で明らかである。千の大学の内、中国関係専門の人を専任とする大学は百もあるであろうか。仮に百としよう、残りの九百の大学では、漢文の出題を、国文の先生、いわばシロウトが担当するわけである。ということは、しっかりした訳本のある古典からの出題が多いということになり、例えば訳本の多い『論語』一位の記録が続くわけである。しかし、チョットしっかりした大学の場合、専門家がいるから、ひねるわけである。こういう大学を受けようとする場合、有名出典を走り回って探したって、あまり意味がない。いやそれよりなにより、近ごろは入試の科目「国語」から漢文ははずすという大学が圧倒的に多く、もう大学自身の出題はほとんどなくなってしまっている。わずかに大学入試センター試験中に漢文が存在しているようなことになってきている。

有名古典からの出題などということは期待しないほうがよい。そんな準備のしかたはいわゆる三流大学向きの対策なのである。大切なことは漢文読解の実力をつけるということなのであって、既習の有名古典の出題あれというラッキーを願うことであってはならない。それが、基礎的な力を養うということなのである。本気で傾向と対策とをするならば、問題の解説などということや、グラフを作ったりすることではなくて、A大学の中国文学のB教授は唐詩が専門で、こういう著書がある、ひょっとしたら専門の唐詩を出さないで、漢代の文章を出すのではなかろうか、イヤイヤ待テ待テ、漢代なら、A大学にはC准教授がいて漢代に詳しいゾ、そうやなあ、思想関係が出るかもなあ、漢代の思想やったらなんやろか、てな調子で、分析すべきであろう。中国哲学専門の人は、文学に材料を求めたりしないものであるし、中国文学専門の人はその逆でもある。しかし、そんなことは、小手先のことであって、王道ではない。受験生は王道を行け。すなわち、出題材料がなんであれ、漢文読解の実力さえあれば問題はない。とまあ、調子よく書いたが、それでは、漢文の実力をどのようにしてつけるか、という問題にもどって来ざるを得ない。それを担当するのがこの本なのである。

もっとも、二畳庵先生が現役大学教員であったころと異なり、先ほど記したように近ごろは入試科目に国語があっても「漢文を除く」などということが多く、事実上は、大半の大学入試から漢文は消えていっている。結局は大学入試センター試験の中で辛うじて生き残っているのが現実。だから日本の教育はだめなのよ。国語力が落ちてきている原因の一つは漢文が入試から除かれていったからよ。じゃが、本書をわざわざ読もうという諸君は見あげたもの。よろしい。それでこそ真の国語力がつき、そのことによって英語や社会（地歴公民）も実力が上がるのじゃ。真の国語力があってはじめて本物ぞ。

さて入試問題中、国語や社会に対する批判が多いのに、数学や理科に対して、なぜ少ないのか。これには理由がある。もちろん、内容が、素人に踏みこめる、踏みこめないという相違からきていることもあるが、実は出題者側に原因があると思う。それはこうだ。

いわゆるマンモス大学の場合、理科系の先生などガバガバいる。例えば東大の場合、数学専門の先生だけで五十人や六十人はいるだろう。すると、毎年五問出るとすると、十年に一回の担当ということになる。十年は長すぎるとしても、まあ、五、六年に一回。となると、ハリキルンデアル。つまり、採点は毎年としても、出題は久しぶりということ。そこで、苦心に苦心を重ねて、カッコヨイ問題を作る。ところが、国語や社会の出題者（すなわち、国文学、日本史、西洋史、東洋史などの専門家）となると、とたんに先生の人数が減る。すると出題者になるのが毎年に近くなり、当然、マンネリ化スルンデアル。はっきり言えば、倦《あ》いているんだ。すると、倦いている人の出題と、ハリキッテイル人の出題とには、差が出てくるわな。逆に言えば、大学の規模が小さい場合、理科系の先生も倦いているということになる。

さて、右の理論に基づいて、漢文は、となると、これはもう倦き倦きと言ってよい。漢文の先生なんて、ごくわずか。当然、毎年同じような類型的なものが多いということになるが、漢文という異様な文字づらに引きずられてしまうので、ベテランでなくては、その傾向ちょっとわかるまい。特定大学の五、六年分の漢文問題をじっと見ていて、或る瞬間、はて、と思うところにぶつかるときがある。そこで調べてみると、やはりハハンとわかることがある。なんて言うと、諸君は、それをぜひ教えてほしいと言うだろうが、教えない。諸君はお勉強するのですッ。ただ一言だけ言うとすれば、予想はまったく当たらないということだ。二畳庵先生も、問題が発表された後、以前の問題とあれこれ比較していろいろとわかるまでのこと。だから諸君は、いっさいの予想記事を無視するという態度が一番よろしい。おおざっぱな話だが、規模が大きい大学ほどマンネリ化が少なく、また、教師の数が少ない科目(その典型である漢文)ほどマンネリ化がみられるという傾向があるが、素人にはちょっと分別が難しいというところであろうか。

さて、入試問題のパターンはほとんどきまっている。書き下《くだ》し文・読み方・訳・文法、というこの四つは、必ず出る。残りは、中国思想史や文学史についてのごく簡単な質問や、全文の主題、といったものである。だから、書き下し文・訳、というものは、必ず出る、ということになる。となると、漢文法は、いやがおうでもひととおりは学習しなくてはならなくなる。というところで、問題点がフワーンとぼけてくる。冗談じゃない、漢文法なら漢文法を勉強するとすれば、時間はいくらあっても足りない。足りない分は、ガンバレという精神主義となってしまう。もちろん、精神主義は悪いことではない。ガンバリ屋根性は必要だ。しかし、考えてみると、漢文法など底なし沼みたいなもので、短い限られた時間で、とても完習できないだろう。

そこのところを心得ているのは、実は大学側だ。入試問題を見てみると、絶対と言ってよいぐらい、例外的用法や高度なものは出題されない。高名な某受験参考書に疑問を表す語として、「奚・胡・曷・害・庸・詎」など挙げているのを見て、思わず噴き出してしまった。こんなことばなどにカナを打たず、ずばり出して読ませるなどというバカゲタ設問は、いわゆるマトモな大学では、絶対にない。仮にこんなことばが読めたからといって、それが高校生の漢文の力を試す目安となりはしない。ただ変な物知りというだけのことだ。

大半の入試問題批判を見ると、実状をまともに分析などしていない。最近の漢文入試問題は、見れば見るほど以前の程度よりはるかにやさしくなっている。文法の設問パターンは、ほぼ類型化している。いわば、漢文法に関して言えば、非常に勉強しやすくなっているのだ。だから、ただ抽象的に漢文法を勉強するというのではなくて、現在、大学側が要求している程度の漢文法を勉強するということで十分だと思う。大学側は、諸君にミニ漢文法家になることなど期待していないのだ。

(3) 「基礎」の意味

これから漢文法の基礎に重点を置いて話を進めるが、初めに、「基礎」ということばの意味について説明しておこう。漢文法の基礎、などと言うと、なんだか初級の漢文のような気がしてありがたみが少ないと思うかもしれない。俺は受験勉強中なんだから、チットは高級なことを講義してほしいと思うかもしれない。或いは、基礎が肝心だから、基礎から勉強して、受験準備へと進みたいので、ちょうどよかった、と思う人があるかもしれない。その両方とも、残念ながら、私の考えている「基礎」の意味と異なる。右の両者ともに、ことばには、小学生用から高校生用まで段階があるという考えである。これはおかしい。ことばに小学生用や大人用がある、などというのは。赤ちゃんが、ウマウマ、と言うと、単純な幼児語と思うかもしれない。しかし、それの意味するところを通用語になおすと、「お母さん、おなか空《す》いた。ごはん食べたい」と言っているのかもしれない。また、大学構内にベタベタと貼ってある宣伝文は、高度な思想用語や文学的造語にちりばめられているが、内容空疎で、キャーッというストレス解消の叫び声と変わらないかもしれない。私は、ことばに程度の高低があるとは思わない。「私は少年である」ということばは、見た目には簡単なことばであるかもしれないが、さてしかし、この文の構造を反省してみると、なかなか難しい。おそらくは、この文を例に、日本文法論にまで展開され得るだろう。なぜそうなるかと言うと、文の構造という観点から見たからである。そこで言いたいのだ。文に難易の程度はないというのは、例えば文の構造といったような、そうした考察をするときに鮮明になる、と。「初歩」というのは、事実を事実としてそのままに教えるということであろう。「私は少年である」という文を、分節に分け、単語にまで分解して品詞というものを教えたり、あるいは主語―述語の関係という文構造を教えたりする。だが、例えば、主語―述語の関係というような文構造を、「そうなっている」と、ただそのままに教えたのでは、理解させることよりも、暗記させることになるだろう。しかし、主語とはなにか。いや、日本語に主語など存在するのか、ということになると、そこに、研究的な考察を加えざるを得ない。つまり初歩的な事実を材料に、その材料の持つ意味の考察ということになる。すると諸君は、そんなヒマな考えごとは、学者先生のする仕事であって、受験生には関係がない、と言うかもしれない。それはおかしい。受験生であるからこそ、初歩的事実をクソ暗記するのではなくて、その初歩的事実の意味を考察して、広く応用可能な視点を養わなくてはならないのである。私は、かつて受験生時代、いわゆる受験参考書にはあきたらなかった。当時、例えば、日本文法の場合、阪倉篤義『日本文法の話』（はじめ創元社。後に教育出版）、松尾聡《さとし》『古文解釈のための国文法入門』（研究社出版）、時枝誠記《ときえだもとき》ら『古典解釈のための日本文法』（至文堂）といった良心的著作に行き当たり、やっと、自分の知的欲望が満たされた。漢文法の場合など、それがもっとひどくて、世上の漢文法参考書の一切はくだらないと言いきれた。その中で、西田太一郎『漢文法要説』（東門書房・絶版。朋友書店・復刊。後に増補して角川書店から『漢文の語法』として発行）、湯浅廉孫《れんそん》『初学漢文解釈ニ於ケル連文ノ利用』（朋友書店復印。ただしこの本は専門的すぎる）が一頭地を抜いていることを知り、それを手にして、やっと安心することができた。現在では小川環樹・西田太一郎『漢文入門』（岩波書店）がすぐれているが、程度は非常に高い。上記の著書は、おそらく諸君は知らないであろう。また、特に読まなければならないことはない。今は絵つき色つきが全盛であるから。ただ、そんな下らぬものなどで諸君が勉強しているかと思うと、背筋が寒くなってきた。考える、ということをしない人間を作るためのようなものである。そこで、もう一度くり返しておこう。受験生だからこそ受験技術を覚えるのではなくて、研究的考察を加えなくてはならない。私はその際の助言者となろう。本書がそれだ。硬派だぞ。ヤワなヤツは出てゆけ。二畳庵先生は独り行く。

さて、もう一度、初歩と基礎との違いを説明しておこう。例えば、入試に落ち浪人生活を始めると、きまって基礎から始める、と言う。そこまではいい。そのあとがいけない。基礎から始めると称してヒッパリ出してくるのは、判で押したようにきまって初歩的テキスト。本を開ける。書いてある。I am a boy. なんだヤサシイノ、私は少年である。よしわかる。次のページをめくる。I have a book. これもヤサシイ！　私は一冊の本を持っている。よくわかるじゃない？　……といった調子で勉強するにちがいない。そして基礎の勉強をしていると思いこんでいる。

こういう気の毒な受験生が多いんだ。初歩的なことがわかるということを、基礎ができたものと、勘違いするのだ。いいかい、初歩的知識というのは、単なる事実としての知識にすぎないんだ。それはそれだけのことであって、その初歩的知識には広がりというものがない。つまり応用がきかない、ということなんだ。いや応用がきかないというだけではない。ただ漠然とさまざまな知識がつめこまれるだけであって、体系的でない。個々のことは知っていても、全体としての見とおしがきかない。つまり、整理ということができていない。だから、初歩的知識に対して底の浅い気休めの時間つぶしのような反復練習をいくら行っても、実力などつくはずがない。

それでは、基礎とはなにか。二畳庵先生が考える基礎ということばは、基礎医学とか、基礎物理研究所といったことばで使われているような意味なんだ。いやいや、なにも難しいことじゃないんだ。こんなことわざを知っているか。「魚つりは、フナつりに始まってフナつりに終わる」。

魚つりをする人は、最初は池あたりでフナつりから始めると言う。やさしいからである。そのうちに、もっと高度なつりを望み出す。川へ行く、季節を考える。海に行く、夜づりをする、といったグアイに、高度になってゆく。さてしかし、そういうバラエティに富んだ経験を経たのち、またフナつりにもどると言う。しかし、このときのフナつりは、決して魚つりを始めたころのフナつり技術ではない。さまざまな経験を経た上のフナつりだ。この境地が楽しいと言う。もっと言えば、もう釣竿なんかいらない。それは言いすぎか。ただし、釣竿はあっても、釣糸はなし。ただ釣竿だけを池の水上に向けて差し出す。そして、無念無想、なにも考えずにじっとしていて、心の中で、魚が餌に食いついたと感じると、さっと釣竿を引く。こういう名人の境地に最後はなるんだなあ。ホント。

私の言おうとする基礎とは、あれこれ経験を経たのちの最後の段階のフナつりに当たる。初歩的知識というのは、魚つりを始めるころのフナつりを指している。最後の境地のフナつりは、形こそフナつりで同じだが、その内容は、まったく異なるのだ。基礎というのは、初歩的知識に対して、いったいそれはいかなる意味を持っているのか、ということ。つまりその本質を反省することなのである。初歩的知識を確認したり、初歩的知識を覚える、といったことではなく、その初歩的知識を材料にして、それのもっている本質を根本的に反省するということなのだ。

I am a boy. という文ひとつを見ても、その文の構造を徹底的に反省し、その第二文型というものの持っている意味を根本的に反省するということ、これが基礎の勉強なのである。それは、英語の学習を中学校以来、さまざまに学んできた経験を有する受験生諸君にして初めてできることなのだ。ａｂｃを習いたての中学一年坊主は、トテモそんな芸当はできない。I am a boy. という文を覚えるだけで精一杯だ。つまり、初歩的知識の吸収で精一杯なんだ。「魚つりは、フナつりに始まってフナつりに終わる」。これが初歩と基礎との違いであり、この基礎を養うところに意味があるのだ。この本がねらっているのは、そういう意味の「基礎」なのである。だから、諸君が漢文の初歩をすでに知っているということを前提として話を進めたい。

(4) 訓読について

学校教育の影響というのは恐ろしいものである。われわれは、中学生ぐらいから、西洋近代語（特に英語）の文法体系をタタキこまれ、その結果、日本語や、漢文の文章を読む場合、しらずしらずのうちに、西洋近代語文法を適用して読んでいる。**主語**はなにか、**述語**はどれか、という発想はその典型である。漢文を学び始めたころ、大部分の人は、英文法の知識をガイドにしてソロソロ読むだろう。「我読書」とくると、「我」が主語で、「読」は述語で、「書」は目的語である。英語の文とよく似ているわい、てな調子である。しかし、この調子で読んでいくと、まず、三週間目あたりぐらいで、ケツマヅク。例えば「千慮有一失」という文になると、見た目から言えば、「千慮」が主語のような気がするが、どうもしっくりといかない。しかし、英文法でゴリ押しすると、「千慮」が「一失」を「有」している。すなわち、「千慮の中に一失がある」である、と。

この論理はメチャクチャである。だれが、あれこれ考える中で失敗するという配慮を考えるであろうか。これは、次のような意味である。失敗しないという配慮をあれこれしたが、一失があったのである。だから、この場合は、「千慮ニ一失有リ」と、「千慮」を副詞的に読まなくてはならないのである。ところが、われわれは、英文法の骨格を優先させるために、どうしても、語順的に、主語とは、とそれを探すような気分になりやすい。のみならず、漢文法を習い始めのころ、漢文は、英文に似ている、などという説明をする先生がいる。これはさらに困る教えかたである。この先生の言っていることが適用されるのは、中国は十九世紀末ごろ清朝末期あたりの西洋近代語の影響を受けた梁啓超《りょうけいちょう》といった人物の文章などの場合であろう。それ以前の漢文は、英文とは似ているかもしれないが、本質的には、まったく異なるものである。なるほど、西洋近代語の文法で説明すると、いろいろと便利である。主語は、述語は、と。私もその便利さを否定しない。また、主語と言えるものの存在も否定しない。しかし、それはあくまでも、説明や解釈上の便宜から言うのであって、漢文における主語というものについては、実は、まだはっきりとした説明ができていないのである。しかも漢文の大部分の主語に相当するものが、そういう状態なのである。

日本語を使うとき、われわれの頭の中では「誰が」という意識はあまりない。言わずとも互いにわかっているという感じだ。そんな「……が」という意識よりも、「……を」とか、「……に」という意識がさきにくる。よく日本語のポイントを「てにをは」と言うが、実にみごとに的を射ている。「は」も主語を表すわけではない。元来は区別を表すことばだ。「これは……、あれは――」とはっきりものを分けることばである。「昔むかし、或るところにおじいさんとおばあさんが住んでいました」とあると、「が」によっておじいさんとおばあさんが主語として登場する。次に、他でもないそのおじいさん「は」山へ、そのおばあさん

「は」川へ、とはっきりじいさん・ばあさん両者を区別する展開をしてゆくのである。もっとつっこんで言えば、「おじいさんについて言えば」「おばあさんについて言えば」というふうに、「……についての提示」が「は」によってなされている。というふうに見てくると、「は」には文の主語という意識が日本語には稀薄なことがわかる。日本語は話し手が主導的に場面を作ることばだ。そこには、突きはなした客観性というか、社会性というか、そういうものがとぼしくなる傾向がある。その代わり、話し手の持つ情緒・判断・感情をよく表し得るという利点がある。

さて、漢文だ。この漢文では、一半が日本語的であり、一半が欧米語的だ。よく人は、漢文は欧米語的と言うが、そんなことはない。それは一知半解の連中が言うことだ。例えば、欧米語の影響を受けたはずの現代中国語における次の文例をみよ。（「这個《チエイガ》」は「こういう」。「意思」は「意味」）

我不是这個意思。

この文の場合、「是」をbe動詞と英語風に考えると、「私はこういう意味ではない」という変テコリンな文になる。この文意、通じるかね。通じない。ではどういう意味かというと、「私の言う意味はそういうことではない」という意味である。すなわち、「我」の下のことばが省略されている。あえて記すと「我的意思」(私の言おうとする意味)というところか。するとその「我」は、少なくとも、はじめは my という意識であったのに、それが変形されて、形式上、I という形になってしまっている。こんな飛躍が、英語にあるだろうか。絶対にないだろう。

この一例から教えられることは、漢文・現代中国語において、主語という意識が未確立ということである。だから、漢文法で、下手に主語がどうのと習うとかえって頭が堅くなってしまって動きがとれない。漢文法の初歩の段階でやたらに「主語―述語」と教えるのはどうであろうか。私は疑問に思っている。

「主語―述語」という柱を漢文法の時間に教える理由は、漢文を読む際のガイドとしてであろう。しかし、「主語―述語」の関係で考えるというのは、アッタリマエのことであり、アッタリマエのことでは方法になるまい。ワカンナイナア、コノ神経。

しからば二畳庵先生に借問《しゃもん》す(質問する)。先生の方法とはなんぞや、と質問をされると、アワテズサワガズ、受験生諸君に、秘伝を教えん。漢文読解の最大の方法とは、「徹底的に日本語で考えること」なのである。

と言うと、早速、抗議が来そうだ。漢文は外国語なんだから外国語として扱うべきである、と。この議論は、実は奈良時代から延々と続いている議論である。だからそう簡単には結論を出せるものではない。今のところ言えることは、外国語として扱え、と言う人の中に、果たして何人、そう言いきれる資格のある人がいるか、ということである。その資格というのは、外国語として扱えという以上、「漢文を読解してただちに現代中国語に翻訳できる学力」が必要である。こういうことのできる人は、日本で私の知るかぎりでは、あれこれどう考えても、計四人しかいない。あとは、できない。すると、まあ、このような実力のある人々だけが、そういう主張のできる有資格者ということで、これは絶対的少数（いや微少）意見である。

専門家と称する人たちの大部分、九十九・九パーセントは、（外国語として扱えという人ももちろん含めて）実は漢文を「訓読」すなわち日本語流に理解しているのである。これは厳然たる事実である。と言っても悲しむ必要はない。なにも「外国語として理解する」ということが最上の方法だとは言えないからである。長い長い歴史、おそらくは邪馬台国以前の時代から、苦心に苦心を重ねて作りあげてきた漢文訓読の方法という日本独自の技術の良いところをしっかりと受け継ぐということは、決して誤りでなく、自信を持ってよいのである。それを突っこんで説明しよう。

英語の達人になると、英語を英語で理解するらしい。私のように英語の不得手な者にとってみると、奇奇怪怪な頭の構造である。英語を英語で理解する――それは、理想であろう。しかし、そういう芸当のできる人は数少ないのであって、英語で苦労している大半の人は、英語を日本語で理解するわけである。その際、どういうことが行われるかというと、中学校一年生用の学習参考書、早く言えば「虎の巻」を見てみると面白い。訳す順番に番号をふっている。"I am a boy."の下段に、Iに①、aに②、boyに③、amに④と書いてある。この順番に訳すと、「私ハ一人ノ少年デス」となるというわけである。高校生だって同じことである。「……スルトコロノ、これはどこにかかるんや、え？　ああここか、ほんなら、……スルトコロノナンジノ――」とやっている。つまり、返り点を打って訳しているわけである。英文解釈の大半は、こういう作業に終始している。ペラペラと英語で読んで、フッフーンペラペラと英語でわかるわけにはいかない。英語をドタドタと読んで、ヨッコラショドッコイショと番号打ち打ち日本語に訳すわけである。と言うことは、漢文法流に言えば、「訓読」しているわけである。これが、日本人の外国語理解の正統的方法である。だれがなんと言おうと。

私は、日本人が西洋語を学ぶ際、話すことよりも読むことに長じてゆく一つの理由は、この「訓読」の伝統があるからであろうと思う。奈良朝以来、鍛えに鍛えて練り上げられた訓読の技術が、しらずしらずのうちに伝承されているわけである。英文法の骨格で漢文を読む、と言う人が、いざとなると、訓読の要領で英文を読む、というわけである。漢文のできる人は、おそらく英文解釈に、漢文訓読の要領を適用しているに違いない。漢文の学習は、その広がりとして、外国語の学習に及んでゆく。日本人流の外国語学習法の一端がうかがわれると言えよう。

さて、高校における漢文という科目は、中国古典を読む科目ではない。ここのところをまちがえないようにしてほしい。あくまでも、過去の日本人が、中国の古典をどのように解釈し、どのように読んできたかということの追体験なのである。専門家が中国古典を読むときは、あくまでも、外国文化の研究という立場で読むのであるから、専門家としての読みかたで読む。例えば、古典を現代中国語で読むことが要求される。「国破山河在」を「クオ、ポー、シャン、ホ、ツアイ」てな調子で読むわけである。もっとも、こう音読したからといって、意味がわかるわけではない。しかし、諸君は、そのように読む必要はまったくない。あくまでも、「国破《くにやぶ》れて山河《さんが》在《あ》り」と解釈してきた訓読法を学べばよいのである。つまり、すでに日本の古典として、存在している形で理解すべきなのである。だからこそ「国語」の中に漢文が位置づけられているのである。

とすると、我が国独特の漢文解釈法であるところの「訓読」のしかたということを学ぶことになる。高校課程における漢文とは、この訓読の修得にあるのである。

と述べると、必ず次のような反論が出てくる。中国という外国の文献を理解するには、あくまでも外国語として理解すべきであって、日本語化するのはまちがっている、と。この立場は、いわゆる「音読」の主張であり、最近、特にその主張が強くなってきた。

このように、中国学の専門家の間に音読派と、訓読派という二大別があり、お互いに利点を論じあっているのが現状である。それが、高校課程における漢文解釈にさまざまな関わりを持っている、というわけである。

この機会に言っておくと、二畳庵先生が現役の大学の先生であったころ、漢文を学生に読ませるとき、まず訓読で読ませ、そのあと現代中国語で読ませた。専門家としては両方が必要だからである。つまり、二畳庵先生の講義では、音読・訓読の別はなかった。だから音読か訓読かという論争などはなかった。音読しようと訓読しようと、難解な個所、わからないところはわからないのである。音読すればなんでもわかる、訓読すればなんでもわかるということはない。わからんところはわからんのじゃ。

諸君は、こうした論争——音読か、訓読かという論争には、まったく関わりがない。その目的が異なるからである。だが、目的が異なるからといって、眼をつぶれと言っているわけではない。これから、漢文を学習してゆく間においても、この論争のことを頭のすみにおいてほしいのである。音読は、詩を読むときの問題として浮上してくるであろうから。

それでは、訓読を学ぶということを大目的とすると、準備として、なにが必要であろうか。まず漢文の教科書を見たまえ。すべて訓読されているが、この訓読の最大特徴は、「送りがな」にある。もちろん、最初に必要なのは句読点であり、ついで、返り点である。そして、送りがなが、最後の整理をしてくれる。この三者（句読点・返り点・送りがな）をあわせて「**訓点**」と言う。もし、設問において、「訓点を記せ」というときは、この三者が必要ということである。

この「訓点」の完成には、長い長い歴史があったが、完成したのは江戸時代である。特に「送りがな」を付すということをみごとに完成したのである。なぜか、ということを説明しておこう。

例えば奈良時代、漢文は音読していたのである。音博士《おんはかせ》という官職があり、この漢字はどう発音するか、ということを担当していた。当時の学生たちは、漢文の音読がふつうであった。これは当たり前である。なぜなら、当時の外国語であったからである。ちょうど、英語を英語の発音で読むようなものだ。唐へ渡るために、会話の練習もしていた。「ニーハオ(こんにちは)」てな調子である。空海などは、中国語がペラペラであったので、遣唐使の通訳を務めていたのである。

さて、空海のような天才は別として、圧倒的多数の凡才はどうしたか。これは古今東西変わらない方式をとる。すなわち、「虎の巻」作製である。前述したように訳す順番に番号を打つわけだ。そういうわけで、非常に早くから、漢文に番号を打つということが行われていた。もっとも、数字の番号ではなくて、日本語としての順序を示すもの、すなわち、テニヲハを示す記号を打ったのだ。その記号は、始まったころは単なる黒丸であるが、漢字の右肩へ打ったり、下に打ったり、いろいろ打つ場所を工夫して、テニヲハの記号とした。読者は、その黒丸をたどって日本語化していったのである。

テニヲハの記号として、黒丸を漢字のまわりに打つというこの「虎の巻」作業が、そのうちアカデミズムになる。というのは、外国語を自国語に直す、翻訳するというのは、インテリ先生の仕事であるから、だんだん、その技術が高度になり、一つの体系が必要となってくるからである。そこで、どのように、そしてどこに黒丸を打つか、という方法が、だんだん学者先生の仕事となってきた。その際、当然のことながら、学閥が生まれてくる。東大派とか京大派てな調子である。平安期で言うと、清原家派とか、菅原家派というわけである。さらに、都の大学での清原家、菅原家以外に、東大寺派とか、高野山派というふうに、地方大学（当時の寺は、国立大学でもある）で、各種各様の体系が生まれ、ついに、黒丸打ちがアカデミズムとなったのである。今日では、この黒丸のことを、「訓点」という。「句読点・返り点・送りがな」の三者をひっくるめた意味での「訓点」とは異なる。注意、注意！

さて、アカデミズムになると、これも古今東西の通例であるが、自分の門下の者にしか教えないし、カリキュラム（教科課程）を作って順番に教えてゆく。一度に全部は教えない。最も難しいのになると、秘伝であるから、なかなか教えてもらえない。というわけで、アカデミズムが、次第に権威を持ってくる。これと並行して、つまり黒丸打ちと並行して、音読するということが、次第に廃《すた》れてきたのである。明治のころ、英語教員に外人教師がたくさん雇われていた。当時の中学校（今の高校）にもいたようである。ところが、英語の読みかたに、日本独特のアカデミズムができあがった今、外人は学校から追っぱらわれてしまって、町の英語塾で教えているようなものである。

そういうわけで、鎌倉期になると、音読は非常に衰えてしまった。特に、当時の最大勢力者である武士などは、ヤリや刀を振りまわしていて、一般的には知的レベルは低いわけであるから、いちいち音読するなどという面倒なことが流行するわけがない。というわけで、このころあたりから、訓読がもう普通の状態となっていたのである。それを背景にして江戸時代を迎えることとなった。そして、今一つの重要な因子がつけ加わる。それは文化の大衆化ということである。

無学な武士たちが、江戸時代に政権をにぎると、支配することを正当化する理論（ものの考えかた）が必要となってくる。理論はもちろん言語文化の中にあるから、彼らも学問をしはじめる。さらに、町人の経済的実力の拡大に伴い、彼らもまた独自の文化を形成しはじめる。というわけで、文化の底辺の層が広がるのである。もちろん、かなの読みものが普及するわけではあるが、ちょっとしたインテリになると、主流の漢文に接触することになる。

このような大勢の中で、漢文を大衆の要求に応える形にして出版することになる。そこで登場してきたのが、これまでの黒丸に代わるところの、送りがなと返り点とである。この送りがなは誰でも読むことができるから、黒丸の打ちかた読みかたという秘伝はぶっこわれたわけだ。こうして、江戸時代には、送りがな・返り点・句読点入りの漢文の書籍が多数出版されたのである。こういうのを和刻本《わこくほん》という。例えば中国には、正史と言って、『史記《しき》』『漢《かん》書《じょ》』『後漢書《ごかんじょ》』『三国志』……と歴代にわたっての宮廷製の歴史書がある。全部もちろん中国人の書いたものである。ところが、そうした正史の六割ぐらいの和刻本（すなわち、翻訳）がある。こういう和刻本の存在は、江戸時代に送りがな入りの本が、ずいぶんと読まれていたことを示すと同時に、こういう翻訳のできる、ものすごい語学力の持ち主が、江戸時代にたくさんいたということである。そして、日本語を使って、外国語をそのまま直接に読みとってゆくという、世界でも珍しい「訓読」という傑作が完成したのである。われわれ日本人は、先人の残したこの技術を大切にしたいものである。私は、日本人が作った傑作は、この「訓読」とマンモス大学だと思っておるわ。いささかの皮肉と、いささかの敬意との両者の意味で、訓読は前近代の、マンモス大学は現代の、それぞれにおける我が国日本の歩むこととなった道だからである。すなわち、かつては、大国の模倣と文化の吸収との、そして維新以後は、資源のなさを補うための人材養成と学歴が高くなれば文化の程度が上がるとカンちがいしたこととのそれぞれの象徴だからである。

今日、われわれが、漢文をなんとか翻訳できるのも、人々の努力や業績の蓄積があるからである。その人々とは、特に江戸時代の人たち。と言うと、諸君は不思議に思うかもしれない。なにも江戸時代ばかりではあるまい、と。それはそうである。それこそ、奈良朝以来の人々も含まねばなるまい。ところが、奈良平安なんてのは、ごく少数のエリートしか漢文がわからない。この連中らは、あまり苦労もしなかったようだ。それはそうだろう。現在だって、ごく少数の人は、なんの苦労もなく、スイスイと語学ができる。ゴクローサンなのは、われわれ知力における庶民である。第一、習ったことをなかなか覚えられないのは、諸君が日夜経験するところである。それに訓《よ》みかたは秘伝みたいなもので、少々のことでは、教えてくれない。極端な話だが、例えば、『論語』の訓みかたの場合、博士家の清原家や菅原家の許可がなければ、公開の席で読むことも許されなかった。今で言えば、教員免許状みたいなものである。ところが、林羅山《はやしらざん》なんて怪物がいて、京都で勉強していたが、清原家のこの閉鎖性を破るため、京都で、塾を開いた。もちろん無免許運転である。しかも、大哲学者の朱子《しゅし》の新しい注釈で読んだものだから、ワッと人気が出た。今でもそうで、町の文化講座の「シナリオとは何か」なんてのは、大学ではしていない。ワッと人気が出るわけである。そこで清原博士は、首相の家康に、取り締まれと陳情したところ、家康はゆうゆうと笑って追い返す。自由じゃありませんか、と言って。ホント。それどころか、羅山を見こみある男として重用し、後に子孫の林家《りんけ》の当主は、大学頭《だいがくのかみ》すなわち文相に任命されるようになる。それから、学問が公開的になり、江戸時代に盛んになる。学問が秘密ではなくて、お互いに批判し、良いところを伸ばし合った。だからこそ、語学的にも高いレベルとなったのである。

それどころか、漢文だけではなくて、当時の中国の口語まで漢文風に読みこなしてしまった。例えば、「閑話休題」というのは「さて」と読む。これは意訳であるが、「かんわきゅうだい」の訳として非常にうまい。「閑話休題」というのは、中国近世の口語体であるが、江戸時代の文人たちはとり入れ、よく使った。もちろん、現代中国語でも使う「閑話休題」も今はすこし古めかしい文語調だ。ちょうど、西鶴を初めとする近世の作家のことばが、現代日本語から見ると、すこし古めかしいのと同じこと。われわれは、漢文と言うと、なにやら「子曰く……」式のものを思い出すが、近世の漢文には、口語がずいぶんとはいってきている。『南総里見八犬伝』など、当時の中国語を写したみたいな感さえある。例えば、「一任」なんてことばがある（議長に一任する、という「一任」とはちょっと違う）。この「一任」を江戸時代の文人は「さもあらばあれ」と読んでいる。うまいんだなあ、この訳。また、「聞説」というのがある。これは現代中国語では「聴説」である。しかし、どちらにしても、省略形であり、もとの形は、例えば「我聞他説」または「我聴他説」である。その意味は、「我は聞（聴）き、他《かれ》は説く」或いは「我は他《かれ》の説くを聞（聴）けり」（彼が説くのを我は聞いた）である。すなわち、「聞説」は、私が聞いた、という意味である。だから「聞説」を訳して「きくならく」と読む。これもうまい訳である。「就使」も「就（も）し……せしむれば」の意だから、「たとひ」と読んで片づけてしまう上手な訳である。

(5)　漢文と日本語と英語と

漢文を最初に勉強するとき、きまって、漢文の構文、というあたりから習う。これは全国共通だ。そして、入門編を作り、こういうような例文が出される。

(一) 主語・述語→我死《ス》。（我、死す）

(二) 主語・述語・目的語→我読《ム》レ書《ヲ》。（我、書を読む）

(三) 主語・述語・間接目的語・直接目的語→我教《フ》二汝《ニ》漢文《ヲ》一。（我、汝《なんぢ》に漢文を教ふ）

(四) 主語・述語・目的語・補語→我命《ク》二汝《ヲ》太郎《ト》一。（我、汝を太郎と命《なづ》く）

そして、すこし進んでくると、否定形が述語の上にくる、なんてことを教わる。すると、大半の諸君は、フーン、漢文の文型って、英語の文型に似てるじゃない、と感心してしまう。そして、英文法流に漢文を見ていこうという気分になる。先ほど前節で述べたように、実は、これがこわい。下手に、漢文が英語に似ている、なんていう先入観を持ってしまうと、アタマが堅くなってしまってかえって困るんだ。というのは、英語の場合、主語は必ずあるし、格の変化もあるし、動詞の変化もあるし、単数複数の区別もある。そういうのがそろっているので、ひととおり文法を習うと、あとは辞書をひきひき、なんとか読んでゆける。ところがどうだ、英語に似ていると先入観を持った漢文の場合、主語は必ずしも置いて見せる必要はないし、格や動詞の変化はないし、単複の区別はほとんどない。なにも英語に似ているなんてことないんだ。

なるほど、語順は多少似ている。特に否定を表す語を動詞よりも先にもってくる、なんていうところは。けれども、そういう似ているところと、似ていないところとを比べてみると、似ていないところのほうが圧倒的に多いのである。だから、うかつに漢文は英語に似ているなどと考えないこと。ただし、漢文の英訳を原文と比べてみるのはおもしろい。ときには非常に参考になる。例えば、

国破レテ　山河在リ、城《しろ》春ニシテ　草木深シ。（国破れて山河在り、城春にして草木深し）

という詩を、次のように訳している。両者をよく比べてみたまえ。「城」は「街」の意味。

The nation is shattered. Only the landscape remains. Spring in the city? Yes, unpruned trees and overgrown weeds.

それでは、漢文と日本語とを比べるとどうか、ということになる。例えば、次の漢文の字づらをじっと見てみたまえ。わかる漢字だけを見てゆけ、飛ばしていってかまわんから。

欧州十九世紀中葉、英人達爾文（ダーウィン）之種源論出版、全欧思想界大

搖、基督教（キリスト教）被影響、此思想之一大革命也。

だいたい、なんとか意味が通じるだろう。これは近代的漢文である。念のために、漢文から変化してきた現代中国語の文章も次に挙げてみるから、じっとよく見てみたまえ。発音はどうでもよろしい。

日本文化発展、大体自奈良時代開始（相当於我国唐代）、自奈良至京都、由京都至江戸。奈良・京都保存的日本古文物最多。其中、寺廟・皇宮・城堡・仏殿等最有名。

こういう文章を見ていると、アリャ、日本語と同じじゃない、という気分になってくる。そういう気分が実はこわい。ここに挙げた例文を見るかぎり、漢文も現代中国語も日本語に似ている感じがあることはあるが、しかし、決定的に違うところがある。すなわち、「は・が・に・を」といった助詞、「(であっ) た・(であろ) う」というような助動詞が、ほとんどないという点である。もうすこし詳しく言えば、日本語の助詞・助動詞・活用などにあたるものが乏しい、極端に言えばないに等しい、という事実である。これは重要なことだ。

国語の力の弱い人に向かって悪口を言うとき、「あいつは、テ・ニ・ヲ・ハがわかっとらん」という言いかたをする。このことばは、日本語の性格を実によく言い表している。日本語では、まず第一に「テ・ニ・ヲ・ハ」すなわち助詞が十分に使いこなせなければならないのだ。「ぼくは、あなたを、愛している」と「は、を」をはっきりと示して言うからこそ意味が通じるのである。だから、語順などは、言ってみればあまり問題でない。「あなたを、ぼくは、愛している」でもかまわんし、「あなたを、愛している、ぼくは」と、ちょっと気どった言いかたをしてもかまわない。けれども、言いまちがえて「ぼくを、あなたは、愛している」なんていうと、話がパーになる。ましてや、「ぼくに、あなたを、愛している」なんていうと、はなはだ哲学的内容となり、その意味を考えると一週間ぐらいかかるぜ。また「ぼくが、あなたが、愛している」と言うと、ぜーんぜん別の意味になる。それほど、日本語では「テ・ニ・ヲ・ハ」が大切なのである。

その次に大切なのは助動詞である。日本語の微妙な表現はこの助動詞の用法にある。われわれ日本語の「……であろうようではないであろうように思われるであろうほどではないであろう」なんて文、外国語に訳せるのかね。そして、この助動詞をも含めて、動詞・形容詞の活用がその次に大切である。われわれ日本人は、小さいときから、この三点について、しぜんに覚えてきているから、使いこなすことができる。しかし、外国人が日本語を勉強して頭を抱えるのは、きまって、この三点である。例えば、「は」と「が」との区別なんて、われわれはなんとなく知っているが、外国人は苦労するようだ。こっちもその相違の説明を求められるとまごついてしまう。

さて、話をもとにもどすと、漢文では、この日本語における助詞・助動詞・活用の三点が欠けている。ということは、われわれが漢文を日本語として読むということの真相は、実は、この三者をつけながら読む、ということなのである。これが最大のポイント。そして、その三者（助詞・助動詞・活用）をつけたものを、**送りがな**と言うのである。漢文の教科書を開いてみたまえ。たくさんの送りがな（カタカナで書く）があるだろう。その送りがなを見ていってみたまえ。圧倒的大部分が、右の三者であることがわかるだろう。すなわち、漢文学習の重要点は、国文法における助詞・助動詞・活用をしっかりと身につけることなのである。これが自由自在にできたとき、漢文学習の半分は終わったと言ってよい。なお、「孤《こ》客《かく》」というふうに、漢字の横につけられているひらがなは、その漢字の現代における発音を示しているのであって、送りがなではない。

ついでに漢文の教科書をもう少し見てみたまえ。そこに「一」とか「二」とか、「レ」なんていう記号があるだろう。それは、漢文の語順が日本語と異なっており、どちらかというと、やや英語の語順に似ているので、語順を日本語のふつうの語順になおすという作業を行っているのである。それらの記号のことを**返り点**という。どうしてこんな妙なことをするのか、と言うと、漢文を外国語としてではなくて、日本の古典文として理解しようという目的のためである。これは、中国古典の専門家の立場、すなわち、漢文という外国のものを外国のものとして理解するという立場とはまったく異なるのである。

最後に、もう一度教科書を見てくれたまえ。数多くの**句読点**（「、」や「。」）があるだろう。それは、長文では息ぎれするから、一まとまり、一まとまりを示すために区切ったもので、そのための記号である。実を言うと、この区切りをつけるというのは難しい作業なのであるが、いまはそれに触れないでおこう。

以上、送りがな・返り点・句読点をつけてゆきながら、漢文を日本語化してゆくことを、**訓読する**と言う。諸君が勉強するのは、この訓読するということなのである。

(6) 訓読のしかた(1)

漢文というのは、もともとが中国の古文である。あまりぴったりした喩《たと》えにはならんが、日本語で言えば、『源氏物語』や『徒然草』みたいなものにあたる。ということは、まずなによりも現代日本語と日本の古文とでは、文法がちがう。ことばも異なる。しかし同時に、似ているところもあるし、なんとなくわかるところもある。同じことが、漢文と現代中国語との間においても言える。

もし、諸君が現代中国語を知っているとしたら、その知識をフルに生かして漢文がなんとなくわかるわけだ。しかし、そういう高校生はまずいないだろう。しかたがない、諸君が頼りにするのは、日本語だけだ。すなわち、漢字を日本語でどう読むか、どの程度読めるか、というところにかかっている。

さて、漢字を日本語で読む場合、大きく分けて二つの方法がある。すなわち、**音**《おん》と**訓**とである。「**音**」というのは、もともと中国で発音されていたものを、日本人が聞いて、日本語の発音ふうになおしたものである。もっとも、その発音の由来はと言えば、時代も地方（中国大陸の）もバラバラで、いつのころの、どこの地方の発音ということは、はっきりしない。ま、それはともかく、例えば「安」という漢字を例にとってみよう。この漢字の中国人の発音を聞いて、「アン」と聞きとったから、以後、「安」を日本語では「アン」という音《おん》であるときめたのである。しかし、「行」の場合、「ギョウ」と発音されたり、「コウ」と発音されたり、「アン」と発音されたため、音が三つあることになる。だから、「修行《しゆぎよう》」「行進《こうしん》」「行宮《あんぐう》」というふうに「行」の読み方が異なる熟語が生まれてきたのである。

ところが、一方では、日本古来の、日本独特のことばがあった。もっとも、これには、アイヌ語や、朝鮮語なども相当まじっていたらしいのだが、とにかく、中国語とは異なった読みかたのものがあった。つまり、そういう「ことば」があった。例えば、落ちついている、心がどっしりとしていて静かである、といった意味を表すことばに「やすし」というようなものがあった。

　そこへ、中国からドヤドヤと、漢字がはいってきた。外来語である。私が小学生のころ、アメリカ軍が日本を占領していたが、もちろん彼らは米語を話す。ヘーイ、カムオン、てな調子であった。するとわれわれガキどもが飛びだしてゆき、恥も外聞もない、ヘーイ、ガムオクレ、と言う。この、ヘーイ、カムオンとヘーイ、ガムオクレとが、わけのわからぬうちにミックスされて、なんとなく、外来語が日本語の中にどんどん増えてくる。これはいかん、と交通整理したのが、当時のインテリ先生だ。

　どうしたかというと、日本人の使っていたことば（これを「**訓**」と言う）を漢字にあてはめたのである。例えば、さきほどの「やすし」にあたる漢字はなにかなあ、というわけで、その結果、「安」をそれにあてたのである。「行」もそうだ。「おこなう」から、「修行」の「行《ぎょう》」、「ゆく」から「行進」の「行《こう》」、天皇の行幸《ぎょうこう》（「行く」の尊敬語）先の宿所である「行《あん》宮《ぐう》」の「行《あん》」にあてたのである。その結果、漢字の大半に、二つの読みかたがあるようになった。一つは、中国人の発音をだいたい写しとった読みかたの音、もう一つは、ほぼその漢字の意味にあたる日本古来からのことばをあてた訓である。ただし、「音」は必ずしも一つとは限らない、「訓」も一つとは限らない。例えば「生」の場合、音は「セイ・ショウ」、訓は「ナマ・イく・キじ・ウまる」というふうに、いくつもある。かと思えば「菊」のように、訓がなくて音だけのもの。或いは、日本で作られた漢字（これを国字或いは和字と言う）の場合、原則的には、訓はあるが音はない（例外に「働《どう》」や「鰊《こう》」がある）。例えば「峠《とうげ》・裃《かみしも》」。こういうふうにして、種々雑多な音・訓ができたのである。

さて、それでは、漢字を見て、それを音で読むのか、訓で読むのか、その区別をする規則は何ですか、となると、まったくお手あげ。規則なんてないよ。その場その場で、適当に読むんだなあ。小さいときからなんとなく覚えてくるわけ。外国人が日本語学習は難しいという理由の一つはここにある。われわれ日本人だって、どっちに読んでいいのかわからんときがあるわな。例えば、「宮内庁御用達」とある。ふつう漢語の熟語は、音で読むという、一応の原則があるからそのように読むと「キュウナイチョウギョヨウタツ」となる。これで文句はないはずだが、もしそう読んだら笑われる。「宮」は習慣音で「ク」、「御」は音で「ゴ」、「達」は訓で「タシ」（「タツ」ではない！）と読む。すなわち「クナイチョウゴヨウタシ」である。また、例えば「大それた」と言うとき、こういう漢語の熟語でない場合は、「オオそれた」と訓で読むのがふつうであるが、人によって「ダイそれた」とも読む。そこで音訓両用され、どちらの読みかたもある。

さて、漢文だ。漢文は、日本語で読むので「訓読」と言う。すなわち、漢文の漢字を一つ一つ、日本語の音訓をあてて読みわけてゆくのである。これはもう神業（カミワザと読む！）である。例えば、「我」とある。これを「ガ」と読んだってかまわんわけであるが、耳で聞いてわかりにくい。そこで「ワレ」と読むとわかりやすいので、ふつう「ワレ」と読む。てな調子である。要するに、耳で聞いて不自然でなく、できるだけ日本語に近い形にして、音訓を使いわけてゆく、という、はなはだ頼りない規則が一つあるだけである。あまりにも頼りなくてフワフワした規則だが、かえって、そのほうがいいのだ。すなわち、国語力があればどちらがいいかと、適切に判断できるからである。

　例えば、「コクハサンガザイ」と言ったって、なんのことかわからんが、「クニヤブレテサンガアリ」と言うと、耳で聞いてなんとなくわかる。そこで原文をめくってみると「国破山河在」とある。漢文である。「国破」を見て「コクハ」と読むようじゃあ、センスないね。

　それでは、いったい、どうすればイインデスカッと、諸君はかみついてきそうだ。しかしそんなこと言われても、知るかい。答えようがない。規則なんてないんだから。そりゃあ、熟語の場合は、だいたいにおいて音で読み、動詞の場合は訓で読む、という、いちおうのものはあるが、それだってなにも絶対的なものではない。

　そこでだ、もう一度もとへもどってほしい。つまり、漢文を読む、訓読する、ということは、日本語化するということであるから、漢文を、できるだけ不自然でない日本語になおしてゆく、という原則に立つ以外に方法がない。そしてそのとき、音で読むか、訓で読むかは、その場合その場合によってきめてゆくのである。

　とすると、漢文の力というのは、つまるところ、総合的な国語力に依るということだ。その総合的国語力とは、やはり、現代文のレベルの高低ということだ。現代文ができて、漢文ができないということはありえない。漢文だけがとびぬけてできて、古文や現代文ができないということもありえない。総合的な国語力の中で、この漢字は音で読むのがいいか、訓で読むのがいいか、ということを決めうるのである。すなわち、その背後にあるのは、一般的な読書力である。読書量である。現代文の中で使われている漢字の、音・訓の読みかたの区別が十分にできる人であるならば、その力を応用して漢文に当たることである。漢文は漢文、現代文は現代文、古文は古文、というふうに、国語をばらばらにして考えるようでは、力が大きく伸びない。戦いは、あくまで総合戦力に依るのだ!

(7) 訓読のしかた(2)

漢文には、日本語の助詞・助動詞・活用にあたるものが少ないというのであるから、その逆をいってみよう。例えば、「花、開く。」という日本文があるとする。この文には、助詞・助動詞はないが、活用がある。すなわち「開く」が終止形になっていることだ。であるならば、漢文になおそうと思えば終止形をやめればよい。どうするかというと、乱暴な話であるが、活用部分をとってしまうのだ。すると、「開く」は「開」になる。その結果、「花、開く。」という日本文が、「花、開。」という漢文に変化するのである。なんと愉快ではないか。この調子でいこう。練習問題㈠を出す。

①雨、降る。
②雷、鳴れり。
③学生ら旅行しき。
④馬車ぞ来往せん。

これらを漢文になおしたまえ。できたかね、アーン。助詞や助動詞も削ってしまうんじゃぞ。答は、

①雨、降。　②雷、鳴。　③学生、旅行。　④馬車、来往。

これでりっぱな漢文だ。もひとつ欲を言えば、漢文はできるだけ簡明にすることを重んじるから、読点も省き、

①雨降。　②雷鳴。　③学生旅行。　④馬車来往。

とすれば、より漢文らしくなる。

さて、その次に進む。右の例は、動詞が自動詞だったから問題がなかったが、他動詞の場合は、動詞が先にきて、目的語がその次にくる。例えばI saw the flower. は、日本語では、「私は花を観た」と順序を変えて訳さねばならない。同じことが漢文でも言える。この「我は花を観たり」を漢文になおしてみよう。

どのようにしてゆくか。まず、主語の「我」である。漢文の場合、いくらあっちこっちひっくりかえると言っても、そうめったやたらとひっくりかえるわけでない。やはり、しぜんにわかるものはしぜんのままに扱ってゆく。すると、主語があれば、当然、初めに置くのが常識というものだ。日本語でもそうするのが、ま、しぜんだ。すると、最初に「我」と置いてよかろう。「我は」の「は」は省略する。さてその次であるが、「……を——した」という他動詞型であるから、まず動詞をもってくる。すなわち「観」である。その際、「観」の活用形や、くっついている助動詞はふりすてる。すると「我観」となる。残りは目的語の「花を」だけであるから、助詞の「を」も削って動詞の次に置く。結局、「我観花。」である。できた！

さっそく練習問題㈡。

①漢文を学べり。
②漢文を読まん。

③友人、漢文を好めり。
④君は英文を読み、我は漢文を読む。

落ちついて自力で解答してくれたまえ。すぐ正解を見るようじゃあ、ダメ。答はこうだ。①と②とは同じタイプである。「学べり」とか「読まん」というふうに、君をまどわすように助動詞がついているが、オールカット。すると、

①　学漢文。　②　読漢文。

となる。③は、主語に「友人」があるだけ。すると、

③　友人好漢文。

である。④はどうか。これは二つの同型の文が並んでいるだけのこと。だから、一つずつ処理すればよい。

④ 君読英文、我読漢文。

となって終了。できた！　すごーい。ワーオ！

そこでいよいよ訓読にはいる。**訓読とは、漢文に句読点・返り点・送りがなをつけること**である。まず、自動詞の場合から研究してみよう。「花開。」というとき、句読点はすでについている。返り点は、と言うと、この文は別に語順が日本語と違っているわけではないから不要。送りがなはどうするか。これは、「花開。」という漢文を作ったもとの日本文を利用する。すなわち、もとの日本文にある助詞・助動詞・活用をカタカナで表してくっつければよい。すると「開く」の「く」という活用をつけることになる。そのくっつける場所は、関係する漢字の右下である。そのとき、カタカナを使うことになっている。すなわち「花開ク。」である。これでめでたく、りっぱに訓読された漢文となったのである。

練習問題㈠はどうなるか。そのままだと、

① 雨降ル。

② 雷鳴レリ。

③ 学生《ラ》旅行《シキ》。

④ 馬車《ゾ》来往《セン》。

となる。これでよい。しかし、漢文はさきほども言ったように、簡明さを尊ぶので、助詞も不要ならできるだけ省くし、活用も特に過去形にしなくともいいので、終止形は現在形にしておくのがふつうである。単複の区別も重んじない。とすると、①は同じだが、

② 雷鳴《ル》。

③ 学生旅行《ス》。

④ 馬車来往《ス》。

となる。あんまり簡単すぎて、あっけないようだが、これでよいのである。

次は他動詞の場合にいこう。「我観花」である。最初の「我」はそのままで問題ない。「観」には活用をつけて「観《ル》」である。「花」には助詞をつけて「花《ヲ》」、最後に句点をつけて「花《ヲ》。」である。いっしょにすると、「我観《ル》花《ヲ》。」となる。上から読んでみよう。「我、観

る、花を。」なんだか変だな。そうそう、日本語らしくないからだ。日本語なら、「我、花を観る」と、「花を」を先に読まねばならない。そこで「観」よりも「花」を先に読む、いや、読ませる工夫が必要となる。そこで登場するのが、返り点なのである。

返り点は、読む順序を指定する働きを持っている。「観花」の場合、どうするか、というと、「観」と「花」との間に「レ」という記号をいれる。この記号は、鳥の雁（がん。かりがね）の飛ぶかっこうに似ているので「**かりがね点**」と言う。「れ点」とは言わない。この「**レ点**」を入れると、先に下の字を読むということになる。すると「我観ル㆑花ヲ。」となり、「我、花を観る」と読むことができるのである。実に便利な記号である。

そうそう、思い出した。昔、私は高校の国語教員だったので、生徒に古文の試験をしたことがあった。次の俳句を訳せ、と。

かりがねの竿になるときなほ侘びし

雁《がん》（かりがね）は竿《さを》状になって飛ぶ。ところが或る答案は「竿」を「芋《いも》」と読みまちがって、こう訳した。「借金（かりがね）して、それが芋となるのは、つらいです」と。バーカ。

そこで六二ページ練習問題㊁を研究してみよう。①は「学漢文」であった。この文と「観花」とでは、大きく異なるところがある。目的語が「漢文」と二字になっている点である。「レ点」は下の漢字を先に読む記号であると言ったが、厳密に言うと、先に読むべき漢字が一字の場合だけなのである。「観花」の場合、先に読むべき漢字は「花」一字であったから

「レ点」が使えた。ところが、「学漢文」というとき、もし「学レ漢文」としたらどうなるか。返り点どおりに読むと、「漢を学んで、文」となってしまって、「漢文を学ぶ」と読めず、なんのことかわからない。

そこで、他動詞の場合、目的語が二字以上のときは「レ点」を使わないで別の記号を使う。どうするかというと、目的語の最終字の左下（この場合なら「文」）に、「一」、そして、他動詞（この場合なら「学」）の左下に「二」という数字を入れる。すなわち、この数字の順序どおりに読めということで、これを「一二点」（いちにてん）と言う。数字であるから、もちろん、この上にさらに「三、四」なども使える。それは次の**第(8)節**で説明する。

すると、「学漢文」は「学二漢文一」となる。これに、送りがなと句点をつけると「学ブ二漢文ヲ一。」となる。とたんに質問がでるだろう。「漢文を学べり」という完了形の日本文が、「漢文を学ぶ」という現在形でいいんですか、と。

なかなかよろしい、その質問。答えよう。それでいいんだ。漢文の訓読では、現在形で読むのがふつう。そして、もし、翻訳するときには、時制を適当にして、すじの通る日本文にすればよろしい。読みかたと、訳との間に差があるんだ。

さて、それでは、練習問題㈡の全部に、送りがな・返り点・句読点の三者すなわち訓点をつけてみたまえ。

② 読ム二漢文ヲ一。

③ 友人好ム二漢文ヲ一。

④ 君ハ読ミ二英文ヲ一、我ハ読ム二漢文ヲ一。

④の場合、「君」と「我」との区別をはっきりと表すため、区別を表す助詞「は」をつけるのがよろしい。「おじいさんは山へ……おばあさんは川へ……」の「は」だ。

最後に、他動詞が二字の場合（例えば「啓発す」）はどうするか、ということになる。そのときは、他動詞の間に「-」（ハイフォン）をいれてつなぎ、第一字目（「啓」）の左下に「二」をつける。例えば「智能を啓発す」というようなとき、

啓二-発ス智能ヲ一。

というふうにする。ハイフォンはなくてもかまわない。

(8) 訓読のしかた(3)

復習してみる。**返り点の規則①**。下の一字からすぐに上の一字に返るときはレ点を使う。例えば、「花を観るを好む」という場合、どうするか。まず第一は、動詞が他動詞か自動詞か、という判断をすることだ。「……を観る」は他動詞、「……を好む」も他動詞。しかも、「……を好む」は「……を観る」全体を目的語としている。すると、語順としては、「好観花」となる。

この場合、返るのはみな一字から一字へという関係であるから、当然、レ点を使う。ついでに文末の句点もつけておこう。するとこうなる。

好レ観レ花。

送りがなをつけると次のようになる。

好ムレ観ルヲレ花ヲ。

もう一つ例を挙げよう。「書を読まんと欲す」。「欲す」というのは、be going to の感じで、一種の助動詞みたいなものだが、もともとは「……を欲す」という他動詞だ。これを漢文の語順に並べかえると「欲読書」となることは、もうわかるだろう。これに句読点・返り点・送りがなをつけてみよう。

欲《ス》レ読《マント》レ書《ヲ》。

さらにつっこんで考えてみよう。否定の場合である。これは英語に似ていて、とにかく、最初に出てくる。述語の上に乗っかるわけだ。この点、日本語とはまったく正反対。日本語だと述語のいちばん最後にくる。それでは例文を挙げよう。「花を観るを好まず」はどうなるか。注意すべきは、最後の「ず」である。否定語である。これは、日本語ではひらがなになっていて姿が見えないが、漢文になると姿を現す。ふつう、否定語は「不」である。すると、「花を観るを好む」の漢文における語順は「好観花」であったから、その否定となると、その上に「不」を乗せるとよい。すると「不好観花」という語順になる。そして、返ってくるのはそれぞれみな一字から一字へ、であるから、返り点と句点とをつけると、

不レ好レ観レ花。

これに送りがなをつけよう。その際、「不」自身には送りがなをつけない。「不」自身で「ず」と読むことになっているからである。すると、

不レ好《マ》レ観《ルヲ》レ花《ヲ》。

となって完了。

もうすこしひねってみよう。「書を読むを欲せざるにあらず」のときはどうなるか。まず注意すべき点は「……ざる」という否定、そして「……にあらず」という否定、という二つの否定があることだ。もし「書を読むを欲せず」だと「……ず」という否定一つだ。この点から考え、さきほどの「花を観るを好まず」と同じように考えると、

不レ欲レ読レ書。

これのさらに否定が加わった形である。「……にあらず」という否定語は、漢文では「非」で表す。否定の否定（二重否定）であるが、否定はいつも他の何よりも優先して先にくるから、「非」は「不」の上にくる。すると、

非レ不レ欲レ読レ書。

となる。これに送りがなをつける。その際、注意すべきことは、「非」には送りがなをつけない。これは「非」自身で「……にあらず」と読む習慣になっているからだ。もっとも、最近では「非《ズ》」と送りがなをつける人が多くなってきた。もう一つの注意点は「不」だ。もし「不レ好レ観レ花」のように「不」で終わっていたのなら問題はないが、この場合は、「不」で終わらず、「非」につながっている。こういうときの「不」には、送りがなをつける。すなわち、活用をつけることになっている。以上を総合して送りがなをつけると、

非《ズ》レ不《ルニ》レ欲《セ》レ読《ムヲ》レ書《ヲ》。（書を読むを欲せざるに非ず）

となる。「不」に対しての「……（ざ）ルニ」という送りがなに注意。

返り点の規則②。他動詞の目的語が二字以上のときに返る。例えば、「友人、漢文を学ぶ」はこうなる。

友人学二漢文一。

さて、これの発展を考えよう。英文法で、目的語が名詞節、というのを学んだことがあるだろう。てっとりばやく言えば、文が目的語となっているときだ。例えば「友人、漢文を学

ぶ」という文全体を目的語とするときがある。すなわち「我、友人　漢文を学ぶを聞く」である。「我」が全体の主語で、「聞」が述語、目的語が「友人学漢文」である。すると、語順から言うと、

我聞友人学漢文。

となる。返り点は、と言うと「友人学二漢文一」を利用する。「聞く」は他動詞で目的語は「友人学漢文」の五字。だから、レ点は使えない。そして文から言えば、「……を学ぶを聞く」であるから、「学」から返ってくると考えてよい。すると、すでに「一、二」ときているから、その次の「三」を使ってこうなる。

我聞三友人学二漢文一。

送りがなは次のようになる。

我聞《ク》三友人学《ブヲ》二漢文《ヲ》一。

応用を一つ。「我、友人 漢文を学習するを聞く」の場合どうなるか。さきほどの文の「学」一字が「学習」の二字になっているだけであるから、ハイフォンをつければ同じこと。すなわち以下である。

我聞《ク》三友人学二‐習《スルヲ》漢文《ヲ》一。

返り点の規則③。レ点と一二点とのミックスを考えよう。例えば「友人 漢文を学ぶを聞かず」。この「ず」は、さきほどの「友人 漢文を学ぶ」の否定としての「ず」であるから、「不」を使えばよい。すると「聞三友人学二漢文一」を利用して、その「聞」の否定であるから「聞」の上に「不」を置く。するとこうなる。

不聞三友人学二漢文一。

そこで「不」と「聞」とを、どうつなぐか、ということになる。「不」と「聞」とは一字同士の関係であるからレ点を使えばよい。すると、

不レ聞《カ》三友人学《ブヲ》二漢文《ヲ》一。(友人　漢文を学ぶを聞かず)

となる。できた！

もうすこし複雑な例を研究してみよう。「友人　詩を作る」というとき、これは簡単で、「友人作《ル》レ詩《ヲ》」とすぐできるだろう。この「友人作レ詩」という文全体を目的語とする場合がある。例えば、「我、友人　詩を作るを聞く」である。全体の主語が「我」、述語が「聞」、目的語が「友人作詩」である。すると、ともかく語順は「我聞友人作詩」となることはわかるだろう。それでは返り点はどうなるか。「友人作レ詩」はまちがいないから、そのままで「我聞友人作レ詩」となる。すると、「……を作るを聞く」とつながっているのであるから、「作」から「聞」へとつながなくてはならない。ところが「作」と「聞」との間に「友人」という二字のことばがある。返ってくるとき二字以上あるときはレ点が使えない。使えるのは一二点である。すると、ともかく「我聞二友人作一……」とせざるをえない。ところで「作詩」はというと「作レ詩」となっている。つまり「作」一字に、「作一」と「作レ」というふうに、「一」と「レ」との両方がくっついているわけだ。そこで、「一」と「レ」とをくっつけて「㆑」という記号にする。これは「一」プラス「レ」ということ。するとこうなる。

我聞㆓友人作㆑詩。

というぐあいだ。送りがなをつけると次のようになる。

我聞ク㆓友人作ルヲ㆑詩ヲ。

さらにつっこんで言えば、この否定、すなわち「我、友人 詩を作るを聞かず」はどうなるか。なーに、たいしたことはない。「我聞友人作詩」の否定にすぎないから「聞」の上に「不」を乗せて、

我不聞友人作詩

という語順になるだけのこと。返り点は、というと、「聞」の否定であるから、一字と一字との関係からレ点を使えばよい。すると、

我不レ聞カ二友人作ルヲ一レ詩ヲ。(我　友人詩を作るを聞かず)

となってピンポーン！

以上の三つの規則、すなわちレ点・一二点の使いかたがわかれば、返り点のついた漢文の九十九パーセントはわかる。だから、以上の内容をしっかりと身につけてほしいのだ。基本中の基本である。

それでは、残りの一パーセントは何ですか、ということになる。それは、レ点・一二点だけでは処理できないとき、**上下点**や**甲乙点**という、さらに上のクラスの返り点が使われているときである。しかし、その規則は、いま言う必要はない。やがて特殊文字というのがでてきて、複雑な文が登場してきたときに説明することにする。わずか一パーセントのことではないか。いま、諸君に必要なのは、そういう先のことではなくて、まず何よりも、返り点の読みかたについて、基本をしっかりとタタキコムことだ。それが十分にできれば、上下点や甲乙点のことなど、一分間ぐらいの説明ですぐわかってしまう。だから安心して以上の基本をしっかりと勉強したまえ。

(9) 句読点と返り点と

さて、「訓読のしかた」をひととおり述べ終えたが、訓読に使った道具である「訓点」すなわち句読点・返り点・送りがなについて、もうすこし述べておこう。とことん理解するために。

まず句読点から述べよう。ふつう、句点は「。」、読点は「、」と言われ、「。」は文意が完全に終わるときに使われ、「、」は文意がちょっと切れるときに使われる、と説明される。この説明はこれで正しい。しかし、この説明や用法は、実は、近代印刷術が完成されてからの用法である。すこし古い印刷物を見ると、「、」ばかりのものもあるし、「。」ばかりのものもあり、それこそ統一的な規則はなかった。「。」ばかりのものは、実は中国式で、或る意味では便利なのである。というのは、前述のように、「。」と「、」との概念を厳密に区別し、「。」は、文意が完全に終わるときでないと使えない、などと言うと、かえって漢文読解において不自由なのである。もともと漢文には、句読点などはない。ただ漢字だけが、ズラズラと並んだものすごいものである。その漢文（**原漢文**と言う）に対して、えっちらおっちら、句読をきりながら読んでゆくのであるが、果たして、毎回毎回、ここで文意が完全に終わる、という自信を持って「。」をつけることのできる学者がそんなに多くいるであろうか。

そういないのである。おそらく日本において三十人とはいないであろう。いや、これは語学力の問題と言うよりも、漢文自身の持っている一種の曖昧さにも原因がある。というわけで、むしろ「。」を、単にちょっと息を入れる場合の記号とする、というふうに、すこしルーズに定義して、常に「。」、または「、」をつけるほうが、実際的である。

しかし、このような正論は今は通らない。一応、「。」と「、」とには区別があるとして、その定義に従うほかはない。この区別は、諸君には有利である。すなわち、問題文を与えられたとき、逆にこの定義を利用して、「。」のあるところで、文意の完結がある、と理解していくことができるからである。御苦労なのは、問題作成者のほうである。何度も何度も問題文を読み、文意の正確さを考えねばならないのであるから。その苦労を諸君も読みとるようにして問題文を読めばいっそう力がついてくる。

この句読点について二畳庵先生に思い出がある。大学院生のころ、デキの悪い生徒の集まっている某高校で漢文を教えた。「ヲ・ニ・ト返る」なんて言っても、だれもわかりゃせんわな。それどころか、句読点ということもわからん。そこでまず句読点の大切さをタタキコムことから教えねばならんかった。しかし、あれこれ説明しても、ワカラヘン奴ばかり。そこで、ええいと思いきって黒板に大書した。「キンタマケルナ」と。

右の文に正しく句読点をつけよ、と前へひっぱり出してチョークを持たせた。ところがどいつもこいつもみなマチガイ。正解は、「金太、負けるな。」であるぞ。ウン。句読点の大切さを頭にタタキコメ。

そ、サービスにもう一例。上級ぞ。次の文（濁点は省略）に正しく句読点をつけよ。

ホトトキスホトトキスキスキスニマツマツワレニハツネキカセヨ

できたかね、アーン。「ハツネキカセヨ」がポイント。できたかね、アーン。これは和歌ぞ。濁音をつけるとこうじゃ、ウン。

時鳥《ほととぎす》　程時過《ほどときす》ぎず　来過《きす》ぎずに　先《ま》づ待《ま》つ我《われ》に　初音聞《はつねき》かせよ

ほととぎすは「時鳥」という文字通りに「ときとり」とも言う。そ、「子規《しき》」は「ほととぎす」とも読む。知っちょるかね、アーン。「程時《ほどとき》」は「ころあい」の意。

次に返り点について、すこし問題になる点を説明したい。

例えば「感激値遇」という場合である。「値遇《ちぐう》（自分を認めてくれたこと）に感激す」であるから、まず、「遇」の左下に「一」をつける。その次に「二」をどこにつけるか、ということになる。「感激す」は二字の熟語であるから、「感」の左下につけるのか、「激」の左下につけるのかということになる。すなわち、

(1)　感㆓激値遇㆒。

(2)　感激㆓値遇㆒。

の二種が考えられる。このように、返ってくる「二」を受ける熟語が、二字以上のときはどうするか、という問題である。これには規則がある。何字の熟語であろうと、その第一字目の左下につけることになっている。「感激」の第一字目は「感」であるから、「感」の左下につけるのが正しい。すなわち、(1)が正しい。すると、「坐窓下」(窓下に坐す)という場合も、厳密に言えば、「坐」(この場合は一字の動詞だが)の第一字目、すなわち「坐」の左下につけるということである。このように規則化すると、たとい六字の熟語であろうと、その第一字目の左下につければよいのである。しかし、熟語としては一つである、ということを示すために、漢字の中間に‐線をつけるほうがわかりやすい。

感㆓‐激値遇㆒。

ＡＢＣＤの四字でできている熟語のときは、

A二‐B‐C‐D○○一（○○をABCDする）

さて、その次の問題点は、両行にまたがる場合である。「読レ書」（書を読む）・「坐二窓下一」（窓下に坐す）の場合、

A　□□□□□□読
レ書□□□

B　□□□□□□坐二
窓下一

右のようにするのが原則であった。ところが現在は、印刷上の都合で、Aの場合もBの場合と同じく、前の行の最終字の左下、すなわち、

C　□□□□□□読レ
書□□□

右のようにつけるようになってきた。だから諸君は、AをCのようにするのがよかろうと思う。「由㆓人情不㆑明㆒」の場合も、最近は、DからEの書きかたに変わってきた。

D　□□□由㆓人情不㆒㆑明

E　□□□由㆓人情不㆑明

本来、AとBとの合成の場合がDであったのである。

さらに補って説明しておこう。熟語は何字であっても、返ってくる「二」を受ける場所はその熟語の第一字目の左下である、と述べた。例えば、「比肩接踵」（ひけんせっしょう。「同じ程度」のこと）という四字の熟語の場合、

比㆓-肩-接-踵一時㆒

右のようにすればよい。私はこの方法を勧める。しかし、別の方法もあることはあるのである。「比肩接踵」を一つの熟語と見ないで、「比肩」と「接踵」という二つの熟語と考えてもかまわない。そのときは、なんと、

比二肩接三踵一時一

右のように、「三」の場所が「二」よりも下にきて、「肩」と「接」との中間の－線は省くのである。さらに例を挙げると「有楚大夫於此」がある。これは「此《ここ》に楚（国名）の大夫有り」と読む。そこで原則的には、この「楚大夫」を熟語と考え、かつ一字相当として、

有レ楚二大－夫於此一（または例外的に有三楚二大－夫於此一）

としてよい。しかし、すこし問題がある。「楚大夫」を一つの熟語とみなすのはすこし苦しい。「楚」と「大夫」との間の結びつきはゆるくて熟語というほどのものではないからである。そこで、

A　有レ楚二大三夫於此一

B　有四楚二大三夫於此一

右のような複雑な返り点のつけかたが登場してくる。Aは、戦前の中等学校の漢文の教科書に載っている例である。こうなってくると、どれがベストとは言えなくなってくる。さらにB風の読みかたをしている例を挙げておこう。相当に複雑である。特に「二・三」のつけかたは独特。原則では「未四嘗不三歎‐二息‐痛‐恨於桓霊一也」なのだが。

未五ダ嘗テ不四ンバアラ歎二‐息痛三‐恨セ於桓霊一ニ也。(未《いま》だ嘗《かつ》て桓霊《くわんれい》に歎息痛恨せずんばあらず)

ついでに説明しておくと、「一・二・三・……」に対して、「**上・中・下**」「**甲・乙・丙・……**」「**天・地・人**」と、いろいろ上級の返り点があり、それをつけることがあるが、「天・地・人」を使わねばならないような文は、実際にはほとんどない。せいぜい全体の〇・一パーセントぐらい。第一、そんな複雑な長い文は悪文である。そこで、「甲・乙・丙・……」まで使った例を挙げておこう。これはあくまでも参考としての例であって、実際には、まあ、ないものと考えよ。

莫乙キ不下ル慕二フテ古ノ聖賢之不レルヲ朽チ而勤《つと》二メテ一世一ニ以テ尽中サ心ヲ於文字之間上ニ者甲也。
(古の聖賢の朽ちざるを慕ふて一世に勤めて以て心を文字の間に尽さざる者莫《な》きなり)

⑽ 書き下し文

訓点（句読点・返り点・送りがな）を使って読んだものをそのまま日本語として書いて示した文を「**書き下《くだ》し文**」と言う。まちがっても「書き下《おろ》し文」などと言ってはいけない。「書き下《おろ》し文」というのは、新しく書いて完結した文章のことで、全然、意味が違う。

この訓点の内、「送りがな」についてはまだ説明していないが、先に書き下し文について説明する。「書き下し文」は、「**かなまじり文**」とも言われている。或いは、「**訓読文**」、「かなまじりの書き下し文」、「かなまじりの訓読文」とも言われる。このようにいろいろな名称で呼ばれているが、要するに、日本文字と漢字との混淆《こんこう》した日本文語文であった。いま、「であった」と過去形で書いているのは、現在はさらに別の問題が出ているからである。そのことは後述するとして、まず「日本文語文であった」当時の話からしておこう。それには、もう一度「訓読」ということを思い起こしていただきたい。この「訓読」というのは、要するに、「中国の古典的文章を中国語と異なった日本語という言語組織に移し変える」ということである。そのための手段として、返り点や送りがなが付けられてきたのである。だから、訓読においては、中国語から中国語的なものの大半が抜き去られてしまっているわけである。しかし、原文（これを「原漢文」と言う）の付近にいろいろと記号やかなを付けているわけであるから、その記号やかなを無視するとただちに原文を知ることができる。この両者、すなわち、原文と、その日本語訳文との両者を見ながら読むというわけだ。ところが、書き下し文となると、その原文はほぼ消滅してしまう。原文の漢字はすべて書き下し文中に組みこまれてしまう。だから訓読の段階から、さらに中国語的なものを抜き去って、ほとんど日本古典文的な様相を呈しているのが、すなわち書き下し文なのである。しかも、語法的には、訓読の送りがなに従うわけであるから、日本文語文であると言ってよい。だから、この書き下し文から原文（原漢文）を或る程度推測することは可能であるが、完全な復元は困難である。例えば、「書を読む」というような簡単な文の場合は別として、すこし複雑な文になると、よほどの学力がないとできない。戦前の入試で、復文（書き下し文から原漢文に復元する作業）という設問があったが、今日から見れば、良く言えば高級な、悪く言えばナンセンスなことをしていたものである。それはともかく、訓読したものから、日本文語文としての書き下し文に直すということは、比較的簡単なことであった。ところが、現在では、この書き下し文ということの意味が変わってきたのである。

現在の高校における漢文の位置は、何度も説明してきたように、日本古典の一分野として扱うということである。このような位置づけになってきた理由の一つは、漢文を読める人が急速に少なくなってきたことに一つの原因がある。現代日本語の中から、いわゆる漢文脈が、ほとんど姿を消したことがそのことをよく表している。もっとも現代日本語においては、短いセンテンスとなる傾向があることとマッチして、漢文脈特有の簡潔な表現が、現代風にされた一つの文体として、例えば吉川幸次郎氏の文章を挙げることができよう。吉川氏の文章は、現代化された漢文脈である。一方、現代日本語の中に流れこんできた翻訳調の文体が、漢語（漢文の熟語という意味）とミックスされて独特の難解な文章となったものに、例えば高橋和巳氏の文章がある。これも現代化された漢文脈ではある。しかし、明治大正期の文人が書いたような、正統的な漢文脈は、今日、ほとんど見ることができない。わずかに、挨拶状の堅苦しい文章のようなところに姿をとどめている程度である。

こういう状況であるから、漢文脈としての書き下し文という意味が失われ、現在、書き下し文は、漢文を読む（訓読する）ときの発音記号的な役割を果たすものとなってきているのである。もちろん、それは、日本の古典文風な形であるから、同時に、日本古典としても扱おうというわけだ。だから、現在の高校教科書では、書き下し文は、二つの役目を持っている。一つは、漢文を日本人がどのようにして読み日本語化してきたかということを示すものとして日本古典として位置づけること、もう一つは、漢文を読むときの発音記号（かつ初歩的解釈）としてである。そこで諸君に強調したいのは、書き下し文とは現代日本人の読解のための発音記号的な役目を持っている、という点である。

では、現代日本人に対する発音記号であるとするならば、当然、現代仮名づかいとして書くのが妥当である、ということになってくるであろう。しかし、高校教育では、書き下し文を古文とするので、歴史的仮名づかいで書くようにしている。なお、原漢文に付ける送りがなについては必ず歴史的仮名づかいにする。忘れるな。

そこで、**書き下し文を書く順序**を考えることにする。最初の練習は、教科書の訓読文を書き下しにするのがよい。例えば、次の場合。

国破レテ　山河在リ、　城春ニシテ　草木深シ。

そのまま書き下し文（昔と異なり今日ではカタカナではなくてひらがなを使うのがふつう）にできる。すなわち「国破れて山河在《あ》り、城春にして草木深し。」である。しかし、早くも問題が出てくる。というのは、「国破れて」は、まずまずふつう「くにやぶれて」と読めるであろう。ところが「城春にして」はどうであろうか。これを必ず「しろはるにして」と読むとは限らない。これを「じょうしゅんにして」と読んでも、誤りとは断定できない。もし、「じょうしゅんにして」を、「じょう、しゅんにして」の意で読んでいるとすれば、非常にぎこちない日本語らしくない読みかたではあるが、原文の意味をなんとか理解していると言えないこともない。だから、もし、「じょう、はるにして」と読めば、ほぼ完全に原文の意味を理解していると言えよう。これを採点するとすれば、「しろはるにして」を満点として、「じょう、はるにして」には八分目の点数を与えてよい。さらに厳密に言えば、「しろはるにして」の場合も「しろ、はるにして」と中間に読点を打って書くほうが、さらに明解な読解をしているということになるであろう（ただし、漢文のプロは、こういう読点をふつうは入れない。原漢文が「城春草木深」で一句であるからである。もし「しろ、はるにして」となると、原漢文を「城、春草木深」と区切ったことになり、誤解を与えるからである）。それでは、「城」のような漢字を「しろ」と読むのが正しいのか、「じょう」と読むのが正しいのか、ということになると、「城」一字では、どちらも正しいが、文中にある場合は、文脈という不思議な怪物によって決定される、というほかはない。その文脈とは、文章の正確な理解、日本古典語らしい表現などという条件によって定まるので、簡単には説明できない。「城」の場合、「大阪城」とか「姫路城」というような固有名詞化される場合以外、すなわち一般的に言う場合、「しろ」と訓で読むのが日本語としてふつうであるから、「しろ」と読むのが、おだやかである、と説明したとたん、専門家から、きっと、それはおかしい、という質問が出そうである。というのは、中国の「城」とは、日本流の「しろ」と同じものであるのかどうか、すなわち中国の「城」は日本語の「しろ」のイメージとは異なっているのではないかということである。

　中国の古代では「城」とは、すなわち「城市」の意味である。周囲に城壁があり、その中に、町があるわけだ。日本の城のように、政権担当官庁としてのいわゆる城が町の中にあるのとは異なるのである。われわれ日本人の城に対する感覚は、常に、政権の象徴としてのそれである。白壁（もっとも、松本城や岡山城、広島城は逆に黒いが）のそびえたつ威風堂々の建築物というイメージがつきまとっている。「しろ」と発音するとき、必ずそういうイメージである。ところが中国では、「城」とは、もっと親しい意味の、いわば、「わが町」であって、日本的「私の城下町」とは異なる。とすると、杜甫が「城春草木深」と絶唱するとき、あそこには八百屋があった、ここにはマージャン屋があった、という生活実感をこめているわけである。動乱以前の過ぎし日の、人々の楽しかりし場所というイメージがあるわけである。だから、そうしたイメージを生かすとすれば、「城」を「まち」と読むほうが的確である。となると、「まち、はるにして」と読むのが妥当なようでもある。しかし、「城」を「まち」とは読みにくいから、「まち」の意で、「じょう、はるにして」と読むのが妥当である、と言って言えないことはない。そしておそらく意味的にはそのほうが正しいであろう。

しかし、ここで考えてほしいのは、日本古典としての漢文という立場である。「城」の意味の事実はともかく、日本人が、この詩句を愛唱してきた根底に流れているものは、古城興亡のイメージだ。「荒城の月」のイメージだ。芭蕉が、奥州平泉で、笠を敷いて坐り、往時を回顧したときの「城」のイメージは、「まち」ではなくて、まさに「しろ」であった。とすると、日本人が、古典としての漢文を鑑賞してきたイメージは、「しろ」であるから、この場合の読みかたは「しろ」というのが、やはり妥当であると言っておこう。

このように、書き下し文にするとき、つまり、発音記号化してゆくときに、早くもそこに内容解釈という問題がからんでくるのである。

さて「城春草木深」の場合、その書き下しは比較的に楽であった。その理由は、「城、春、草、木、深」は「が」とか「を」とかといった種類のことばと異なり、すべて意味を持っていること、難しく言えば概念語であること、また、語法的には、最も簡単な「話題の直接提示」であったからである。しかし、そうは言ってもやはり注意が必要である。「城春」の場合、「城」を「じょう」と読もうと、「しろ」と読もうと、どちらにしても「はる」と連記するとき、問題がないかどうか、ということである。すなわち、「じょうはるにして」、「しろはるにして」である。日本古典文を読むときの感じとしては、「しろ、はるにして」と、「しろ」のところで、すこし区切る感じが、ぴったりする。すなわち、「しろ」と区切って読むことによって、「城」の概念の表現を完了したことになるからである。いや、もっと突っこんで言えば、この場合、「城」の概念とその提示とを表したことになる。現代日本語としては、「城には」ということだ。だから、この「しろ、はるにして」という区切りは、単なる区切りではなく、話題の提示という働きをしているのである。このことは、漢字を使うと、いっそうはっきりする。すなわち、「城、春にして」と表記すると、まちがいなく、「城にはもう春がきているが」というふうに解釈することができる。「城春にして」と表記すると、すこしわかりにくい。だから、「城、春にして」と書くほうがより明快である。書き下し文が、現在では、漢文の発音記号的役割を果たしていることが、ここでもよくわかるだろう。そのことは、明治の作家の文章を読むといっそうよくわかる。当時の書き下し文調の文章には、発音記号的な役割がないから、非常に読みにくい。現在の書き下し文に要求されていることは、可能なかぎり、読みやすくする、ということであるから、句読点を十分に使って、いっそう明快にすることに心がけることである。「城春」の場合がそうである。しかし、「草木深」の場合はどうであろうか。これは「草木、深し」としなくても、「草木深し」で意味は通じると言えよう。であるならば、あえて、句読点を入れる必要はない。もちろん「城春にして」と書いても、決してまちがいではない。ただ、読みにくいというだけのことである。念のために言えば、発音記号的であるので、原文の句読点の位置や数と書き下し文のそれとは必ずしも一致しない。

このように書き下し文において句読点を入れることによって、誤解を少なくするということがよく行われる。例えば、「人皆知其非」の場合、「人皆其の非を知る」と続けて書いてわからぬことはない。戦前ならば、もちろんこのように書くのであるが、現在では、ちょっとわかりにくい。そこで、読点を入れて「人、皆、其の非を知る」とするとわかりやすい。しかし、「皆」はどうであろう。この字を「みな」と読むことは、今日では、すこし難しい感じである。とすると、「皆」は、思いきってひらがなで表してもよい。すると、「人、みな、其の非を知る」となる。ところが、こうなると、また新しい問題が起こる。というのは「皆」という字が漢字であったので、「人」や、「其」と連続してわかりにくかった。そこで読点を入れて、「人、皆、其の」としたわけである。しかし、「皆」をあっさりとひらがなにしてしまうなら、なにも読点を入れて区別する必要性がなくなる。とすると、「人みな其の非を知る」と続けて書くほうがすっきりするというものである。「人、みな、其の非を知る」と書く方が、かえってわかりにくいことにもなりかねない。だから、読点を入れることが、必ずしも読みやすくするための絶対条件ではない。主として、漢字同士が並んで、区切りがしにくいときに活用すべきものであろう。とすると「皆」を「みな」とするように漢字をひらがなにすることは、読点を入れることと密接な関係があるということになる。このことをさらに突っこんで考えてみよう。

「皆」を「みな」とひらがな書きにしたことの真相はなにか。それは、「皆」という漢字の「訓」を示したということである。もし「皆」を「かい」と音のひらがな書きにするとどうなるか。「人かい其の非を知る」となる。この句を解釈すると、「人買いが、自分の悪業をさとった」となってしまう。あるいは、口語の「そうかい」の「かい」のようになると、なんだか、「ヘーゲルがよ、絶対矛盾をさ」という調子になってはずれてしまう。とすると、書き下し文において、あえて漢字をひらがな書きにするということは、実は、その漢字の「訓」という第一段階的解釈を示すということになる、と言えるであろう。

漢字で示すところを、あえてひらがな書きにするということは、そこに必然性がなくてはならない。その必然性とは、最小限の解釈を示す必要がある、という場合である。それはど

うい う場合であるか。例を挙げよう。「不知道」という場合、「道を知ら不」と書くとどうであるか。これは日本語として通じない。末尾の「不」は、「ず」とひらがな書きにしないと読めない。「人皆其の非を知る」の場合、「皆」を必ず「みな」と書き改める必要はない。「其」もそうである。しかし、「人みなその非を知る」と書くと読みやすいのである。とすると、書き下し文において、A〈必ずひらがな書きにしなくてはならないもの〉と、B〈ひらがな書きにしたほうが読みやすいもの〉という二つのものがあることに気づくであろう。諸君の学習としては、Aをまず学習することである。Bは、十分な余裕をもって解釈をなし得たときに可能である。そこで、さしあたり、Aについて研究をすることにしよう。

このAグループの中心となるものは、助動詞である。一般に助動詞は、ひらがな書きすることを要求される。

ところで、この助動詞のひらがな書きにおいて問題となるのは、「也」である。例えば、「彼少年也」を書き下し文にして「彼、少年なり」とするのが普通であるが、もし、この「也」をひらがな書きせずに「彼、少年也」と書くとどうか、という例である。今日の受験漢文では、すぐさま誤りとしてしまうであろうが、そう簡単に誤りとすることができるのであろうか。例えば、熊沢蕃山の文などを見ると「動静は時也。なすべき事は皆人事也」とある。或いは、最近の例では、吉川幸次郎氏の『詩経国風』(岩波書店)の訳注では、しばしば「……也」という書き下し文が見られる。とすると、「彼少年也」という原漢文の書き下し文として、「彼、少年也」または「彼少年也」と書いても、誤りと言えるかどうか、怪しくなってくる。そこで、この「也」について研究することにしよう。いったい、ひらがな書きにすべきかどうか。

「也」は「なり」とひらがなにするべきなのか、それとも、そのままでよいのか。この答を出すには、まず、「也」と「なり」とには、どんな関係があるのか、ということの検討から始める必要がある。われわれは、慣用として、「也」は「なり」と読むものだと、決めてかかっているところがある。その例は、珠算（そろばん）の読みあげの場合である。五円也、十円也と、もうそれは定式化してしまっている。だから、「也」字があると、いつでも「なり」と読んでしまいがちであるが、これは正しいのであろうか。

例えば「我少年」という文を読むとき、「我は少年」と読むと、なんだかちょっともの足りない。「我は海の子」も同じで、なんだか、その次のことばが省略されている感じがある。それはいわゆる体言止め、であり、その感じは、ピッチャーが、モーションを起こして、ボールを投げる寸前で止まっている、という感じである。悪く言えば、ちょっと落ちつかない感じであり、よく言えば、余韻があるという感じである。だから、よほど、特殊な強調のとき以外は、「我は少年」というような体言止めでは読まない。と言うと、ちょっと言いすぎになる。パターンとして体言止めで読み、そこに強調の意をこめない場合も多いからである。例えば、「孔子、名は丘《きゅう》、字《あざな》は仲尼《ちゅうじ》。」という場合がそれである。これは別に強調しているわけではなく、人物の名・字の場合などは体言止めで読むのがふつうである。「孔子は名は丘なり、字は仲尼なり」と読んでもかまわないが、習慣ではそうは読まない。

さて、話をもとにもどそう。「我は少年」では落ちつかないので、「我は少年なり」と読むのがふつうである。では、「我少年也」のときはどうか。このときは、必ず「我は少年なり」と読んで、「我は少年」とは読まない。とすると、「我少年」のときは、「我少年也」のときも、同じく「我は少年なり」と読むことになる。しかし、「我少年」のときは「我は少年」とも読めるが、「我少年也」のときは、「我は少年」とは読まない。すなわち、あくまでも、「読まない」のであって、「読めない」のではない。「我少年也」を「我は少年」と読んで読めないことはないのである。いったいどうなっているのか。

いよいよ重大な結論に、われわれは向かいつつある。「也」は、もともとどういう意味なのであるか、まず、そのことから考えてみよう。この「也」には、実は、概念としてなにかを指している、という意味での意味はない。あくまでも、「……なんだ」という強意の感情を表していることばである。奈良時代以前から中国の文献が、どんどんはいってきたと思われるが、そのころの日本人が、外国語としての中国語に対して、最も頭をなやましたのは、こういう種類のことばであった。すなわち、話し手の判断や感情を表すことばである。これにくらべて、概念語というのは比較的に理解しやすい。天から水滴が落ちてくる、という現象は、古今東西変わらない。だから、「雨」という字の概念は、簡単に「あめ」と大和ことばに置きかえることができたのである。もちろん、当時の日本語には存在しない概念のものが渡来してくることがある。そのときは、外来語をそのまま使えばこと足りる。例えば「椅子」がそうである。今日でも、翻訳の難しいものは、どんどん外来語をそのまま使っている。これは日本人の知恵である。カタカナやひらがなが発達したのも、外来語の表記ということと関係がある。この点、中国語は不自由である。例えば、「康徳」、このことばを諸君は理解できるか。これは、ドイツの哲学者のカントに対して中国語で発音して写しとったものである。康徳《カーンドウ》という感じ。さて、話をもとにもどして述べると、概念語以外の言語、すなわち、話し手の感情や判断を表す中国語に対しては、徹底的に大和ことばで翻訳するほかはない。例えば英語の過去形には、-ed のつくことが多いからといって、「書く」のあとに「ド」をつけて、「書くど」と言っても、「書いた」という意味にはならない。「書くど」というのは、「書くぞ」の河内弁《かわちべん》(大阪)である。だから、「也」ということばに接したとき、この「也」の用法や語感が強意を表すものだということから、強意を表す大和ことばをあてはめることになったわけである。

ところがここで、一つの山にぶつかった。というのは、強意を表すと言っても、文頭を強める場合も、文の途中、文末の場合もあるわけであるが、どの場合も同じ大和ことばでよいものかどうか。

「也」字が一番多く出てくるのは、文末である。さて、この文末に「也」字がくる場合、ど

のような強意を表す大和ことばをあてはめればよいか。例えば、

陛下何ゾ疑フノ二宰相ヲ一之深キヤ也。（陛下《へいか》何《なん》ぞ宰相《さいしやう》を疑ふの深きや）

の場合、この「也」はほとんど詠嘆の感じに近い。そこで、「や」という助詞をあてはめてみるわけである。しかし、このような場合以外に、文末によく出てくる「也」は、強意というよりも、むしろ、指示したり、言いきったりする場合が多い。前例の「我少年也」がそれである。そこで、この指示や言いきりの訳語として「なり」が選ばれたわけである。しかし、何度も注意したことであるが、「也」字の読みかたとして「なり」が存在するわけではない。あくまでも、「我少年也」の「我少年」という内容に対する指示や言いきりを表す訳語として「なり」が選ばれただけである。だから、もし送りがな「なり」をつけるとするならば、「少年」の右下、すなわち「我ハ少年ナリ也」とするのが適切である。「我ハ少年也ナリ」として、「也」を「なり」と読ませてもよいが、それはすこし伝統的すぎる。「我ハ少年ナリ也」と送りがなをつけることによって、かえって「也」字の感じを出せると言えよう。「我ハ少年ナリ也」とするか、「我ハ少年也」とするかは、習慣の相違でもある。しかし、私は、前者のようなつけかたをすすめる。例えば、前例の「陛下……之深也」の場合も、「深キヤ也」とするほうが、「深キ也」として「也」を「や」と読ませるよりもわかりやすい。つまり、

助詞のような、話し手の判断や感情を表すことばは、はっきりと大和ことばにして表すほうが明快である、ということである。付け加えて述べると、前例の「陛下何疑宰相之深也」において、「之」を「の」と読ませず「疑」の右下に「フノ」というふうに送りがな「ノ」をつけたのもそういう意味である。さて、ここで一気に結論が出そうである。すなわち、助詞類に相当するものは、すべて送りがなとしてはっきりと表す、ということである。書き下し文中に「……也」と「也」字をそのまま書くのは「也」字を日本語として扱っている場合であって、これはその人の国語観に基づくものとしか言いようがない。

さて次に「行か不らん夫」、このような書き下し文はだめである。助詞は必ずひらがなになおす。それでは「行か不らんか」でよいか。これでも不十分である。前述したように助動詞に相当するものもすべてひらがなになおす。「行かざらんか」これが正しい。ところで、私が「必ず」とか「すべて」というと、必ず反論が出るであろう。例えば、「於いて」とか「行く可からず」と、助詞「於」、助動詞「可」をもとの漢字のままにしてよく書かれているではないか、と。

もちろんその事実は認める。だから、ごく習慣的になっている場合には、もとの漢字のままにしておいてもそれはそれでよろしい。しかし、私が言いたいのは、なるべく簡単な原則にしておくのが便利ということなのである。「夫」はひらがなにし、「於」はそのまま使ってよい、というふうにしておくと、きっと、整理がつくまい。だから、簡単な原則として、ひらがなにすることを勧める。現代日本語においても、ときどき「於いて」とか「可きである」というような語句を見る時があるが、率直に言ってすこし古めかしい感じである。

さて、それでは、助詞・助動詞以外で、ひらがなにするものとしてどのようなものがあるだろうか。

㈠　代名詞の場合。「我」とか「彼」とか、概念語と密着している人称代名詞はそのまま漢字を使ったほうがいいだろう。もちろん、ひらがなにしてもかまわない。ひらがなにするとわかりやすい代名詞は、「**此**・**之**（これ）・**是**・**其**（それ）・**孰**（いづれ）」などである。現代日本語の傾向が、そのまま影響していると考えてよい。

㈡　副詞などの場合。これも現代日本語の影響を受けており、ひらがな化することが多い。「**今**・**又**・**亦**・**復**（また）・**且**（かつ）・**皆**・**唯**（ただ）・**豈**（あに）・**若**（もし）・**猶**（なほ）・**能**（よく）・**使**（もし）・**直**（ただ）」というニ音以下の副詞などはひらがなにするのがふつうとなってきている。三音以上の場合においても、「**嘗**（かつて）・**凡**（およそ）・**蓋**（けだし）・**自**（みづから）・**即**（たとひ）・**雖**（いへども）・**故**（ゆゑに）・**以**（もつて）・**毎**（つねに）・**忽**（たちまち）・**甚**（はなはだ）・**既**（すでに）・**況**（いはんや）・**何**（なんぞ）」は、ひらがなにしておくことが多い。もちろん、漢字をそのまま使うほうがよいという場合もある。理由は、わかりやすい、という観点からである。「**再**・**明**」のような場合は「再び」とか、「明らかに」というふうにしたほうがわかりやすい。もちろん、ひらがなで書いてもよい。比較上の問題である。「**最・尤**」の場合、いずれも「もつとも」と読むのだが、意味が異なる。「最」は最上級、「尤」は比較級的に、「非常に」という感じである。とすると、両者の区別はしておいたほうがよい。「最も」とか「尤も」というふうにしておくと正確によく意味が伝わるであろう。このような区別をせねばならないときは、はっきりとさせねばならぬ。「最・尤」の場合とは逆に、徹底的にひらがなで書かねばならぬときがある。例えば、「**徒・忽・故**」の場合である。もし、「徒に」と書くと、「ただに」の意か、「いたづらに」の意かはっきりしない。同じく「忽に」と書くと「たちまちに」の意か「ゆるがせに」の意か、また「故に」と書くと「ゆゑに」の意か「ことさらに」の意か、それぞれはっきりしない。こういうときは、必ずはっきりとひらがなで書いておくことである。しかし、逆に言うと、はっきりわからないときには、「徒に、忽に、故に」と書いておいて逃げるということも可能である。いささかずるい方法ではあるが。

㈢　慣用句の場合。「**所謂・以為・加之・是以・何以・如何**」など、入試の際必ずどこかの大学において出題される慣用句は、ひらがなにしておくのがわかりやすい。念のため読みかたを順に記しておく。「いはゆる・おもへらく・しかのみならず・ここをもつて・なにをもつて・いかん」。

㈣　再読文字の場合。再読文字については、次の**第⑾節**で述べる。

㈤　重読文字の場合。重読文字とは、一字を二度読む場合である。これも次の第⑾節で説明するが、例えば「**各・愈・益・数・偶**」といった場合である。これらの読みかたを順に記すと「おのおの・いよいよ・ますます・しばしば・たまたま」。ただし、「**日・世・人**」の場合は、漢字を生かさないとわからなくなる。すなわち「日に日に、世世《よよ》・人《ひと》人《びと》」である。「日々・世々・人々」と書いてもかまわない。
以上が、書き下し文においてひらがな書きすることが多い例である。

⑾　再読文字と重読文字と

再読文字という特別な助字がある。漢文を習い始めたころ、なんとも奇妙な用法よと思ったことだろう。確かにそのとおりで、この再読文字を発案したのは、訓読の中でも傑作に属する。この再読文字について研究してみることにしよう。

まずその読みかたに注意してくれたまえ。再読文字をそのまま訳すと「再び読む文字」である。ところが、この「再び読む」ということばを、よく「二度読む」というふうに理解する人がいるが、これは危険だ。

どうしてかと言うと、「二度」と言うと、例えば、「日」を「日に日に」というふうに同じことをくり返して二回読むという意味になるからである。しかし再読文字というのは、けっして二度くり返して読むという意味ではない。「ふたたび帰ってきて読む」ということであって、その「帰ってきた」ときの読みかたと、初めの、すなわち第一回目の読みかたとは異なっているという意味を含んでいるのである。

この再読文字とは別に、二度くり返して読むという文字があるのである。実は前節の「書き下し文」のところで出てきたのであるが、「**重読文字**」というのがそれにあたる。前節の最後に挙げたような漢字、すなわち「各（おのおの）、数（しばしば）、日（ひび・ひにひに）」といったような字がそれである。

ふつう、こうした重読文字の右下に「〻」という記号をつける。この記号は「二」という記号を草書（点画《てんかく》を続けて書く）体で書いたものである。この「二」という記号は、昔、石に文字を彫っていたころ、同じ字が続くときに、面倒だから「同上」の意味で下の字を掘らず「二」と彫った。そこからきている。すなわち「各各」と彫るところを「各二」と彫ったわけである。これが「各〻」という書きかたに変化してきた。そこで、重読すなわち「かさねて読む」「くり返して二回読む」というところから、例えば「各〻」は「おのおの」、「数二」は「しばしば」、「日々」は「ひにひに」と読むわけである。

しかし、再読文字というのは、こういう重読文字とはまったく無関係であるから区別をせねばならない。

再読文字というのは、日本語で漢文を翻訳するときにどうしてもやむを得ない事情で定めた文法上のきまりなのである。その「やむを得ない事情」とはいったいなんであろうか。
日本語には、或る特定の副詞が使われるとき、必ずそれを受ける助動詞がある。例えば、現代日本語の場合、「すこしも」と言い出すと、聞いているほうでは、ハハン、最後に否定形がくるな、とわかる。たしかに「すこしもうれしくない」という調子で否定形になっている。とすると、「すこしも」に対応する（承応する）「ない」という否定の助動詞が必ずあり、「すこしも」と「ない」とはセットになっているわけである。つまり「すこしも……ない」という形でまとまっていると言えよう。

　こうした事実は、現代日本語に限らず、文語文法にもある。例えば「いまだ……ず」がそれである。この場合、「いまだ」と「ず」とは、絶対に切りはなすことができないセットになっている。

　さて、漢文を日本語に翻訳するとき、「**未**」という字が出てきたりする。この「未」は、例えば「未定」というふうに使われ、「まだ定まっていない」という意味である。すなわち、「未」は「まだ……ない」という意味を表す語だということがわかる。とすると、「未」の翻訳語として（文語文法的に言えば）、「いまだ……ず」と言うのがふさわしい。そこで、「未」の訳として「いまだ……ず」をあてようとする。ところが困ったことに、「未」を始めに「いまだ」と読むと「ず」が宙に浮いてしまう。そこで、考えに考えたあげく、「未……」の場合、初めに「未」に対して「いまだ」と読み、次に「……」に相当するところを読み、最後にもう一度「未」にビューッと帰ってきて「ず」と読むという規則にしたのである。このように約束を立てて、その上で読む文字のことを再読文字と言うのである。

とすると、文法的に言えば、再読文字の読みかたとは、文語文法における「**副詞の承応**」ということがらと同じことなのである。厳密に言えば、「再読文字とは、常に承応する副詞と助動詞とを、同一文字の中に含んでいる特殊な文字」ということになる。こういう再読文字で、しょっちゅう出てくる重要なものは次の七つである。これらさえしっかり覚えておけば、再読文字の学習は終わり。大丈夫。

① **未**（いまだ……ず）まだ……でない。

註 近ごろ、「今だにこだわっている」と書くべきところを「未だにこだわっている」と書く人が増えてきている。これはまちがい。否定とセットになっている「未」の使いかたがわかっていない。

② **当**（**當**）〔または「**応**（**應**）」〕（まさに……べし）……なすべきである。

③ **宜**（よろしく……べし）……するのがよろしいから、そうせよ。

④ **将**〔または「**且**」〕（まさに……せんとす）これから……しようとする。〔「将」

の「…す」は助動詞ではなくて動詞）

⑤ **須**（すべからく……べし）　ぜひとも……せよ。

⑥ **猶**（なほ……ごとし）　ちょうど……のようである。

⑦ **盍**（なんぞ……ざる）〔反語〕どうして……しないのか。

さて、注意を一つ。これらの再読文字は、いつも右に示すような終止形で終わるとは限らない。例えば、

読ム下未ダ《ざ》二ルノ曾テ見一之書ヲ上。（いまだかつて見ざるの書を読む）

不レ知ラ二老《おい》之将ニ《す》ルヲレ至ラント。（老のまさに至らんとするを知らず）

のように、未然形や連体形となっていることが多いので、助動詞「ず・べし・ごとし」のサ変の活用は、自由自在にできなければならない。ただし、漢文では、「ず」の連体形の「ぬ」や已然形の「ね」は使わないので、「ぬ」や「ね」は、はずしておいていい。

⑿ 否定形

文章の基本中の基本は、もちろん肯定形だ。これはもう当たり前と言うか、なんと言うか、説明の必要がない。そこで、肯定形の説明なんか、すっとばす。バカバカしいからよ。

それでは何が大切かと言うと、否定形だ。なんと言っても、文章に変化をつける最大のものは否定形である。「ある」と「ない」とでは大ちがいではないか。

さて、その否定形であるが、わが日本語は珍しい形をとるんだ。すなわち、あれこれとつべこべ言ったとどのつまり、最後に「……ではない」と否定して全部をひっくりかえしてしまう。だから話をごまかそうと思えば、くどくどと話を長くひっぱって、最後のあたりは声を低くしてモゾモゾと「でない」と言えばそれまでよ。便利この上ない。

ところが、英語はどうだ、とにかく、ノーと最初に言わなくちゃならないし、ドーントだの、ダズントなんて先に言わなくちゃならない。だから、聞いてるほうも楽だなあ。初めに、否定デッセ、と言ってくれているんだから、そのあとの話は、要するにイヤなら聞かなくったっていい。逆に、最初に否定形が出てこなければ、ウンウンナニナニと聞けばいい。

実は漢文もそうなんだ。否定を表すことばが前にくる。この点は、英語に似ている。だから、漢文の否定形のときは、英文法を思い出せ。すなわち、その否定を表すことばがどこまでかかっているか、というところに目を光らすのがコツである。例えば、日本語で「字を書き、書を読まず」と言うと、意味がはっきりしない。すなわち、㋐字は書くが、本は読まない。㋑字を書かないし、本も読まない。という両方が考えられるからである。ところが、漢文では、ありがたいことに、目で見てイッパツで㋐か㋑かわかるんだ。次の漢文を見よ。否定を表すことばの代表は「不」で助動詞「ず」をあてて読むこと。ただし「ず」という送りがなはつけない。

㋐ 書キレ字ヲ 不レ読マレ書ヲ。

㋑ 不ニ書キレ字ヲ 読マ一レ書ヲ。

㋐を見ると、「不」は「読書」だけにかかっているが、㋑では「不」は全部にかかっている。だから、否定形が出てくると、まず何よりも、どこまでかかっているか、ということを第一に考えよ。

さて、右の㋐・㋑の訓点つきの漢文を、返り点・送りがなに頼って読むと、㋐・㋑のどちらにしても「字を書き書を読まず」という古文になる。

くりかえし言うが、現在では、送りがなはカタカナ、書き下し文はひらがなにするのがふつうである。だから「不㆑笑」は「笑はず」であり、「笑は不」なんてことはまちがっても書かないことである。その他は、漢字の熟語とかといった概念語を表す漢字以外は、だいたいにおいて、ひらがなにしておけばそれでよい。そういうわけで、このごろでは、「書き下し文で書け」という設問よりも「その読みかたを、全部ひらがなで書け」というような設問のほうが増えてきている。というのも、書き下し文で「其の書を読む」と書く人もあれば、「その書を読む」と書く人もあって一定せず、採点に困ることがあるからである。

⒀　文の転換⑴

さて、いよいよ待ちに待った漢文読解にはいることにする。まず教科書を開いてみたまえ。アア、ユーウツ、漢字ばかりやおまへんか。しかし、まあ待て。ぱらぱら見ていると、なんだか知っていることばがあるではないか。高山、白雲、ウン、こういうのはなにも漢文漢文と、やかましく言わなくとも、現代日本語で十分わかる。そう、そのとおり。漢文読解のスタートは、できるだけたくさんの熟語を見つけてゆくことである。たくさんの熟語を知っているものの勝ちである。

しかし、熟語と言えば、それこそいやになるほど山のごとくある。そんなもの、とても覚えられるものではない。そこで、語の並び方にどういう種類があるかを順番に研究してゆくことにしよう。

(1) 最も基本的なものは、「修飾語プラス名詞」である。こういう熟語が一番目につく。例えば、「高山・白雲・流水・千里馬・此人・我国」である。

こういう単語を見て気づくことがあるだろう。すなわち、「高山・白雲・流水」という熟語の場合、そのまま音読してよい。「こうざん（かうざん）・はくうん・りゅうすい（りうすゐ）」といった調子だ。このあたりは、もう日本語になってしまっているので、それでいい。しかし、よく考えると、他の読みかたもできる。すなわち、修飾語プラス名詞という形式そのままを生かすわけである。すると、「高山」は「高い山」である。オット、漢文では、文語体が原則であるから、「高い山」のような口語体ではぐあいが悪い。すると、「高き山」となる。同じく「白雲」は「白き雲」、「流水」は「流るる水」である。こういうふうに、音読できる熟語でも、訓読（高き山・白き雲・流るる水）できるように訓練することである。これが漢文学習の基本中の基本となる。

さて、それでは、さきほどあげた熟語中の「千里馬・此人・我国」はどうなるか。これらの熟語は、音読ではぐあいが悪い。「せんりば（ま）・しじん・がこく」と音読したとすると、耳で聞いてさっぱりわからない。ということは、これらの熟語の音読は、「高山・白雲・流水」ほどには、あまり日本語としては使われていないので、耳になじまないからである。この、耳になじんでいる、なじんでいない、ということの判断はなかなかむつかしいが、現代文の力量の範囲となるだろう。現代文的センスから、耳になじむ、なじまない、の判断をしてくれたまえ。

そこで話をもとにもどすと、音読できないときは、必ず訓読する。すると、「千里馬」は「千里の馬」、「此人」は「此《こ》の人」、「我国」は「我が国」となろう。このように、熟語を訓読する練習をすること。それはつまりは、解釈を行っているということになるのである。例えば「樹下」「此樹之下」を訓読してみよ。「樹下」は音読でも意味が通じるが、「樹《き》の下」であり、それを応用すると「此樹之下」の場合、「之」は日本語の助詞「の」にあたるので、「此の樹の下」となり、解釈も行ったことになる。

(2) その次は、英文法流に言うと、「主語プラス述語」でできあがっている熟語である。こういう熟語を、どんどん訓読してゆく。例えば「地震・国富・人為」である。これはもちろん音読して「じしん・こくふ・じんい（じんゐ）」でいいのだが、訓読すると「地《ち》、震《ふる》ふ」、「国《くに》、富《と》む」、「人《ひと》、為《な》す」となろう。すべて「主語プラス述語」である。この調子を応用して次の句を訓読せよ。

天下太平

彼外国人

聖人百世之師也

地広民衆、国富兵強

これは「天下《てんか》、太平《たいへい》なり」「彼《かれ》は外国人なり」「聖人は、百世の師なり」「地《ち》、広く、民《たみ》、衆《おほ》く、国《くに》、富《と》み、兵《へい》、強し」となろう。

(3) 第三番目はもう推測できるだろう、「述語プラス目的語」である。例えば「読書・追跡・説教」だ。これらを訓読すると「書を読む」「跡を追ふ」「教《をしへ》を説く」である。これを応用して、次の文を訓読してみよ。

積徳潔行

平定海内

行千里

これらは「徳を積み、行《おこなひ》を潔《きよ》くす」「海内《かいだい》を平定す」「千里を行く」である。よく注意して見よ。目的語を表すときは「……を」というふうに「を」という助詞をつけている。

(4) その次は、「述語プラス補語」の関係の熟語だが、これはちょっと分別が苦しいかもしれない。例えば「乗船・至極・在学」だ。これらを訓読してみると、「船に乗る」「極に至る」「学に在《あ》り」である。すなわち、述語が自動詞で、その述語の行為をさらに詳しく説明するものである。この場合、注意すべきことは「……に」というふうに「に」という助詞をつけていることだ。これを応用して、次の文を読んでみよ。

至洛陽《らくやう》

魚潜在淵

孔子学老子

これらは、「洛陽に至る」「魚は潜《ひそ》み（主語プラス述語の関係）、淵《ふち》に在り」「孔子　老子に学ぶ」（「孔子　老子を学ぶ」というのでは意味が通じない）。

(5) その次は(3)と(4)とをミックスしたものであるが、これはもう熟語ではなくて、文である。例えば「習礼樹下」という句があるとする。これを研究してみよう。「習礼」は(3)タイプで「礼を習ふ」である。では「樹下」は何かということになるが、この「樹下」だけでは独立することはできない。あくまでも「習ふ」こととの関わりで見なくてはならない。すると、習う場所ということでいいだろう。すなわち「礼を樹下に習ふ」である。では「問政孔子」はどうか。これも同じことだ。「問政」は⑶タイプで「政《まつりごと》を問ふ」である。誰に問うのかというと、孔子に、である。するとあわせて「政を孔子に問ふ」となる。もっとも、この形を「述語プラス直接目的語プラス間接目的語」と考えてもかまわない。要するに「述語プラス……を……に」ということだ。

⑹ その次は、並列の熟語である。例えば「風雨・牛馬・生死」である。この並列のしかたには、これというきまりはない。「風」と「雨」とは、性質は異なるが、同時に現れるものだし、「牛」と「馬」とは、家畜の代表だし、「生」と「死」とは正反対のものだ。こういう種類の熟語の訓読のしかたは一つしかない。すなわち、「……と……と」という形である。すなわち「風と雨と」「牛と馬と」「生と死と」である。だから、こういう種類の熟語は、特に訓読する必要はなかろう。近ごろは「風と雨」「牛と馬」「生と死」というふうに後半の「と」を省略する言いかたが増えたが、漢文の訓読では必ず両方の「と」が必要。

以上のような熟語は、言ってみれば、実は短い文のことである。短い文がつまって熟語となったのである。だから、もともと文の性格を持っているのだ。とすれば、これらの熟語は、いつでも、もとの文になおすことができるということである。そこで、諸君に望みたいのは、熟語に出会えば（現代文でも古文でも、そしてもちろん漢文でも）、それをもとの文になおしてみることだ。そのとき、いやがおうでも、訓読しなければならない。この訓練が大切なのである。それをするかしないかで、漢文の力のつきかたがまったくと言っていいほどちがってくる。どんな教科の場合でもそうだが、人知れず、ほんのわずかでも、皆のしないことを訓練するところに上達のコツがある。熟語が出てくるたびに訓読するなんてバカげたことかもしれないが、まあ、文句を言わずに試《ため》してみたまえ。どれだけの時間がかかるというのだ。そのほんのすこしの差の努力が、一年たち、二年たつと、ものすごい差となってくるのである。覚えなくていいんだ。ちょっと考えて訓読するだけでいいんだ。

⒁　文の転換⑵

漢文の形の基本中の基本は、助詞の「を」や「に」を使う場合だ。そのような場合、いつも「……を……に」というふうに「を」が先にきて、「に」が後にくるとは限らない。言ってみれば、次のような四種類となる。

㋑　A二ス　Bヲ　C一ニ。

㋺　A二ス　Bニ　C一ヲ。

㋩　A二ス　Bヲ　於C一ニ。

㈡　AスニB ニ於CヲC一。

④については、前節に例を挙げておいたから、それを読んでおいてくれたまえ。⑰の例は、例えば次のような場合だ。

漢王授《さづ》ケ二我ニ上将軍ノ印ヲ一、予《あた》フ二我ニ数万ノ衆ヲ一。（「上将軍《じょうしょうぐん》」は官名。漢王　我に上将軍の印を授け、我に数万の衆を予ふ）

ところが、「我」という代名詞ではなくて、固有名詞になると、

漢王授ク二上将軍ノ印ヲ淮陰侯ニ一。（「淮陰侯《わいいんこう》」は淮陰の地を治める大名。ここでは韓信のこと。漢王　上将軍の印を淮陰侯に授く）

というふうに変わり、いわゆる「述語プラス直接目的語プラス間接目的語」となってしまう。だから、代名詞がきているときは注意しよう。だいたいにおいて、代名詞は前へ前へと

来る傾向があることを記憶しておいてくれたまえ。次の例を見よ。

告《グ》二汝《ニ》於朕《ノ》志《ヲ》一。（「朕《ちん》」は王の自称。汝《なんぢ》に朕の志《こころざし》を告ぐ）

なお「於」字は、置いたり置かれなかったりして一定していないし、いつどういうときに置くという規則もない。そこで、「於」と同じ働きをする「于」などとあわせて、そういう文字がきているときは、「を」や「に」がつく、というふうに、まず考えておくことだ。もちろん「於」には、この他の用法があり、比較を表す「より」という意味にも使われ、そう簡単にわりきることはできない。しかし、「於」がでてくるときの大部分の用法は、「を・に」と関係が深い、ということをしっかりまず頭にいれておくことだ。

そこで、「を」や「に」が使われているいろいろな例を次に挙げておくから研究しておいてくれたまえ。

①不《シテ》レ師《トセ》二於文《ヲ》一、而決《ス》二於武《ニ》一。（「而」字はこの場合、口調をととのえるもの。文を師とせずして、武に決す）

②君《トナリ》レ国《ニ》、子《トス》レ民《ヲ》。（国に君となり民《たみ》を子とす）

③ 登リテ二太山ニ一、小シトス二天下ヲ一。（太山《たいざん》に登りて、天下を小《ちひさ》しとす）

④ 良薬ハ苦ケレドモ二於口ニ一、而利アリ二於病ニ一。忠言ハ逆ヘドモ二於耳ニ一、而利アリ二於行ニ一。（良薬は口に苦《にが》けれども、病《やまひ》に利あり。忠言《ちゆうげん》は耳に逆《さから》へども、行《おこなひ》に利あり）

さて、以上のように、「を」「に」という助詞がいろいろな形で、そしていつも出てくるので、この「を」「に」という助詞がどういうふうにつけられているか、ということに、今後しょっちゅう気をつけることだ。この「を」「に」のつけかたが自由自在にできるようになるというのは、実は漢文の実力をはかるバロメーターの一つでもある。例えば、「浮海出斉」（「斉」は国名）という一句をどう読むか。「浮海」はわかる。誰が読んでも「海に浮かぶ」である。しかし、下の「出斉」がむつかしい。もし「斉を」と読むとすると、「出」は「……をいだす」という他動詞となる。すると、斉という国を品物みたいに出してくる、なんてのはおかしい。だからこの「出」は他動詞ではない。とすると、残るのは、自動詞としての「出」すなち「いづ」である。出て行く、ということだ。とすると、斉の国から出て行く、という意味になる。それを漢文調では、なんと「斉に」と読むことになる。もっとも「を」を起点を表す意味として、「斉を出づ」と読んでもよい。結局、「海に浮かび、斉に（または「斉を」）出づ」という読み方になる。

念のために記すと、この「出づ」を現代仮名づかいで「出ず」と書くと、ややこしいことになる。というのは、「出ず」とあると、漢文では、「ず」は否定形であるので、「出ず」は「いでず」と読み、「出ない」という意味になってしまうのだ。御用心。

このように、意味から判断しないと読み誤ることになる。例えば、前節に挙げた例の「流水」というときでも、これを「修飾語プラス名詞」と考えないで、「述語プラス目的語」とも考えることができよう。となると、「流るる水」ではなくて、「水を流す」と読まねばならないことになろう。同じく「落花」も「落つる花」とは限らない。「花を落とす」とも言えるのである。

もちろん助詞には、いろいろあるのだが、とりわけ「を」「に」に注意しようというのは、以上のようなわけである。この「を」「に」と並んで大事なのは、「と」であり、これも千変万化する。

例えば、次のような例を見てみたまえ。

① 可《ベシ》レ謂《フ》レ孝《ト》矣。（「矣」は、言い切りの助字。孝と謂《い》ふべし）

② 幼《ニシテ》而無《なキハ》レ父、曰《いフ》レ孤《ト》。（幼にして父無きは、孤《こ》と曰ふ）

③ 為《リ》レ人《ト》、善《ナリ》矣。（「為人」は人としての性格。人と為《な》り、善なり）

④ 号《シテ》称《しょうス》㆓仲父《ト》㆒。（号して仲父《ちゅうほ》と称す）

⑤ 以《テ》㆓李牧《ヲ》㆒為《ス》㆑怯《ト》。（「李牧」は人名。「怯」は弱虫。李牧を以《もっ》て怯《けふ(きよう)》と為《な》す）

⑥ 陛下《ハ》以《テ》㆑彼《ヲ》何如《いかナル》人《トス》。（「何如」は内容を問う疑問詞。陛下《へいか》は彼を以て何如《いか》なる人とす）

こういうわけで、「を・に・と」の三助詞が、漢文学習の第一段階となっている。われわれの日本語において、この三者がよく使われることは事実である。そして、日本語は、述語が文の最後にくるから、当然、「……を」「……に」「……と」という言いかたをしたあとに述語がくるのである。このことをまとめて、漢文では「ヲ・ニ・ト帰（返）る」（鬼と帰る）と言う。すなわち、「を」とか「に」とか「と」とかと読んだら、もとのところへ、すなわち述語のあるところへ、びゅーっと帰る規則だ、というわけである。どんな漢文の参考書でも、また漢文の授業でも、この「鬼と帰る」という話がされるだろう。それはそれでい い。しかし、ただ「鬼と帰る」と暗記したってなんの役にも立ちはせん。なぜそういうのかというわけを、例を通して理解してから「鬼と帰る」と覚えてほしい。（歴史的仮名づかいでは、「鬼」は「おに」なので、「をに」とは一致せんがのう）

すでに例を見てわかったように「を・に・と」という助詞をつけることは、そんなにたやすいことではない。あくまでも内容の理解が十分できていないと、つけることはできないのだ。だから「鬼と帰る」というふうに、形から入ってゆくのではなくて、内容理解をした結果として「鬼と帰る」と覚えること。バカみたいにただ「鬼と帰る」と唱えただけで漢文が読めるはずがない。なかには、「鬼《おに》と蛙《かえる》」という昔話ですかあ、と言うのがいるんだなあ。

さて、それでは、漢文というのは、いつもびゅーっと帰るんですか、ということになる。ところがそうとは言いきれないんだ。というのは、ことばは、やっぱり上からずーっと下へ読んでゆくというのが自然だから。ところが、われわれの日本語に限って言うと、最後に述語がくる。そのため、この日本語に合わせるために、びゅーっと帰るだけのことなんだ。だから、できるかぎり、上から下へと理解してゆくこと。例えば、「源平両軍、戦于壇浦」という場合、「源平両軍」は上から下へと読んですっと理解できよう。その次は、まず「戦」という字について考える。「タタカフ」である。すると「源平両軍戦」で話は終わりだ。ところが下に「于」ということばがあり、「壇浦《だんのうら》」という地名がある。とすると、戦った場所を言っているのだな、とわかる。そこで「源平両軍、戦へり、壇の浦に」でいいわけだ。しかし、日本語としてすこし不自然だから、順序を変えて「源平両軍、壇の浦に戦へり」と読む。訓点（句読点・返り点・送りがな）をつけると「源平両軍、戦ヘリ二 于壇ノ浦ニ一。」となる。こういうふうにして上から順に中身を理解しながら読んでゆくのが本当なのである。

⒂ 特殊文字

どんな国のことばでも、独特のものがある。例えば、英語の関係代名詞だ。これを明治時代に翻訳して、「……するところの」というふうな日本語をあてることにした結果、いまでは、難しげに関係代名詞と言ったって、そうふしぎでもない感じになっている。しかし、はじめて英語を勉強した幕末から明治にかけての人たちにとっては、ずいぶんふしぎな奇妙なことばだったに違いない。

これと同じことが漢文においてもある。諸君は、まあ、言ってみりゃあ、漢文という外国語を学ぶようなもんだ。そこで、漢文の中での独特の言いまわしのものについて研究しておくことにしよう。

(1) **時制**　英語だと、現在形だの過去形だのと、大変である。動詞の変化を覚えるのに、ずいぶんと時間をかけねばならない。ところが、漢文ときたら、気楽なもんだ。時制の変化などない。助かる！　覚えるテマが省けて。だいたいにおいて、現在形に読んでよろしい。こんな気楽な話はない。そして、たまには、文意の上から過去形に読んだほうがわかりやすそうなときには過去形に読む。しかし、それだって過去形に読まなくったってかまわない。例えば、前節の例の「源平両軍、壇の浦に戦へり」の最後の「り」は完了を表しているが、これを「壇の浦に戦ふ」と読んだっていっこうにかまわない。だから、時制については、なんの心配もいらない。助かる、助かる。

(2) **格の変化**　英語を学ぶと、代名詞のところでみな苦労する。アイマイミー、ユーユアユー、てな調子で、お経みたいに覚えなくてはならない。ところが漢文の場合、そんな格の変化なんてないよ。「我」は、これ一字で主格にも目的格にも所有格にもなる。と言っても、漢文の上にはそんなこと現れてこない。訓読するときに、こっちで勝手に分別する。すなわち訓読のときに、送りがなをつけて区別する。「我は少年たり」（我ハ為リ二少年ニ一）、「我が国は、工業国なり」（我ガ国ハ工業国ナリ）、「天、我を助く」（天助クレ我ヲ）という調子である。それではどういうふうにして区別するんですか、というわけであるが、それはもう語順や或いは語との結びつきで判断する以外にない。ということは、習うより慣れろ、多くの漢文を読んで体得してゆくことである。『一週間で漢文がわかる本』なんて、どこを探したってないよ。

(3) **品詞の区別**　これは困る問題だなあ。というのは、名詞・形容詞・動詞といった区別が、漢文ではアイマイなんだ。例えば、「白」という字を見てみよう。「白」と言えば、もう形容詞にきまったようなものであるが、そうはいかない。「白は、白なり」（白ハ白也《ナリ》）と言うと名詞だし、「白色」と言うと「白き色」となるから形容詞だし、「所ハレ白シトスル花也《ナリ》」となると動詞になる。「雨」みたいなものでも、「雨《あめ》」という名詞、

「雨雲《あまぐも》」という形容詞、「雨《あめフル》」という動詞、というふうに変化する。だから、品詞の区別なんてこと、あまり意味がない、ということになる。

けれども、「**之**（これ）」という字のようなときは、目的語にはなれても、絶対に主語になれないし、動詞にもなれない、というふうに、使いかたのきまっているものもある。しかし、そういうのは意外と少なく、大半は、品詞の区別など、あまり考えなくてもいい。そこで、どうするか、というと、ちょっと無責任な言いかただが、「適当に前後の文脈で判断する」以外に方法がない。これという規則、これという方法なんて、ない、ということだ。あきらめろ。結局のところ、徹底的に日本語の力で考えることしか方法はないということなのである。

(4) **倒置**　倒置と言っても、なにも中国人は倒置とは思っていないのだが、日本語からみると倒置になるという場合だ。その第一は疑問文のときである。英語でもそうだ。What・Who なんてのは、文の先頭にデンとすわっている。英語を習い始めたとき奇妙に思ったものだが、漢文でも同じこと、疑問文や反語文の場合、疑問や反語を表すことば（**何・焉・誰**など）が文の先頭にくる。例えば次がそうだ。

夫《そレ》何《ヲカ》憂《へ》何《ヲカ》懼《レン》　（夫れ何をか憂へ何をか懼《おそ》れん）

王、誰ト為サン二不善ヲ一。（王、誰と不善を為さん）

焉ンゾ知ランヤレ死ヲ（焉《いづく》んぞ死を知らんや）

疑問や反語は、しょっちゅうでてくるので注意しておこう。倒置の例で案外よく出てくるものに「**自**」がある。

この「自」は「みづから」と読んだり「おのづから」と読んだりするが、どちらで読んでも同じこと。「みづから」と読むと積極的な感じ、「おのづから」と読むと消極的な感じ、などと説明する人がいるが、それはあまり正確でない。消極的とか積極的とかなんていうのは相対的なもので、なにも決め手なんてないから、そんな区別はしないほうがいい。

さて、どういう意味で倒置かというと、例えば「己《おのれ》を愛す」と言うとき、「愛スレ己ヲ」というふうに、「己」が「愛」の目的語として下にくるが、「愛スレ自ラヲ」（自らを愛す）という言いかたはしない。必ず「自ラ愛ス」である。これも倒置と考えてよいだろう。もっとも、「自」を副詞と考えると倒置ではないが。例をあげよう。

哀公自ラ経殺ス。（「経」は「頸」と同じで、くびをつって死ぬこと。哀公　自ら経殺《けいさつ》

す）

分ツ二財利ヲ一、多ク自ラ与フ。（財利を分つに、多く自ら与ふ。財物を分配するとき、自分が多く取った）

前者は、自分の行為が自分に向かう場合だが、後者は、自分に向かうと言っても、自分を対象として客観化している。こういうふうに「自」ということばは、存外、内容が複雑である。

(5) **助字**　漢文には助字と言って、ことばのニュアンスを微妙に変化させるものがたくさんある。次の**第二部**で詳しく説明する。ここでは代表例を挙げるだけにしておく。さっと読むだけでよろしい。

助字類のうち、或る一部のものは、倒置の例とよく似ていて、文の先頭にくる。例えば、よくでてくるものに、「**可**（べし）」がある。これにはいろいろな意味がある。すなわち「……するがよい」「……してもよい」「……できる」「……ありうる」である。ときには、これだけを独立させて「可也（かなり）」と読み、「よろしい」「まあよい」と訳すときもある。

①汝可二疾《シク》去《ル》一。（汝《なんぢ》疾《と》く去るべし。お前は早く立ち去るがよい）

②人《ハ》不レ可《カラ》二以《テ》無《カル》レ恥。（人は以て恥無かるべからず。人は恥じる心がなくてはいけない）

③小子鳴《ラシテ》レ鼓《ヲ》而攻《ムルモ》レ之《ヲ》、可《ナリ》也。（小子鼓《こ》を鳴らして之《これ》を攻むるも、可《か》なり。諸君〔小子〕は太鼓を鳴らして彼を〔激しく〕攻撃してもよろしい）

助字の或るものは、前置詞みたいな働きをする。その第一は「**与**（**與**）（と）」である。これは with に近い。また「**自**（より）」で、これは from に近い。また「**以**（もって）」で、これはさまざまな意味を持っており、千変万化する。まずは「用」の意味であり、with の意味を基本とすると考えよ。

①与《と》二朋友一交《ハル》。（朋友と交はる）

②禍《ハ》自《よリ》レ怨《うらみ》起《ル》。（禍《わざはひ》は怨より起る）

③秦《ノ》質《ち》子《し》（人質）帰《ル》レ自《リ》レ趙《てふ(ちょう)》。（「秦《しん》・趙」はそれぞれ国名。秦の質子趙より帰る）

④ 孔子《ハ》以《テ》㆓詩書礼楽《ヲ》㆒教《フ》。（孔子は詩書礼楽を以て教ふ）

⑤ 道《みちびクニ》㆑之《ヲ》以《テス》㆑徳《ヲ》。（「道」は「導」に同じ。之《これ》を道くに徳を以てす）

⑥ 孟嘗君《まうしやうくんハ》以《テ》㆓五月五日《ヲ》㆒生《ル》。（「孟嘗君」は人名。孟嘗君は五月五日を以て生る）

⑦ 行《ナヒテ》有《レバ》㆓余力㆒、則《チ》以《テ》学《ブ》㆑文《ヲ》。（行なひて余力《よりよく》有れば、則ち以て文を学ぶ）

⑧ 欲《ス》㆘呼《ンデ》㆓張良《ヲ》㆒与《ニ》倶《ニ》去《ラント》㆖。

（「張良」は人名。「与」はwithの意で、「与㆓張良㆒」の省略形。「倶」は副詞でtogetherの意味。張良を呼んで与《とも》に倶《とも》に去らんと欲す。この⑧例は、高度の文構造なので、いまはわからなくともいい）

⒃　送りがな

訓読するには送りがなが必要。それでは、この送りがなについては、どういうことを学習すればよいかということになる。

私は、第一に、日本の古文の文法を学習すべきだと思う。特に助動詞や用言の活用、ならびに、助詞の接続についてである。諸君は、古典の文法の時間に、日本古典文を作るという練習をしない。ところが、漢文の時間で、古典文を作る練習の一半をすることになる。このことに多くの人は気づいていない。漢文の設問で、送りがなを打て、とか、書き下し文にせよ、とか、読みかたをひらがなで記せ、とかという設問は、実は、簡単な漢文古典文を作れということなのである。いわば、英作文みたいなものである。ところが、諸君も英作文の時間でもう経験ずみのように、外国語というのは、簡単な文でも、なかなか作りにくいものである。それと同じように、簡単な文とはいえ、古文・漢文ともに古典文もまた作りにくい。漢文の学習で諸君が頭を悩ます原因の一つは、実はここにある。とすると、逆に言えば、その解決法もまた明らかである。すなわち、諸君の英作文学習の方法と同じようにすればよいということである。いや、同じというよりも、もっと簡単なのである。まず第一は、基礎的な古文文法（助動詞、用言の活用、助詞の接続）による簡単な文を作ることの習熟である。そのためには、簡単な文例を暗記することである。諸君が、英語の簡単な文例を暗記するのと同じように。と、ここまで書いてきて、実は私の気持ちはもう絶望的。というのは、諸君の九割九分が、漢文の簡単な文例を暗記しないことは確実だからである。英語の文例なら暗記するが、漢文のそれは暗記しなくてもいいというのが大勢である。しかし、私に言わせれば、英語の場合、少々の文例を暗記しても焼石に水であるが、漢文の場合、少々の文例の暗記が、なんとかに金棒《かなぼう》なのである。しかし、なにがなんでも暗記というわけではない。そのポイントを教えよう。

いや、待った。そういった話はチト退屈なので、ここから一三六ページの「とも」の説明までは、しばらく飛ばしておけ。あとでいつかゆっくり読め。

まず助動詞の接続から説明しよう。漢文の訓読において、すべての助動詞を使うわけではない。限られているので、学習は楽。しかし、ここは導入の基礎編における話であるから、いますぐ覚えなければならないということはない。安心せよ。ぽつぽつと覚えてゆけばそれでいい。

① **時間**の場合。過去「き・けり」・完了「たり・り」・未来「む」が用いられ、完了の「つ・ぬ」は用いられないのが普通であった。ところが、最近の訓読では、たまに完了の「り」を用いることはあるが、過去や完了の助動詞は使わなくなってきている。すなわち、時間関係では、完了「り」と未来「む」とが使われているということである。

とすると「き・けり・たり」は、用言の連用形に接続する助動詞であるから（「む」は未然形、「り」は四段の已然形につながる）、逆に言うと、連用形につながる〈時間を表す助動詞〉はまずまず不要ということになる。接続については、あとで表にして示すことにする。

② **打ち消し**の場合。かつては「じ」も使っていたが、最近はあまり使わない。「まじ」は以前から使っていない。結局、「ず」である。これは未然形に接続する。ただし、「ず」の連体形「ぬ」や已然形「ね」は使わないので、はずしておくこと。

③ **推量**の場合。「らむ・らし・めり・まし・けむ」は用いない。「べし」のみである。「べし」は、ラ変以外は終止形に、ラ変には連体形に接続する。なお、「べし」には、可能の場合があるが、その意味での「べし」を使う。しかし、可能の意味での「る・らる」は使わない。

④ **受身**の場合。「る・らる」両者とも使う。「る」は四段・ナ変・ラ変の、「らる」は、それ以外の動詞の未然形に接続する。

⑤ **使役**の場合。「す・さす」は使わない。「しむ」である。これは未然形に接続する。

⑥ **尊敬**の場合。「る・らる・す・さす・しむ」はすべて使わない。以前は「る・らる」を使っていたが、最近はこういう言いかたはしなくなった。

⑦ **断定**の場合。「なり・たり」ともによく使う。動詞・形容詞・助動詞の連体形、体言に接続する。その意味では、漢文では形容動詞というものはない。形容動詞を二つに分け、「体言」プラス「なり・たり」とする。これは時枝誠記が立てた時枝文法の考えかたと同じ（一三九ページ以降の時枝文法の説明をじっくり読むこと）。「たり」は体言に接続す

る。

⑧ **比況**の場合。「ごとし」を使う。動詞の連体形・助詞「の・が」に接続する。

⑨ **詠嘆**の「なり・けり」、希望の「たし・まほし」はふつうは使わない。

結局、次のような表になるであろう。

㈠ 動詞・形容詞に対しての接続

㈑ 未然形に対して

完了　**り**（サ変に）

未来　**む**

打ち消し　**ず**

受身　**る**（四段・ナ変・ラ変に）

らる（右以外の動詞に）

使役　**しむ**

㈺ 連用形に対して

ごくわずかに、過去 **き** を用いる場合がある。いや、今はもう使わない。

㈩ 終止形に対して

推量・可能　**べし**（ラ変以外に）

(ニ) 連体形に対して
推量・可能 **べし**(ラ変に)
断定 **なり**
比況 **ごとし**
(ホ) 已然形に対して
完了 **り**(四段に)
(二) 動詞・形容詞以外に対しての接続
(イ) 助動詞の連体形に
断定 **なり**
(ロ) 体言に
断定 **なり・たり**
(ハ) 助詞(の・が)に
比況 **ごとし**

右の表によれば、「り・む・ず・る・らる・しむ・き・べし・なり・ごとし・たり」のわずか十一個の助動詞を使うだけである。

しかし、この十一個の助動詞、ならびにそれと接続する動詞・形容詞の活用は、自由自在にできなくてはならない。それが可能となるには、ただ活用表を暗記するのではなくて、自分で実際の文例を書いてみることである。棒暗記するよりも、一つでも練習として書くほうが、その知識度を確実にする。とりわけ、よく出るのは、打ち消しの「ず」、推量・可能の「べし」、比況の「ごとし」である。もちろん「べし」と「ず」と、「ごとし」と「なり」と、という接続もあるから、その練習も必要だ。例えば、「行くべからず」「猿のごときなり」がそれである。この練習は、日本文語文法の学習を兼ねることになるから、ぜひ実行することをすすめる。

助動詞の活用と接続との次に大切なのは、活用することば（用言や助動詞）と助詞との接続である。と言っても、山ほどある助詞の全部について研究する必要はない。漢文訓読上、特に重要なものは、**ば・ども・とも**の三種である。この三つの助詞に対する理解があれば、あとの助詞については、ほとんど、現代口語の常識から推測して使って大丈夫である。

(a)　**ば**

「ば」には、仮定の順接と、既定の順接との二つの用法がある。仮定の順接（もし……ならば）の場合は、未然形に接続する。「動かば」は「もし動くならば」であり、「動く」の未然形に接続している。既定の順接（……であるから）の場合は、已然形に接続する。「東京より来《きた》れば」は「東京から来るのであるから」または「東京から来たのであれば」であり、「来」の已然形に接続している。

ただし、注意すべきことがある。漢文訓読の習慣として、ときには已然形を使って仮定の意味を表すことがある。これは、日本語の文法から言えば誤りなのだが、長い間の習慣だからしかたがない。だから已然形の場合、仮定と既定との両方のケースがあるということを心得ていてほしい。これ重要。

(b) ども

これは、既定の逆接を表す。已然形に接続する「ば」の用法と対照的である。已然形に接続する。例えば「書けども」。

(c) とも

この用法は、仮定の逆接であり、未然形に接続する「ば」の用法と対照的である。そして、形容詞に対しては連用形に、動詞に対しては終止形に接続する。だから、それとの類似で、助動詞に対しては、活用が形容詞型のものに対してはその連用形に、活用が動詞型のものに対してはその終止形に接続するのである。例えば、前者の例では、「べし」の場合、その連用形の「べく」に接続する。後者の例では、「しむ」の場合、その終止形の「しむ」に接続する。

この「とも」の接続には注意しよう。例えば、「たり」の場合、「たるとも」と、連体形に接続しがちである。しかし、これは、「たりとも」が正しい。同じく「有り」というラ変の場合、これも「有るとも」となりがちである。しかし、正しくは、「有りとも」である。もっとも、「存するとも」とか、「有るとも」という破格のほうがよく目につくので、漢文訓読における「独特の接続」と言えば、誤りと言うことはできない。

その次に必要なのは、活用である。助動詞・動詞・形容詞の活用の単なる暗記ではしかたがない。ときに応じて、活用させて書けなければならない。日本文法（古典）の授業は、暗記中心の、或いは読解中心の、受身の学習であるが、漢文においては、みずから活用させながら書けなくてはいけないのであるから、能動的な学習なのである。この漢文学習は、国文法学習と密接な関係がある。漢文は漢文、国文法は国文法、というように別々に考えるのは誤りである。

さて、その活用であるが、助動詞・形容詞以外において、すなわち動詞において重要なのは、特に**サ変・ラ変**である。もちろん、カ変・ナ変を始め、規則的諸活用は重要である。しかし、ラ変中の、「有り」ということばは、非常によく出てくる。それはそうである。存在を表すことばは、しょっちゅう使うからである。それでは、サ変がどうして重要であるのか。これにも理由がある。

日本語は、外国のことばをどんどん吸収できることばである。と言うよりも、外国のものを吸収する必要にせまられていたからこそ、そういうことのできる言語体系となってきたのだろう。さて、その吸収のしかたや内容にはいろいろあるが、サ変の場合に限って言えば、外来語（漢字で作られたことばや、欧米のことばなど）にサ変を足すと、簡単に動詞化することができるのである。「ヒット」に「す」を加えて、「ヒットす」、「集合」に「す」を加えて、「集合す」というふうに。これをもう少し拡大して言えば、漢字で組み立てられた熟語にサ変を足せば、すぐさま動詞にすることができるというわけである。とすると、漢文中の無数の熟語の動詞化とは、要するに、サ変動詞にするということなのだ。だから、漢文を読む時、サ変動詞として読む場合が、非常に多い。サ変の活用がなぜ重要かというのは、こういう理由だからである。

賢明な諸君は、ただちに気づくだろうが、このサ変とそれに接続する助動詞との加えかたが、入試問題の設問において、非常に多いというのも、ここから来ているのである。サ変活用が自由自在にできたとき、漢文学習の一つの峠を越すことができるだろう。

活用に関連しての注意点を述べておこう。まず、形容動詞の場合である。諸君は学校文法で、形容動詞というものを学習したはずである。ところが、この学校文法というのは、蒸溜水のようなものなのである。というわけは、世には文法学説というものがあり、それぞれ一派をなしている。ちょうど剣道で、柳生新蔭流とか、小野派一刀流などがあるような調子である。しかし、明治になって、学校で剣道を教えることになったとき、流儀がまちまちでは困る。そこで、有力な流派の刀法に基礎を置き、共通するところを抽出して、学校剣道というようなものを作り出した。ことばの場合もそうで、今日の標準語は、江戸の上級武士社会のことばを基礎にして、各地のいろいろなことばから共通するところを抽出して作りあげたもので、燕溜水みたいにきれいだが、もひとつコクがない。「べらんめえ」も、「そら、あかんわ」もないＮＨＫのアナウンサーの調子がよい見本である。文法の場合も同じであって、大体において、橋本進吉の体系化した文法論を基礎にして、学校文法というものが存在している。この橋本文法には、**形容動詞**という品詞の分類がある。そこで、今日の学校文法では、形容動詞というものを学習するわけである。

ところが、漢文を訓読する場合、この形容動詞というものは不要なのである。橋本文法の他の有力な文法学説として、時枝誠記の時枝文法というものがあるが、この時枝文法では、形容動詞というものを認めない。いわゆる形容動詞というものの語幹と語尾とを分離してしまうわけである。例えば、「堂堂たり」は、「堂堂」と「たり」に、「賢明なり」は、「賢明」と「なり」に分離する。つまり、名詞・助動詞（たり・なり）とに分けるということである。漢文訓読の場合、この時枝文法と同じ方法をとるのである。「賢明なり」「堂堂たり」においては、「なり」「たり」の活用は、助動詞としての活用とみなす。その際、形容動詞などとは意識されない。例えば「異なり」は、「異（こと）」という名詞と、「なり」という助動詞との合成と考えるのが、ふつうなのである。

形容動詞と言われている品詞は、漢文訓読で認めないほうが賢明である。このことがはっきりとしていないために、例えば、「異なり」と読むところを、「異なれり」と読む人がいる。この末尾の「り」は完了の助動詞「り」で、「なれ」は形容動詞「異なり」の命令形ということになる。しかし、「異なり」と断定で終わるべきところを、あえて完了の助動詞を加える必要がない。と言うよりも、「異なれり」と読むと、「異なってしまう」或いは「異なってしまった」という感じになり、単なる事実の相違を示す「異なり」という感じと、それこそ異なってしまいかねない。オーソドックスな漢文訓読では、必ず「異なり」と読む。その際の「なり」の意識は、「……なり」という断定の助動詞としての意識である。「異」は名詞としての意識なのである。そのことは、「堂堂たり」という場合、いっそうはっきりとする。「堂堂たり」と言うとき、大切なことは、「堂堂」という概念なのである。「威風堂堂」は、そのままで読み終わってよい。「威風堂堂」を「威風堂堂たり」と読むとき、そのとき「たり」には、これという特別の働きはない。「堂堂たり」と言っても、「堂堂」と「たり」との間には、相手に与える意味は横綱と小結ぐらいとの差がある。この「たり」は、あくまでも、補助的に、「堂堂」という概念に添えられているということ。だから、訓読の場合、しばしば、この「たり」の読みが省略され、「威風堂堂」という読みかたとなるのである。その際、「堂堂」は漢語の直訳体であることに注意。「異」は「こと」と、日本語として読んでいるので、「異」を「こと」と言いきって読む読みかたは熟していない。もっとも、「静かなり」という場合、その「静か」は、日本語として読んでいるわけであるが、「なり」を省略して、「波静か」のように、「静か」が独立し用いられている。ついでに述べておくと、

「静か」や「異」のような、日本語の訓としてのそれ以外、「賢明」というような同意義の語を二つ合わせた場合（これを連文というが、**第⒄節**で説明する）、「堂堂」のように、同じ字を二つ重ねた場合、「判然《はんぜん》」「卒爾《そつじ》」「突如《とつじょ》」「確乎《かっこ》」のように、「然・爾・如・乎」などの状態語を加えた場合のような熟語に、「なり・たり」がよくつけ加えられる。

活用に関連してもう一つの注意点は、送りがなの表記の場合である。まず述べたいのは、**音便**はそのまま書いてよろしいということである。例えば、「問ひて」という場合、これはふつう「問うて」と言うほうが多いので、「問うて」と書いてよい。文語文法の教科書を見て、文語動詞のイ音便・ウ音便・撥《はつ》音便・促《そく》音便の例に習熟せよ。この動詞の音便は、比較的簡単である。諸君が注意しなくてはならないものは、文語形容詞の音便である。

文語形容詞には、二種類ある。すなわち、イ音便とウ音便とである。イ音便とは、連体形の「き」が「い」に変わるものである。「悲しきかな」の「き」が変化して「悲しいかな」となる。「悲しいかな」と言うと、なんだか現代口語調の感じのように聞こえるが、決してそうではない。これは音便現象の結果なのであるから、安心して使ってほしい。もう一種類のウ音便とは、連用形「く」が「う」に変わるものである。例えば、「全《まつ》くす」の「く」が変化して、「全《まつ》うす」となる。この「全うす」は、漢文訓読の独特の調子となっている。

⒄ 連文・互文

この節はハイレベル。専門的な内容であるが、高校生で十分に理解できる。そして理解することによって、漢文の勉強が楽《らく》になる(「楽《たの》しく」なるかな?)。

連文について話してみよう。と言っても、連文なんて聞いたことあるまい。それはそうだ、高校の教科書には載っていないし、いわゆる指導要領という文部省のお達しにもそんなものはない。

けれども、この連文というものを理解しておくと、非常に便利なのだ。内容は高校の学習範囲を越えているわけだが、なあにそんなにむつかしいものではない。ぜひ理解してくれたまえ。たいしたことではない。

この連文とは、ほんとうの熟語ということなのである。ほんとうの熟語などというと、うその熟語があるみたいだが、うそというのは言いすぎとしても、仮の熟語というものがある。そのように熟語には二種類ある。では、どんな二種類なのか。まず例を挙げることにしよう。

①地震、②流水、③読書、④牛馬、⑤開発、という五つの熟語を見てくれたまえ。諸君はこの五つの熟語の区別ができるか。区別できた上、どんな区別かその基準を立てることがで

きたらたいしたものだ。実は**第⒀節**「文の転換⑴」において基本的なことは述べたので、ちょっとそのページを読んでくれるとありがたい。

まず「地震」を見てみよう。この「地震」ということばは二つに分解することができる。すなわち「地、震《ふる》ふ」である。これは文法的に言えば、主語・述語の関係である。この主・述の関係で使われているうちに、次第に一つのまとまったことばとして意識され、最後には一つの熟語となってしまったのである。だから、この熟語の場合、熟語は熟語であっても、依然として、もとの文構造、すなわち主述の関係というものが残されている。と言うことは、「地」という主語、「震」という述語の両者にいつでも分解でき、他のことばでさしかえることができるということである。

例えば、「地」の代わりに「雷」を入れて「雷震」と言うことができるし、「震」の代わりに「動」を入れて「地動」とすることもできる。つまり、漢字同士の結びつきがゆるいということで、こういうのを仮の熟語と言っておこう。

さて「流水」という熟語は「流るる水」という文の熟語化したものであり、これは、修飾・被修飾の関係という文構造である。これも仮の熟語であって結びつきがゆるやかである。すなわち、さしかえができる。「流水」→「流木」→「古木」→「古書」→……。「読書」も「書を読む」という、述語・目的語の関係という文構造である。これも仮の熟語であり、結びつきがゆるやかである。「読書」→「蔵書」→「蔵垢」（ぞうこう〔ざうこう」。「恥をしのぶ」の意）↓……というふうにさしかえることができる。

「牛馬」、このような熟語は、並列の関係と言われるもので、もちろん、結びつきの弱い仮の熟語である。「牛羊」とさしかえてもいいし、「馬牛」と変えることもできるわけである。

このように、主語述語の関係、修飾語被修飾語の関係、述語目的語の関係、並列の関係、といったようなものから固定されて熟語となったものは、その結びつきかたが弱く、仮の熟語とでも言ってよいような、たよりない種類のものだ。

ところが、こういう熟語のできかたとはまったく異なったできかたの熟語がある。例えば「開発」という熟語がそれである。どういう特徴があるのかというと、まず、第一に、この熟語はしぜんに熟してできあがったものではなくて、人工的に作った熟語であるということである。そして第二には、人工的に作ったので、その結びつきかたというものが強く、他の語とさしかえがきかないという点である。

それでは、どのようにしてできあがったのかというと、その作りかたはこうである。同じ意味を表す漢字を二つ結びつけることによって、その意味を固定する。例えば「開」も「発」もそれぞれ「ひらく」という意味がある。そこで「ひらく」を共通因数として両漢字を結びつけて「開発」ということばを作ると、「ひらく」という意味が固定され、まちがいなく相手に「ひらく」という意味を伝えることができる。こういうのが真の熟語であり、**連文**と言う。そして、この真の熟語を訓読の武器にするわけだ。

真の熟語、すなわち連文を訓読のときのどのような武器にするのか。ここが大切なところである。

それは、この連文の成立のしかたを逆手《さかて》に取って応用するのである。すなわち、「開発」が「ひらく」という意味の連文であるとすると、「開」も「発」もそれぞれ「ひらく」という意味があるから、そのことから、「**発**」も「ひらく」と読むことができる、と考えるわけである。なるほど、「開」を「ひらく」と読めるのはだれでも知っているわけであるが、「発」を「ひらく」と読むことができるということは、ちょっとやそっとの実力では無理である。けれども、連文の応用（逆探知）から、そういう知識を得ることができる。そして、この逆探知を訓読に応用するわけだ。

例えば「従㆑風発㆑栄」という漢文があるとする。「従㆑風」は「風に従ひて」であるが「発㆑栄」の読みかたはちょっとむつかしい。「栄《えい》を発《はっ》す」なんて読んでもさっぱり意味が通用しない。そこで連文を応用することになる。まず「栄華」という連文を思い起こす。「栄華」の「華」は「はな」と読むことができる。「栄華」とはそういう意味である。すなわち、「栄華」という二つの漢字の共通因数は「はな」である。というところから逆探知して「**栄**」も「華」と同じく「はな」と読むことができよう。そしてさきほど「開発」という連文の例から知ったように、「発」を「ひらく」と読むことができるから、結局、「発㆑栄」は「栄《はな》を発《ひら》く」と読むことができるのである。

もっとも、漢字はいろいろな意味を持っているから、いつも同じ意味ばかり使われるわけではない。「開発」の「発」は、「開」の訓である「ひらく」から逆探知して「ひらく」と読んだが、「発起」という連文の場合は、「起」の訓「おこす」から逆探知して、この「発」を「おこす」と読むこともできよう。とすると、「以レ財発レ身」という漢文の場合、この「おこす」を使って「財をもつて身を発《おこ》す」と読むことができるわけだ。

このように、読みにくい漢字を読みこなすときに連文が武器となるのである。

もうすこし練習してみよう。例えば次のような文、

高《サ》不レ可《カラ》レ際、□　深《サ》不レ可《カラ》レ測《ル》。

この文のまだ送りがなを記していない、「際」の送りがなとして入れる最も適当なことばを考えてみよう。例えば「交際」ということばがある。「交」は「まじふ」であるが、これを使って「高さ際《まじ》ふべからず」と読んでも意味が通じない。これはダメ。そこで、「際限」というのを考えてみよう。「限」は「かぎる」であるから、「際」を「かぎる」と読んでもよい。「高さ際《かぎ》るべからず」となる。「限る」というのは「測」と同じで「計る」ということであろうから、意味が通じる。しかし、他に「極限」ということばもある。「際限」・「極限」とも同じような意味であるから、「際・限・極」三者に共通因数があると考えられる。最大

公約数と言ってもよい。すると、「極」は「きはむ（きわむ）」と読むことができるから、「際」を「きはむ」と読んでもよいことになる。これを使うと「高さ際《きは》むべからず」となる。この読みかたのほうが「高さ際《かぎ》るべからず」よりもわかりやすいし、意味も明快だ。というわけで、「際」の送りがなとして「（きは）ム」を入れるのがよいということになる。

このようにして連文を応用するわけである。だから、連文としての熟語を思い起こせる人は、それだけ応用力があるということになるだろう。この連文という熟語の例にはそんなにむつかしいものはない。みんなだいたい知っているものばかりであるから、思い起こせるようにふだんから注意しておくことだ。次に連文の例を並べておくから、じっくり読んでくれたまえ。

困窮　貧困　困苦　歩行　約束　誠実　期間　計算　救済　努力　接待　応接

功業　抵触　網羅　会計　忠実　待遇　応対　安楽　安寧　習慣　習熟　勲功

名誉　名声　声聞　音声　明白　尊大　引率　延引　因襲　因循　到達　達成

栄達　陳列　陳述　腐敗　保安　安全　完全　完成　疲労　苦労　功労　慰労

次に**互文**というものについて説明しておこう。そうそう、連文の「文」、互文の「文」は、ともに文字という意味であってセンテンスという意味ではない、ということを言っておこう。だから、連文というのは「連なった文字」ということである。「連続」という連文から言えば、「連」は「つづく」と読める。だから、連文というのは「続いている文字」ということでもある。互文は「互いちがいになっている文字」とでもいったような意味である。或いは「文字の互用」と言いかえてもよい。

これはどういうものであるかと言うと、□×△○という構造になっている場合、□と△との交換、すなわち△×□○となっても、或いは×と○との交換、すなわち□○△×となっても、或いは□と△とを一まとめ、×と○とを一まとめにする、すなわち□△×○（△□○×）となっても、中身の意味が変わらないようなものを互文と言うのである。フーン。

具体的に言うと、例えば「日進月歩」ということばの場合、「月進日歩」、或いは「日月進歩」、或いは「月日歩進」と言っても、意味はちっとも変わらない。

もちろん、長年の習慣で、「日進月歩」という言いかたがふつう。だから、その習慣に従うのがよいのであるが、意味上は前例のような互用が可能なのである。誤用ではないぞよ。

もっとも、偶然に四字句となっているものの、互文とはまったく無関係のものもあるから注意しなくてはならない。例えば、「異口《いく》同音」がそれである。これを互文であると誤解すると大変だ。例えば「同口異音」と置き換えてみると、同口すなわち同一人物が、異音すなわち違った意見を（同時に）出すという矛盾したことになってしまうから注意。その注意とは、置き換えても意味が変わらないかどうか確かめるということだ。「朱唇皓歯《しゅしんこうし》」は「朱《あか》い唇《くちびる》、皓《しろ》い歯」と美人のこと。これ、入れ換えると「白い唇、朱い歯」となり化け物よ。「勧《かん》善懲悪《ぜんちょうあく》」を「懲善勧悪」と入れ換えると、「善を懲《こ》らしめ悪を勧める」ことになり、水戸黄門は消えるよ。

最後に互文の代表的な例を挙げておくので、しっかりと読みたまえ。いや、組み換えしてしっかりと練習してみたまえ。

牛飲馬食　東奔西走　酔生夢死　千変万化　流言飛語　金科玉条

粗製濫造　天変地異　四分五裂《しぶんごれつ》　内憂外患　雲散霧消　千差万別

甲論乙駁《こうろんおつばく》　粉骨砕身　道聴塗説《どうちょうとせつ》　竜蟠虎踞《りょうばんこきょ》　浅学非（菲）才

第二部　助字編

(1) 助字の語感

世の中には、語学の名人、達人と言われる人がいる。ところが、語学の達人のイメージは、と人にたずねると、ペラペラ同時通訳のできる人、というような返事が返ってくる場合が多い。しかし、それはどうであろうか。このペラペラとはいかないまでも、私は留学生活から帰ってきたころは、だいたいの意思の交換を中国語ですることができた。今はダメ。中国人と話す機会がほとんどゼロとなって力が落ちている。さて、昔の私と中国人とが話すのをそばで聞いている日本人は、私に、上手だなあ、などと言うが、それは、まったく実態を知らない批評である。なぜなら、私の中国語が決して上手でないということを、当の本人がよく知っているからである。ここで、諸君は私の言っている意味がわかっただろう。意思の伝達・交換ということと、上手さとは別物だということである。ペラペラさんは（あえて私も含めて）、大意を荒っぽく伝えるだけのことなのである。決してキメ細かいピタッとした、そして美しい外国語を話すわけではない。一度言って、相手に通じないときは、別の表現やたとえを使って、もう一度言う。それでも通じないときは、ゆっくりと最初言ったことばをくり返す、てな操作をするのがコツ。その三回もの表現を続けるから他人からはペラペラと感じチャウに過ぎない。本人は大汗冷汗を流しているのだが、はたの者には神秘的に見えてしまうのだ。本当の達人は、ごちゃごちゃ言わず、簡潔な美しいことばで一言、それ一発で終了なのである。

ディスクジョッキーだの同時通訳だのの長広舌は、実は語学上から言ってウマイ表現をしているわけではない。語学の達人は、むしろ寡黙である。しかし、ひとたび意思を表現するときは、その輝きは他の饒舌を圧倒する。その原因はいろいろとあるが、語学的に言えば、語学の達人は、語感を実によく心得ている、という点を挙げられる。もちろん、生来の才能が豊かなのではあるが、それにも増して、日ごろの注意が、一般の人よりも行きとどいている。そうしたトレーニングという面も見逃せない。

例えば「鳴る」ということばがある。この語は、もともと、音声に関することばである。その大概念は共通している。しかし「何が」鳴るのか、それは一定していない。もちろん「音が」鳴るのである。しかし、音は、或る手段によって鳴る。だから、例えば「鐘が鳴る」のである。厳密に言えば、「音が鐘によって鳴る」のである。しかし、日本語としては、「音が鐘によって鳴る」などとは言わない。そんなことを言いかねないのは、ペラペラ同時通訳さんではあるが。「音が鐘によって鳴る」を「鐘が鳴る」と表現するのである。この鐘は、楽器であるから、手段である。しかし、こうした表現がさらに拡大されると、「腹が鳴る」となる。これは「音がXによって腹において鳴る」の意である。このように「音が鳴る」「鐘が鳴る」「腹が鳴る」という、一見したところ「……が鳴る」という同じ構造でありながら、その構造を分析してみるとずいぶん異なる。そして複雑な構造を内蔵しているものほど、その持っている味わいが深い。それはそうである。「音が鳴る」というのは、それだけの意味のことであるが、「腹が鳴る」というときは、別の意味が付加されてくる。例えば、空腹を知らせる、とか、下痢の前兆とか、いずれにしても、ハシタナサを伴ういささかの滑稽感がある。しかし、「鳴る」という語の延長上にある。「腹が鳴る」というようなことばは、日本語を知っているわれわれでないとちょっと使えない。つまりその語感を知っていないとできないというわけだ。

「腹が鳴る」と言えるのなら、「頭が鳴る」「胸が鳴る」「手が鳴る」などというようなことばがあるだろうか。この判定の一つは、「……によって」という手段の有無である。例えば、「耳が鳴る」これは問題ない。「耳」そのものが、楽器であるから。だから「手が鳴る」というのは落ち着かない。「手が鳴る」というのは、料理屋かなにかで、酒もってこい、というサインで、きわめて特殊な状況を伴う。「指が鳴る」というのは、パチンと「指を鳴らす」ということか。さて、「頭が鳴る」というのもあまり聞かない。「頭がガンガンする」「頭がガンガンと鳴る」という形か。これは、「音がXによって頭においてガンガンと鳴る」ということである。「胸が鳴る」の場合、一応、「音がXによって胸において鳴る」ではあるが、胸は、楽器的な感じがある。耳やのど、肺というものの持っている原初的な楽器的性格である。「胸に響く」というのもそこから来ているのであろう。「頭に響く」「手に響く」というのは、「音が鳴る」という場合と同じく、事実そのものの表現であるが、「胸に響く」は、感動を与える、という重層的な意味がある。「胸が鳴る」というのも、そういう意味を持っている。心臓の高鳴りということは、感情の実感的なものである。「胸がドキドキとする」「胸が高鳴る」というひろがりを持ってくる。

さて、本題にもどろう。「鳴る」という語自身は単純である。外国語を学習するとき、こうした日常語の学習は簡単であるが、その用法となると、非常に広範囲。それを一つ一つ知るというのは大変困難。一般のわれわれにはなかなかである。ところが、語学の達人は、「鳴る」なら「鳴る」という語を学習したあと、不思議なことだが、習いもしないのに、「鳴る」の広範囲な用法を推測的に知ってしまうのである。この差があらゆる面で出てくると、凡人はとても太刀打ちできない。才能というものであろう。音痴の私は一つの曲をなかなか覚えられないのに、音感にすぐれた人には一度聞くとサッと覚えるスゴイのがいる。この音感と語感とは共通する。語学の学習のコツは一にも二にも、この語感の理解のしかたなのである。

漢文学習においても、最も大切なことは、文法ではなくて、ことばの語感を学習することである。例えば、「輒」という助字がある。これは、「すなはち」と読む。音は「ちょう」。この「すなはち」を、文法的にあれこれひねくって、接続詞だとか、なんだとか覚えてもあまり意味がない。「すなはち」という接続詞には、「則・即・便・乃」などいろいろあるのだから。

むしろ、この「輒」の語感を知るほうが大切。この「輒」は「機会があるたびごとに」という語感なのである。この語感を持つ別のことばに、「動」という副詞があり、この「動」とよくいっしょに用いられ、「動輒」という形で表れる。これは「ややもすればすなはち」と読み、「機会があるそのたびごとに」という感じで読みとるのである。この語感をもとにすると、「輒」はなにもいつでも接続詞として読む必要はない。「そのたびごとに」こうなる、と言うことは「たやすく」こうなる、という方向を含んでいるから、「たやすし」という形容詞と考えてもよい。とすると「動輒」は「ややもすればたやすく」とも解することができるのである。とすると、「輒」は接続詞として固定的に考えるよりも、この語の語感を知って、自由にその場に応じて訳し分ける方が楽でもある。また、この語感というものを知っていると、応用も広くでき、臨機応変がきくのである。例えば「牧」は「養う」という語感。だから、「牧場」は「やしなう場」であり、「牧人」は「家畜を養う人」とか、その役人である。では、「人牧」はどうなる？「人をやしなう」という意味とされ、「君主」という意味。「牧民」も「民をやしなう」の意。「牧」（養う）ということばを使う状態を考えて意味を取ることとなる。これが語感の訓練。このように語感を知るということは、文脈中の生きた文章をつかむということであって、いわゆる文法とはまた異なった大切な学習分野なのである。この第二部では、この語感を説明してゆきたいと思う。

しかし、漢文に出てくるあらゆることばを本書で説明するというわけにはゆかない。そんなことをしていたら、枚数はいくらあっても足らないし、また大学受験という目標から言ってそんな必要はない。

そこで、漢文読解において必要最小限のことばの語感について説明してゆくことにする。その必要最小限のことばというのは、ふつう「助字」と言われていることばである。助字というものの説明はしにくいが、一言で言えば、文の読解において要《かなめ》となっていることばと言えよう。だから、なにも前置詞や接続詞などに限られているわけではない。副詞あたりまでも含んでくるわけである。

これら助字について、しっかり勉強しさえすれば、もう漢文は十分と言ってよい。この助字学習は、同時に漢文におけるいろいろな約束を学ぶことになるから、漢文全体を見わたすことができると言えよう。漢文の力があった江戸時代の漢学者のほとんどの人が助字についてなんらかの発言をしているのもそのためである。

(2) 以

「**以**」という助字、これは漢文で大活躍する。問題文で、この字が出ていないものはない。だから、あまりにも慣れすぎてしまっていて、そんなに注意を払わないのがふつうである。

そこで、こういう基礎中の基礎の助字はかえって十分に研究しておく必要があるだろう。ひょっとすると、「以」か、ああ、わかっている、と、素通りするのがふつうで、これまでその用法の内容に気がつかなかったというのが実状かもしれない。

さて、「以」は「もつて」と読む。ここが危険の第一。と言うのは、日本語の「もって」ということばには、いろいろな場合があるからである。例えば、「有」も「もって」の意。お金がある、というのは、お金を持っている、の意。その「持」は、手に物を持つ、という意味。「執」もそうだ。その上、「執権」のように、抽象的な「権力」というものを所有しているという場合にも使う。城をもつ、とか、家をもつ、という場合の「もつ」は、「保」という漢字を当ててよいであろう。と言うように、ただ「もつ」と言っても、いろいろとニュアンスが異なるわけである。

それでは、「以」の「もつて」という読みかたには、どういうニュアンスがこもっているであろうか。この「以」は、なにか或る物をどうするこうするということ、すなわち、或る物を動かす、という気持ちをこめて使うのである。ともかく、じっと持っているとか、ただ存在するということとか、そういうニュアンスではない。必ず「その或る物をどのようにする」というような、「どのようにする」という動詞を伴うのである。だから、「……で」と手段的に訳すときもあり、さらには目的語的に、「……をば」とか「……を」というように訳すときもある。そういうニュアンスを表すのであるから、場所的には、いろいろなところに出てくる。句頭、句中を問わず、また、係ることばが上にも下にもくる。その具体例はこれから示してゆくが、まず、最初にしっかりと記憶してほしいことは、「以」自身だけでは足らず、なにか動詞を伴うということだ。もっとも、「以」自体を「用」という動詞の意に使うときは、別に動詞を必要としない。

そこで「以」の係りかたという面から研究を始めよう。「以」が下に係るという場合がよく出てくるから、まず、この場合を研究してみよう。

①　以テレ人ヲ治ムレ人ヲ。

②　以テレ善ヲ及ボスレ人ニ。

この①・②の文の「以」は、それぞれ、すぐ下の「人」「善」に係っており、一見したところ、同じ型のようにみえる。もちろん、読みかたも「人を以て」「善を以て」と、「……を以て」という、下に係るときの読みかたであり、同じである。

しかし、①と②とは、形式的には似ていても、内部の構造は同じではない。①の場合は、「人で人を治める」という気持ち。訳すと「〔有能な〕人によって〔一般の〕人を治める」ということ。すなわち、この「以」は、手段的な用法である。それを補うというか「どうする」という動詞が「治」である。ところが、②の場合、この「以」は、「善を人に及ぼす」という気持ちである。訳すと「人に善いことをする」といったぐらいの意味。すなわち、この「以」は、目的語になることを意識し、そこへ持ってゆく用法なのである。形式的に言えば、「人に善を及ぼす」という、「及人善」（こんな漢文は実際にはない）であり、英文法流に言えば述語プラス間接目的語プラス直接目的語の型である。それを漢文では「以善及人」と表現する。

これで①と②とのそれぞれの「以」の用法の違いがわかったであろう。

さて、下に係る「以」の第三例を挙げる。

③　授《クルニ》レ之《ニ》以《テス》レ政《ヲ》。

これはちょっと複雑。「以」が助字ではなくて「用」という動詞として使われているように見えるがそうではない。これは②の型の変形で、「授之政」（こんな漢文は実際にはない）ということ。すなわち「之《これ》に政を授ける」である。これが②型の変形であることはすぐわかるだろう。なぜこんな変形が生まれたかというと、四字で一句を作るという、中国人の文章に対する美意識から生まれたもので、文法規則という合理主義から生まれたものではない。

さて「以」が下に係る場合とは逆に、上に係る場合がある。例えば、

④　忠信以テ得タリレ之ヲ。

この句を「以忠信得之」と置きかえ、「以忠信」をさきほど説明した②・③のような目的語的な用法と考える。すると、「以忠信」は「得」の目的語の位置に置いてよい。しかし、「得」の目的語の位置にすでに「之」がある。だが大丈夫、実は、この「之」は代名詞である。すなわち「忠信」の代名詞なのである。だから、その地位は、「忠信」が出てくると失われる。いや、「忠信」が「之」にとって代わる。結局、「得忠信」（忠信を得たり）ということである。

これを逆にたどってみるとこうなる。「得忠信」の「忠信」を強調するとする。すると前面に飛び出すから「忠信、得」。これでは片言《かたこと》だから、代名詞を加えて、「忠信、得之」となる。これで十分である。しかし「忠信得之」は、下手をすると、「忠信が之を得た」と誤解されかねない。その誤解を防ぐには、「忠信」が主語ではなくて目的語であるということを示すのがよい。とすると、「以忠信、得之」となる。しかし、これでは重すぎる。こんな短い文で、わざわざ「以忠信」と前にもってきて、さらに代名詞を置くというのは。そこで、まず「忠信」と言って、次にこの「忠信」は目的を表しますよという軽いニュアンスで「以」を置くということが行われる。その結果が「忠信以得之」なのである。

というわけで、欧米人には、こうした「以」の用法がさっぱりわからないこととなる。「以忠信」とでも、「忠信以」とでも、同じ意味で表現でき、場所が変転するというその自在さに対して、欧米人は「不合理」と言う。しかしそれはおかしい。文章には、論理としての働きとは別に、美意識や、ニュアンスの違いを表そうとする気持ちがあり、それが文章表現を豊かにするのである。欧米人にわからなくても、そのことによって漢文や日本語が二流の言語であるということにはならない。ドダイ、比較するほうが無理で「そうなっている」という事実を事実として見ること以外にない。問題は、ヤツらに表現の豊かさを把握し得る感受性の柔軟さがあるかどうか、ということだ。

以上、「以」には大きく分けて二つあることを説明してきた。上からすーっときて、そのままつづけて「もつて」と読む場合が一つ。いま一つは、下の語句を先に読んで「……をもつて」と読む場合である。後者のほうは、諸君、わりあいにのみこみがいい。そりゃあ、君ィなんと言っても返り点がついているからよ。もっともその場合、一つ気をつけてほしいことがある。あくまでも「……をもつて」のように「を」と読むことだ。これを「……でもつて」と読むのがいる。「で」てのは口語である。それも言ってみれば関西弁の系統だ。「……でもつて」などと読まないこと。歌の「雪山讃歌」中、「おれたちゃ町には住めないからに」という妙な文がある。「……からに」というのは、京都弁じゃないか。今西錦司だの西堀栄三郎だのという京大グループが、学術的山登りを始めたころの創作だ。だから京都弁が混じりこんでいる。この歌は口語だし、もう定着しているからどうしようもないが、漢文で関西弁を入れたらアカンゾ。二畳庵先生は会話では大阪弁まる出しであるが、訓読では、オーソドックスを意識している。安心したまえ。

さて、話をもとにもどして、上からすーっの「もつて」を研究しよう。この「以」は素人にはやっかいである。と言うのは、下からの「以」の単純な形と異なり、約束がいくつかあるからである。具体的に次の例を見てみよう。「是以為孝乎」（ここを以て孝と為すか）。この場合、ふつうは、「是以」をひとかたまりと考え、「ここをもつて」と読む。さっそく質問が出るだろう。「是以」の「以」は、上からの「以」だから、「……をもつて」ではおかしいのではないか、と。そうよ、言われてみればそのとおりでございます。しかし、しかし、このケースだけは特別例外なのだ。もし「以㆑此」あるいは「以㆑是」と言うときは、必ず「これをもつて」と「これ」と読み、はっきりと目的語を意識させる。ところが「是以」の場合にかぎり、「ここをもつて」と「ここ」と読み、目的語としてではなくて、「是以」でまとまった一つの接続詞として扱おうというわけなのである。例外なのである。まずここのところを心得るところから始めよう。

さてそれなら、「是以為孝乎」の「是以」は百パーセント接続詞であるのかというと、もちろん、そうは解釈しない立場も可能は可能である。すなわち、この「是以」を「以是」と同じように考える人が、いることはいる。そういう立場でつっぱればつっぱるで、それは別に誤りというわけではない。

しかし、訓読の習慣では、「是以」を「ここをもつて」、「以是」を「これをもつて」というふうに読み分けて区別するわけである。と言うのは、「是以」という語が出てくるときは、たいてい、文章と文章とを大きくつなぐ場合がふつうであるからである。だから、「是以」と言うとき、漠然と、前段の文章を大きく指して、「こういうわけで」とつないで下の文章に係ってゆくわけである。「因此」（これにより）という感じと言ってもよい。これに反して、「以是」の「是」は、必ず、具体的に、なにか或る特定のものを指す、と考えるべきである。設問者の立場から言えば、「以是」の場合「この『是』はなにを指すのか」と問うことができやすい。しかし、「是以」の場合、「この『是』はなにを指すのか」という設問はしにくい。というのは、漠然と前段の文章を指すのであるから、ここからここまで、なんて、そんなにはっきりと決められない。だから、もし「是以」というのが出てきたならば、接続詞と考えるほうがわかりやすいのである。というわけで、「是以」の「以」は、上からの「以」の一種ではあるものの、いちおう、例外的に扱うことにする。

それでは、上からの「以」が出てくるときに、なにか特徴はないか、ということを研究してみよう。もちろん、なんの特徴も示さず、文中に、ポッポッとこのような「以」が出てくる場合があり、それはそれで、ケースバイケースで考えなくてはならない。しかし、そういう場合とは別に、なにか特徴のある場合はないか、というと、ある。しかも、そういう特徴のある形の場合が、圧倒的に多いのである。だから、まずこのあたりをしっかりと押さえることが必要だ。

それでは、その特徴とは何であるかというと、或る特定の文字を「以」のすぐ上に乗せて出てくるのである。その特定の文字とはどういうものであるのか。それを述べよう。

可・不・足・能・当・有・無・多・少・難・易という文字のすぐ下にくる「以」の場合。

これは、上からの「以」であることを示す特徴だ。見たまえ、特に「可、不、足、能、有、無」なんてのは、しょっちゅう出てくる助字類ではないか。「可」などは、一問題文中、必ず一回は出てくるぐらいの助字だ。

しかし、あわてないでちょっと考えてほしい。次の例をだ。「可以敬為主」の場合、ちょっと見ると、「可」の下に「以」がきているので、この「以」は、上からの「以」を表すように見える。しかし、この文の正しい読みかたは次のとおりだ。

可《シ》ニ以《テ》レ敬《ヲ》為《ス》レ主《ト》。（敬を以て主と為すべし）

これを「可《シ》ニ以《テ》敬為《ル》レ主《ト》」と誤って読むと、意味が通じない。「敬」自身が主語となってしまうからである。注意することだな。ひっかかりそうな例だ。

さて、こういう誤解をしないとすると、前記の助字類の下にくる「以」、すなわち、上からの「以」をどのように訳すか、ということになる。と言うと諸君は緊張するにちがいない。こんなにたくさんの助字類だから、用法を一つ一つ覚えなければならんのではあるまいかと。

心配御無用、そんなことはない。結論を先に言えば、なにも訳し出さないでよろしい。徹底的に無視しなさい。なんだか乱暴な話であるが、それでいいんだから、信じなさい。

では、なんのために「以」を置いておくのか、ということになる。しかしこれは、文法の問題ではない。ことばの調子という音楽的問題から置かれているのである。調子をととのえるためのものである、と言うより他に説明のしようがない。たとい中国人でも。

考えてみると、「君ィ、それはネェ、コ一里むこうのヨ、すッごく……」という調子の会話のカタカナ部分を文法的に説明できるか。せいぜい、感情をこめたことばという程度でしか説明できまい。同じことで、古典語に現れたこうした「以」は、現在となっては説明がむつかしくてほとんどできない、と正直に言うべきであろう。訓読上「もつて」と一応は読むものの、「もつて」ということばが持っているほどのそんな重い意味はなにもないんだ。

なお、「以」は、ふつう「ヲもつて」と読まれる。しかし、漢文法では、助字として扱う。助字というのは、国文法でいう助詞、助動詞、接続詞などをひっくるめて言う。だから、国文法と漢文法とではズレが出てくるのは当然だ。「をもって」という日本語は、助詞「を」プラス動詞「用」の連用形プラス助詞「て」であり、「以」一字の意識とぴったりは一致しない。

だから、「以」の意味のうち、動詞的な要素が強まると「用」という動詞で代替してもおかしくないことになる。また、「を」という助詞の意識が強まると「将」という字でそれを表そうとする（この「将」は再読文字の場合と異なる）。だから、「用」と「将」との両方を兼ねているのが「以」という助字であると考えておくのがよい。と言うことは、「以」字が使われているとき、この「以」の用法は「将」寄りかなあ、「用」寄りかなあとクンクンかぎ分けるというコツで見分けるのがよい。

たとえば、

仏肸以㆓中牟㆒叛。

という文がある。「仏肸《ひつきつ》」も「中牟《ちゆうぼう》」も人名。ややこしいから、「A以B叛」としてみよう。これは構造から言えば「A叛」（A、叛す）である。その叛乱のときのしかたが「以B」である。

その際、Bが人名でなく、なにか事件を表す内容であったとすると「以B之故」（Bをもつてのゆゑに）というふうに、「叛」の原因を示すようになる。しかし、この場合はBが人名であるから、「以」と「B」との関係には、「用」の意識が強いと見、「Bを用いて」と、

「Bを使って」という意味と解してよい。すると、さらに意訳的に言えば、「使う」と言う以上、AがBの親玉であると言えるから、この「用」を思いきって「引きつれて」とか、「ひきいて」というふうに考えるとさらにわかりやすい。

もっとも、この引用例は、「叛」のように、はっきりとした行動を表すことばがあったので、いろいろと考えることができた。しかし、どうも文脈がうまくつかめないというときは、逆に、「以」をまったく無視する、というテもある。それを次に説明する。

例えば、

礼以行レ之、孫（遜）以出レ之、信以成レ之。

という文がある。「出之」は「ことばを出す」すなわち「話す」の意。「礼もつてこれを行ひ、（謙）孫もつてこれを出《いだ》し、信（誠実）もつてこれを（完）成す」と読まれる。これなどは、「礼以……孫以……信以……」を倒置して「以礼……以孫……以信……」、すなわち「礼をもつてこれを行ひ、孫をもつてこれを出し、信をもつてこれを成す」と解せば、イッパツで意味がわかる。

しかし、「礼以……」を「以礼……」とひっくり返して解釈するなどという芸当は、受験生にできない。そういう逆転をしてよいかどうかの判断ができないからである。するとあくまでも「礼以……」という形でなんとかカッコウをつけなくてはならない。

そこでだ、前述したように、この「以」を無視して解釈してみよう。そのときは、「以」を「而」(「そして」の感じ)と考え、「以」の位置に「而」をあててみる。すると「礼而行之、孫而出之、信而成之」となる。直訳すると、「礼アンド行之、孫アンド出之、信アンド成之」だから、「礼であって行、(謙)孫(遜)であって出、信であって成」という感じになる。

ついでに言っておくと、この文のように、対句的であり、「之」という目的語が同じような位置に置かれて何度も出ている場合は特にそうであるが、こういう「之」は形式目的語である場合が多い。となると、これらの「之」も省略して別にかまわないということだ。「而」だってそうだ。すると次のようになる。(1)から(5)へと変化してゆける。

(1)　以礼行之、以孫出之、以信成之。

(2)　礼以行之、孫以出之、信以成之。

(3)　礼而行之、孫而出之、信而成之。

(4)　礼而行、孫而出、信而成。

(5)　礼行、孫出、信成。

(1)から(5)へと変化してゆくわけだ。ということは、逆に、(5)のような熟語は、(1)のような意味に置きなおすことができるというものだ。こういうふうに、漢文というのは、縮めるとなれば熟語になるまでトコトン縮めることができ、ふくらますとなればそれもできるという、『西遊記』の孫悟空の如意棒みたいなところがある。「進歩」だって、ふくらますと「進一歩」（一歩を進む）よ。漢文をじーっと見ているだけでなくて、伸ばしたり、縮めたりという頭の体操をすることだ。それをしないで、何度読んだってしかたがない。

最後に、「以」を使う重要な構文を挙げる。それは、

以レテAヲ為レストB。（以……為——）

で、「……を以て——と為す」（Aを以てBと為す）と言うとき、「……と——とが等しい」（AとBとは等しい）の意味。例えば、日本の民法第三条に「満二十年ヲ以テ成年トス」とある（平成十七年より現代語化され、いまは第四条「年齢二十歳をもって、成年とする」）。「とす」は「と為す」と同じ。これは「満二十歳」と「成年」とは等しいという非常に論理的な表現である。明治期の行政文書や裁判関係文書・軍の公式文書は漢文脈であった。後に

現代文に変化してゆくが、軍は昭和二十年の敗戦まで、公文書は漢文脈だった。だから、過去の判例や公文書資料を扱う法学部への志望者は漢文ができなきゃだめよ。

(3) 而・然

江戸時代の思想家、荻生徂徠《おぎゅうそらい》は、同時に語学の天才でもあった。その彼が書いた文法書『訓訳示蒙』によると、「『而』ハ下ヘツク。倭語《わご》（日本語）ノ『テ』・『ニテ』ハ上ヘツク。カフカフ《こうこう》シテカフカフ《こうこう》ト言フハ、二ツアルトコロヲ、チヨツト『而』字ニツナグ意ナリ。故ニ『而』字ヲ置クトキハ、上下、必ズ二物カ二事カ二時カ二義カナリ。」これはおもしろい説明である。「而」は日本語の「テ」・「ニテ」と意識が異なることを言っている。「而」は、ふつう「しかうして」と読む。中江藤樹の文章を見ると、「而」を必ず「しかうして」と読んでいる。省略しないで、わざわざそう読むのは、やはり、下の文につながってゆくという意識からであろう。もっとも、「而」は順接の意ばかりではなくて、逆接の意を表すこともある。徂徠は「句頭ニ置クトキハ『サテ』ト訳ス。上ノ句ヲカフカフト言ヒ畢《をは》リテ後、サテカフカフトウツル語勢ナリ。マタ『シカルニ』ト訓ズルコトアリ。コレモヤハリ『サテ』ナリ。スコシ『雖』ノ字意アリ。」と述べている。「雖」は「いへども」と読み、「……とはいうものの」というふうに逆接にする助字。だから、徂徠が「スコシ」と言っているところを見ると、純粋の逆接とは意識していなかったようである。話を元にもどすと、順接の意としての「而」は、日本語の順接ともまた少し異なるようでもある。「而」字から話が始まるという感じのようであって、順接と強く意識しないほうがよいようだ。突っこんで言えば、或るゆとりを与えたり、呼吸の調子をととのえるという役割のようである。「無極而太極」（無極にして太極）と言うとき、「而」は、ほとんど意味のない軽い感じである。

無極即太極也。無極而太極。（無極すなはち太極なり。極まりなくして太《はなは》だ極まる）

という感じである。

人而不仁、如㆓礼何㆒。（または「如㆑礼何」と返り点をつける。読みかたは同じ。四〇二ページ参照）（人にして仁ならずんば、礼を如何《いかん》せん）

の場合、「人にして、しかうして仁ならずんば……」と読むと、原意から相当に遠ざかるようにみえる。「而」は漢文中、多出する助字であるが、つかみようなく多様な用法がある。機械の摩擦を緩和する油のようなものであることがわかるだけである。かえって難しい。

「然」について研究してみよう。「然」は、

①「しかれども」　②「しかうして」　③「しかり」　④「しかる」

というように読まれる。問題なのは、①と②との区別である。①は逆接、②は順接で、同一文字で、正反対の用法があるわけである。こういうのはやっかいである。近代語では、逆接と順接との用法は、はっきりと分けている。現代日本語で、「しかし」を順接の用法で使うことはない。ところが、この「然」の場合、両方の用法があるため、文脈をよく読んで判断せねばならず、漢文を読む者の頭痛のタネの一つなのである。なにも諸君だけが苦しんでいるわけではない。専門家もその点は同じなのである。

この「然」の場合も、逆接の用法あり、順接の用法ありと言うのはたやすいが、それではどのようにして区別するのかということになると、率直に言えば、文脈に依る以外にはないということになる。

さて、「然」は「而」とも似ている。「而」にも、「然」と同じく、順接と逆接という正反対の用法がある。これは考えてみるとムチャな話であるが、事実がそうなのだから、いたしかたない。しかし、それでは、順接とか逆接とかいうこと自体、無条件で分別できるものなのであろうか。

例えば、「彼は旅行に行かなかった。しかし、行きたがっていた」という場合と、「彼は旅行に行かなかった。しかし、映画を見に行った」という場合とを比べると、同じ「しかし」ということばではあっても、相当にニュアンスが異なっている。後者の場合、行動の相違を示すだけであって、「彼は旅行に行かなかった。そして、映画を見に行った」というのと意味的に差があるのだろうか。論理的には、「彼は旅行に行かなかった」という事実と、「彼は映画を見に行った」という事実が存在するだけであって、「しかし」や「そして」は、心理的な問題として示されているだけのことである。「彼は旅行に行かなかった」而「彼は映画を見に行った」という場合、この「而」を「しかし」の意にとるのか「そして」の意にとるのかは、論理の問題というよりも、心理の問題であるから、逆接・順接というよりも、積極的とか消極的とかいう分類で考えて、自由に訳し分けることで十分だ。いちいち、これは逆接か、それとも順接かという判別にエネルギーを費やす必要がない。

となると、例えば「而」が文中に出てくると、「而」字よりも、前後の文意、すなわち文脈というものが大切になってくるわけである。というところで、またふり出しにもどるわけだ。私は、文脈以外に漢文を読む方法はないと思うが、その文脈を得るためには、文脈によるほかはない。その知識がなくてはならない。しかし、その助字や構文の正確な把握には、文脈にはよるほかはない。その文脈を読みとるためには……となって、この追いかけっこは永遠につづく。言ってみれば、全体と部分との関係みたいなものである。だから、或るときは全体の把握から、或るときは部分の分析から、という使い分けをしてゆく以外に方法はない。その使い分けのタイミングとなると、これはなんとも説明のしようがない〈センス〉みたいなもので、説明に頭をカカエル。最後は才能の問題か。才能のない者は、ま、アキラメルことかな？

(4) 其・此・彼・夫

「其・此・彼」について研究してみよう。三者はともになにか或る対象を指す。その際、「**此**」は「これ」すなわち近いものを指す、「**彼**」が「かれ」すなわち遠くのものを指すことは言うまでもないが、「其」には用法に種類があるので、気をつけなくてはならない。「其」を読むときは「それ」か「その」である。その「それ」は一見したところ、代名詞の「それ」のようにみえる。ちょうど「これ（此）」や「かれ（彼）」のように。しかし、残念ながら、「其」を「それ」と読むときは、英語の it のような、代名詞的な意味ではない。もちろん日本語の古語には、自分からすこし離れたものを指す代名詞「其れ」はある。しかし、漢文の「其」はそれとは無関係のようである。漢文の「其」を充てて、「其れ」と使っているのだが、漢文において使われる「其」の用法とは異なる。

漢文においては、「**其**」を接続詞として「いったい」とか「そもそも」という感じで使うときに「それ」と読むのである。だから、「此・彼」が、代名詞として、例えば目的格として使われ、「これを」とか「かれに」と読むことができるのに反し、「其」を「それを」とか「それに」と読むことは、絶対にできない。「それに」の意として表したいときは、「之」や「此」を使ってそれにあてる。日本語で「其れを」と書くのは、完全に日本語化された用法なのである。

さて、「其」には、この接続詞としての用法以外、英文法流にいえば、所有形容詞、漢文法流に言えば連体詞に相当する「その」という読みかたがある。これは諸君もよく知っていることであるので説明を省略する。話を元にもどすが、「其」を「それ」と読むときのニュアンスを知っておくと便利だ。「其」を「それ」の意で書き出したとき、その文末に「乎」という感動詞の意を含んでいると考えてよい。例えば、

流言其興。(流言、それ興らん)

のとき、「デマがほれ流れるだろうよ」という感じとなるわけである。荻生徂徠は「そりゃみやれ」(ほれみてみろ)という意味である、と説明している。だから、なにか、強い感情移入の気持ちがある、ということと考えてよい。訳の場合、それを表現しておくことだ。「其」は、文頭にも文中にも置かれるが、「**夫**(それ)」は、必ず文頭にのみ置かれる。用法には、大差はないが、置かれる位置が異なるので注意する必要がある。また、「其」が、「そ

れ」以外、「その」と読むときがあるが、「夫」も、「それ」以外、「かの」と読むときがある。そして、「其」の場合と同じく、代名詞の目的格として使われることはない。「夫」を「かのを」とか「かのに」と読むことはありえない。とすると、「其」と「夫」との関係はどうかということになるが、意味はともに同じで、しかし、「其」のほうはすこし緊迫感があり、「夫」は、すこしゆったりした感じである。さらに突っこんで言えば、「其」は、「彼・此」ほどには、こまかく指すことはしない。「彼」や「此」のほうが、「其」よりも具体的である。

以上をまとめると、このようになる。「其」は「彼」や「此」の意をも含み、「夫」は、「其」をはじめ、「彼」や「此」の意をも含む。含むというのは、それだけ、語義が広くなっているということである。早く言えば、それだけ漠然とするということである。だから、漢文の解釈のとき、「彼」や「此」は、できるだけ、なにを指しているのかを考えるのがよいが、「其」や「夫」になると、なにを指しているのかはっきりしないときがあると言える。そのときは、特に訳さなくてもよいわけで、訳すことによって、かえって不正確になるときもある。

この他、「**斯**」や「**玆**」という助字があるが、これは「此」の意にほぼ近い。しかし、「彼」と対用するということはない。すなわち、「斯」と「彼」とを、「これ」と「かれ」との関係で論ずるということはない。「彼」の対語は、あくまでも「此」であって、「斯」や

「茲」ではない。

さて、「斯・茲」が「此」とほぼ同義であるのに対して、「伊」は「彼」の意にほぼ近い。しかし、「伊」を助字として使うというときは、非常に古い時代の文章のときなので、おそらくふつうの入試用の材料の中にはないであろう。仮に出題文中に、この「伊」字があったとしても、注が必ずあるので、安心せよ。注もつけないで、「伊」を読ませるというのは、無理、いや無茶。

(5) 於・于・乎・諸

漢文学習で「ヲ・ニ・ト返れ」とか、「てにをは」がわかっとらんとか、わかっとる、というような言いかたがある。つまりは、日本語がちゃんとわかっているかどうかということである。それほど「てにをは」という語句は、日本語の性格を代表する重要な意味を持っている。近代風に言えば、文の構造の根核ということであろう。文において最も大切なところである。それは、突きつめると助詞の問題ということになるが、その助詞中、この「てにをは」が、最もよく使われ、最も重要だということである。そして、おそらく、日本人でないと、こうした助詞をなかなか使いこなせまい。

早い話が、英語を日本語に訳すということは、この「てにをは」が自由に使いこなせるかということである。英語力の大半は国語力である。翻訳ものの文章を読んでいて、おかしいところとか意味が通じないところの大半は誤訳である。意味が通じないことのその原因は、「てにをは」がおかしい点にある。こう言っちゃ失礼だが、学生諸君がよく配っているビラの「てにをは」は、ずいぶん怪しい。「なんとか反対」という内容であるが、その意味が通じないところは、いつもきまって「てにをは」の誤りである。例えば、「学生生活は、インフレ進行はとめどもなくわれわれの生活に及んでいる現実に大きな崩壊が来ている」。「は」の使いかたを誤った実にまずい文である。混乱した粗雑な国語力で、この複雑な現実を分析できるのですかナ。

最近は、やたらに大言壮語するのが増え、国家論だの、歴史区分だのというテーマで卒業論文を書くのがいるが、そういうことよりも、「てにをは」をきちんと使いこなせ、論理を明晰にするということをしっかりトレーニングするほうが大切である。受験勉強もそうであり、「てにをは」をしっかり読みとり、しっかり書けるということが、国語の基礎であり、他学科の基礎である。社会や理科に長文の出題が増えてきているが、それを読みとる力は、実は国語力である。現代文を勉強することは、単に学科としての「国語」の実力の養成ということではなくて、他教科の基礎中の基礎を固めるということである。そして延《ひ》いては、明晰な国語力によってしっかりとものごとを考えることのできる力を養うということなのである。

「てにをは」の十分な理解がなければ、漢文は読めないし、逆に言えば、漢文読解によって、「てにをは」の力を養えるのである。両々相俟《あいま》っているのであるから、漢文に当たるときは、国語力をフルに使うことになる。

さて、その「てにをは」中、「に・を」が最もやっかいであるので、それを研究してみよう。どうして「に・を」が「て・は」に比べてやっかいであるかと言うと、「て」や「は」の場合、文の構造という点で、漢文と日本語との間にそう差がないからである。例えば、

知而不レ行。

の場合、「知りて行はず」の「て」は、上から下へつづく構造の中で働いており、日本語と漢文との間に、きわだった相違はない。「其富巨高」の場合、「その富は巨高」で、この「は」の用法は、漢文・日本語ともに、そう違いがない。しかし、「に・を」の場合は、決定的に異なる。すなわち、「に・を」を使うとき、日本語と漢文との間に、構造上の大きな相違が現れるからである。

仁斎教二東涯仁説一。（伊藤仁斎《じんさい》・東涯《とうがい》は親子であり、ともに江戸時代の儒者）

の場合、「仁斎、東涯に仁説を教ふ」と、「に」と「を」との使いかたに区別が出てくる。というわけで、漢文を読む場合、この「に・を」については、常に意識的に考えておかねばならない。

その「に・を」という構造をはっきりと表すのは「於・于・乎・諸」である。もちろん、前記の「仁斎教東涯仁説」という場合は、「於・于・乎」とは無関係に、漢文固有の構造から「に・を」という訳が要求される。実はこういう構造がいちばんむつかしい。中国人だって難しい。そこで、その難しさを、いくらかでもカバーしようというわけで使われるのが「於・于・乎・諸」などなのである。つまり、日本語流に言えば、ここは「に」と読んですよ、この場合は「を」と意識してくださいよ、という記号なのである。こういう記号をつけてくれていると、利用しない術《て》はない。すこしでも読みやすくしてくれているからである。中国人とてそうなのであるから、ましてや、外国人のわれわれにとっては、アリガタキ幸せこの上ない。大げさに言えば、「於・于・乎・諸」などが出てくると、地獄で仏に遭ったようなものであるが、この仏さん、そう一筋縄でゆくシロモノではないので困るのよ。

一般的に言えば、「**於・于・乎**」の三字ともに、「に」という送りがなをふってよいことになっている。ただし、「乎」は「を」と読んでもよい。となると、「於・于」が出てきた場合、「に」という送りがな一本にしぼって、決して誤りではない。とは言うものの、現実には「於・于」に対して「を」という送りがなをふっている例が多い。漢文の教科書を見ると、そんな例がワンサとある。じゃ、お前の言っていることはおかしいじゃないか、ということになる。

そこで、もう一度、ここで言っておきたいのだが、現在の訓読は、文語体を骨子としながら、現代語の用法の影響がかなり入っているので、江戸時代の訓読とは、相当に異なっている。例えば、「象」という動詞の場合（これは「模倣する」の意）、このごろ「……を象《かたど》る」という読みかたをする人が増えてきた。しかし、伝統的な訓読では、「……に象る」と読む。それがいつのまにか「……を象る」というふうに変わってきたのは、現代語の影響があるからである。すなわち、「象る」に相当する現代語「模倣する」は、「……を模倣する」と使い、あまり「……に模倣する」と使わないようである。その結果、「……を象る」という言いかたができたのではないかと思う。こういう例はいくつもある。

さて、話を元にもどすと、「於・于」は、原則的には「に」と読むということである。徂徠はこう言っている。法相宗《ほっそうしゅう》のテキストでは、「於・于」を「ウヘニ」と読むと言う。また、「於」は「向」の感じ、「于」は「在」の感じでもあると言う。こういう感じから言えば、やはり「に」という感じが正しい。「を」には、こうした感じがない。だから、

三年無㆑改㆓於父之道㆒。

も「(父の没後)三年、父の道を改むることなし」は、「三年、父の道に改むることなし」と読むのがよいことになる。前者が「父の道そのものを改むることなし」となるのに対して、後者は「父の道の上に於《おい》て改むることなし」の意になり、このほうが、原文の意に近い。わずか「に」と「を」との違いでありながら、文意の理解において、相当の開きが出てしまう。恐ろしいことである。

もう一度くり返して言えば、「於・于」には「に」という送りがなをつけるのが妥当なようである。だから、『論語』の、

敏㆓於事㆒、而慎㆓於言㆒。

も、「事に敏にして、言に慎む」と読むのがいい。意味的には、「事《わざ》の上には敏速、ことばの上には慎む」の意である。ところが、江戸初期の大学者、林羅山は、「事を敏に、言を慎む」と読んでいる。これは、半分は現代語に近い。現代語ならば「事に敏速で、言を慎む」というところであろう。このように、「に・を」の用法は文語・口語で異なるし、歴史的には、「に」と読むのがオーソドックスであるようだ。

すると、こういう疑問が起こるであろう。オーソドックスかどうか知らんが、現代日本語に近いように読んだほうがわかりやすいではないかと。この意見はもっともらしくみえるが

正しくない。というのは、「訓読」というものの意味を、「翻訳」と解している点である。なるほど、「訓読」の始まった時点では、たしかにそれは「翻訳」であった。すなわち、当時の人々にとっての親しいことばによるものであったから。ところが、時間が経過していくうちに、口語というものがどんどん変化してくる。ついには、今日のような形となり、文語文法を別に学習しなければならない。さて、かつての漢文の「翻訳」はどうなったか。それは、言ってみればほぼ凍結状態で今日に至っている。そして、そのかつての「翻訳」は、「訓読」という名称で呼ばれている。とすると、この「訓読」は、現代語の目からみれば、「翻訳」というよりも、「日本の古文」の文法や発音記号や解釈を規準にしながら、外国語である漢文を「読んだ」ものである。そこには古文による解釈が含まれつつも、第一義的には、読みかたの記号として存在する。ドライに言えば、まず第一に、発音記号と言ってもよい。しかし、そこに、日本の古文としての意味をこめてくれているので、発音記号であると同時に、現代日本語への「翻訳」の手がかりを残してくれている。だから、文語文法の知識をフルに利用するという作業をすれば、漢文の原意近くにたどりつくことが可能なのである。それが「訓読」というものの一つの意識なのであるから、たとえば、「に・を」という「訓読」のサインを、そう簡単に変えてくれては困る。古人の訓読を凍結状態で継持しておくことに大きな意味があるのであって、そう簡単に現代日本語流に変えないでおくのがいい。吉川幸次郎氏は新訓読と称して現代日本語を導入しているが、私は疑問に思っている。

さて「於」と「于」とには、すこしニュアンスの違いがある。どちらかと言えば、「於」は軽く、「于」は重い。現代日本語でもすこし古めかしい言いかたで、この「於」を使って「於いて」などと書く人がいる。当人は、重い感じで書いているのかもしれないが、本来は、そう重い意味がない。そう言えば、「于《お》いて」なんて言いかたにはあまりお目にかからない。「于」が少し重い意味であるところから、現代日本語の中に入ってこなかったのであろうか。著作の序文の末尾に、「於京都」（「京都において」の意）と執筆場所を示す人がいるが、すこし古い文では「于」を使っている人が多い。最近では、もうメチャクチャであるが、それでも「於」を使う人のほうが多い。徂徠は、「於」は「はたらく」字、「于」は「すくみたる」字と言う。なかなかうまい表現である。「於」は動的であり、「于」は静的ということであろう。すなわち、「於」が軽く、「于」が重い、ということにもつながってくる。もっとも、軽いの重いのと言っても、われわれは知識としてそう理解しているだけで、ハートで知っているというわけではないから、やっかいなことこの上ない。今後、文中に出てくる「於・于」を注意してみておいてほしい。

なお、「**諸**」という助字がある。これは、「之《し》」と「於《お》」と、すなわち「シ」と「オ」との合成音「シオ」すなわち「ショ」の充字《あてじ》（当字）として「諸」が使われるようになってからのものである。だから、この充字には、本来の「之於」の意味がこめられている。すなわち、「之を……に」（之《ヲ》於《ニ》……）という構造である。例えば、

示ス二諸《これ》ヲ斯《ここ》ニ一←示ス二之ヲ於斯ニ一

すると、次の文はどうなるか。

学問固不レ当レ求二諸瞑想《めいそう》一、亦不レ当レ求二諸書冊《しょさつ》一。

を「学問は固《もと》より当《まさ》に諸《しょ》瞑想に求むべからず、亦《ま》た当《まさ》に諸《しょ》書冊に求むべからず」と読んでは誤りである。「もろもろの瞑想」や「もろもろの書冊」と読むと、なんだか意味が通りそうであるが、そうではない。やはり「之於」の構造であり、「之」はこの句の初めの「学問」を指す。すなわち、

学問ハ固ヨリ不レ当ニレベカラ求ム二諸ヲ瞑想ニ一、亦タ不レ当ニレカラ求ム二諸ヲ書冊ニ一。（学問は固《もと》より当《まさ》に諸《これ》を瞑想に求むべからず、亦《ま》た当《まさ》に諸《これ》を書冊に求むべからず）

(6) 若

「**若**」は、「……のようだ」という意で、「ごとし」と読む。「……のようだ」というのは、なにか或るものに対して、それと同じ「ような」例を挙げる、ということであるから、「若」を思いきって、「たとへば」と読み、「例」の意に解するというゆきかたもある。このように、文章を優先して、それに従って、読みかたを定めるわけである。なにも、読みかたというものは固定的なものではない。しかし、型がいつもきまっているときは、その読みかたも固定してくる。例えば、

所謂、所以、加之

である。「**所謂**」は「いはゆる」と読むが、正確に読めば、「謂ふところの」である。ただ、「所謂」の意に相当する日本語として、「いはゆる」が定着してきただけのことである。「**所以**……」も、正確には「以《もつ》て……（する）ところ」である。それが、「ゆゑん」という日本語に定着しただけのことである。大学入試に、「所謂、所以」の読みかたを問う問題がよくあるが、私は前から疑問に思っている。厳密に言えば、設問として未熟である。しかし、教

科書において、「いはゆる、ゆゑん」という読みかたを教えることにしているものであるから、もうそれが正義となってしまっている。その読みかたが定められたのは、明治四十五年三月二十九日の官報に載っている「漢文教授ニ関スル調査報告」公表以後である。それまで、すなわち、明治四十五年よりも前は、いろいろな読みかたがあったわけである。**加之**」も、ふつう「しかのみならず」と読むが、本来は、「之《これ》に加ふるに」である。「加之」を「しかのみならず」と読むほうが無理というものである。それは完全な意訳ということであり、訓読ということから完全に離れている。だから、「加之」の読みかたを問うというような問題は、はっきり言ってナンセンスである。いや、「しかのみならず」と読むことによって、いやに重々しくなってしまい、かえって誤解するということにもなりかねない。「加之」は、「それに」ぐらいに解していいところであろう。近ごろでは、現代口語文におけるやや堅い文章において「加うるに」という表現を見受ける。これは「之《これ》に加ふるに」の省略形か。

ところで「若……然」というタイプがある。例えば、

　若視其肺肝然

という文。こういうタイプの場合、「若□然」とはさみこむ形と考える。そして、「□」の

ごとくしかり」と読む。すると、「其《そ》の肺肝を視るがごとくしかり」と読むことになる。「その肺肝を視るのしかるがごとし」と読んではいけない。「若」を「ごとし」と読む場合が多いので、「若下視二其肺肝一然上」と考えやすいが、「若レ視二其肺肝一然」でなくてはならない。

なぜそうなのかと言うと、初めは「若」一字だけだったのである。すなわち「若レ視二其肺肝一」である。「その肺肝を視るがごとし」である。ところが、人間の心理として、「若」一字だけでは、微妙な気持ちが表せないとなってくる。というのは、「若」は、ごく普通の解釈では、ただ、例として、これこれみたいだと、粗《あら》っぽく述べるだけであるから、「……みたいなそんな感じ」、「……らしい」という感じを出したいとき、「然」すなわち「そのようだ」という「らしい」の気持ちをつけ加えることになる。その結果、「若□」から「然」のついた「若□然」というタイプが生まれてきたわけである。

興味深いことに、現代中国語にもそれが投影されている。現代中国語では「好像《ハオシヤン》……一《イ》様《ヤン》」と言う。「好」は「恰好」すなわち「あたかも」とか、あるいは「……に値する」の感じである。「像」は、「……に模する」の意である。「一様」は、現代日本語にも使われているその感じである。すると、例えば、

好像飛機一様（「飛機」は「飛行機」のこと）

は、「好《あたか》も飛機に像《かたど》りて一様《いちやう》なり」或いは「好《よ》く飛機に像《かたど》りて一様なり」「飛機に像《かたど》ることを好《よ》くして一様なり」とでも訓読できるタイプで、「若二飛機一然」（飛機のごとくしかり）と同じようなものである。日本語でも、例えば「あたかも……のごとし」が現代日本語で「ちょうど……のようだ」という形で伝えられている事情と似ている。

ことばには、一つ一つの意味があるのであり、微妙な相違を表している。にもかかわらず、学校では「これは意味のない不要な文字だ」とあっさり切り捨てる場合がわりにある。なにも専門的に細かく教えろとは言わないが、「意味のない不要な文字だ」というような荒っぽい切り捨てかたは、言語感覚を鈍くさせるわけで、なんともやりきれない。

また「**然**」は「らしい」という感じや、「そうある」という感じを持っている。だから「悠然」という場合、「悠のごとく然《しか》り」「悠として然《しか》り」と解してよい。「悠」という状態のようにそうであること、の意である。すなわち「悠」そのものではない。「悠」がどんなものか、それはあくまでも概念的であるので、「然」を加えて、具体化するわけである。

少し難しい応用問題を出してみよう。

雖然如此

をどう読むか。なにも深いことを考えないとすると、「しかりといへども、かくのごとし」（雖レ然如レ此）と読みそうである。ところがよく考えると正しくない。もし、こう読むと、「雖然」が「如此」ということになり、「雖然」の確認のようなことになってしまう。それなら、「雖然」だけでもよい。にもかかわらず、わざわざ「如此」が加えられているには、やはり理由がなくてはならない。この句の場合、「雖□」というタイプであり、「如此」は、「雖」にくくられている。すると、「如此」は「然」にかかっていることになる。すなわち、

雖二然如一レ此　（然《しか》して此《かく》の如《ごと》しと雖《いへど》も）

である。「然」に対する確認としての「如此」である。ところが、この「然」が、意味的には「そうある」という状態語ながら、文脈的には逆接的に「もっとも」という感じとなり「雖二然如一レ此」は、「もっともこう（如此）であっても」という訳をしてよいことになる。しかし、これは、意訳としての解釈であり、「然」の「そうある」が、この場合、逆に「しかし」となる奇妙な例である。

(7) 所

「所」について研究しよう。この助字はヤッカイである。なんだかわかったようなわからないようなことばである。現代日本語では、大体、ひらがなで「ところ」と書き、ほとんど漢字を意識しない。漢字を意識するときは、場所としての意識である。場所と言えば、「所」以外に「処」という漢字がある。どちらももともとは居処、ありどころ、おりどころ、の意である。だから、例えば、それを扱う場所ということで、官庁の用語で、いまでも生きて使われている。日本では、省—局—部、さらに課—係となるが、中国では、部—司—処—組という段階となる。外務省は外交部である。外務大臣は、外交部長である。外務省アジア局中国課長は、外交部東亜司中国処長となる。「処女」なんてのも、厳密に言えば、「処家女」すなわち「まだ家に処る女」ということである。もちろん、「女」は「むすめ」と読む。「家に処《を》るをんな」と読むと、未婚の母、なんてのもいるからぴったりしない。「まだ家に居る娘」である。この処女という言いかたは上品でよろしい。「未通女」となると生々しすぎる。「いまだ（男と）通ぜざるをんな（これは「むすめ」と読まぬ）」ということである。もっとも、学のない連中は、「処女」を「（適当に）処置する女」と誤読したりする。「処」を「処置」という意味にとるのはずっと後のことなのである。その変化を示すと次のようになる。居（お）る↓住む↓じっとして動かない↓置く↓すえる↓安定させる↓おさめる↓とりさばく、そして、処置というような概念が生まれてくるのである。この変化を見てもわかるように、「処」の意味するところは広い。荻生徂徠は「『処』は、ひろく云ひたる意、『所』は、せばく（狭く）指したる意なり。『処』は『ところ』、『所』は『あて』とか『ほど』とかいふべし」と述べている。「『その処《ところ》を得たり』と云へば、『もと居りたるところ』か『居りよき処』の意なり。『その所《ところ》を得たり』と云へば『一定不易を得たり』と云ふ意味で、あながちに、『をりどころ』の意に限らぬなり」と言っている。まず、この文の意味するところを、じっくりと読んでほしい。

さて、現代日本語の「ところ」を研究してみよう。日常会話で、いわゆる地点・空間を表す意では、相手の住所をたずねる場合に使うのが圧倒的である。「おところは？」である。しかし、それ以外の地点のとき、例えば、集合先とか、会場の場合は、どうやら「場所」という語が多く使われるようだ。口語としても、「場所」という語はよく使われる。だから、場所の意の「ところ」の用法は、次第にせばめられつつある。しかし、文意語としてはよく使われる。すなわち、長い修飾語を受けて、それを全部まとめて「……するところの」という句である。

このような言いかたを昔は教えた。かつての受験生（私も）にとってはおなじみの語であった。どこで習うかというと、英語の時間、関係代名詞の日本語訳のときである。現代日本語が、近代外国語の構文の影響を受けていることは事実。もっとたぐれば、知識人の翻訳調が、影響を与えたわけである。この知識人は、実は外国語学習のとき、翻訳のパターンを身にしみつけさせるのである。いつ、身にしみこませるかというと、受験勉強のときだ。これはエライことになったぞ。極端に言えば、受験勉強が、現代日本語の変化発展につながっているわけさ。その「……するところの」調の文章は、明治以前にそう多くはなかった。関係代名詞の訳語として採用されてから百年、重要な文章語となったわけである。世の中には受験勉強をケナシたりバカにするバカがいるが、彼らは近視眼的に批判しているにすぎない。受験勉強、と一口に言うが、そこで日本語がどれだけ練りあげられてきたか、ということを取り上げてまともに議論した文章にお目にかかったことがない。もっとも、最近では、英語の関係代名詞に対する「……するところの」という名訳は追放されてしまっている。その結果、「……するところの——」という型は「……する、——」というふうになってきた。例えば、「公開するところの秘密」を「公開する、秘密」というふうに。ただし、修飾する「……」が長い場合。「公開する」というような短い修飾には「ところの」は使わなかった。これがいいのかどうか、私はやや疑問に思っている。正確さという意味においてだ。

それでは「……するところの」という語は、漢文で使われる「所」とどういう関係があるのか、かつて訳語としてなぜ採用されたのであろうか。

「所」は、もともと対象を指し示すときに使う語である。荻生徂徠は、「『所』字は、上へ帰りて用ふるとき、物をとらへて、きつと（『しかと』の意）指すことばなり」と説明する。これだけではちょっとわかりにくい。そこで、「所」と正反対の働きをする語の「者」と比較しながら考えてみよう。

「愛者」は「愛するもの」と読む。「所愛」は「愛するところ」と読む。さて、耳で聞いたとき、「愛するもの」と言うと、なんだか愛している相手のようになってしまう。ところが、漢文では、そういうことは絶対にあり得ない。「愛するもの」の「もの」すなわち「者」は、必ず、行為者、そのことを行う主体である。アイラブユーと言うとき、アイが「愛者」である。そして、その愛するという行為の対象となっているもの、すなわちユーが「所愛」である。いや、もっと厳密に言えば、「所」一字なのである。この「所」と「者」という区別とは別に、仏教では論理の精密さを求めて、独特の区別をしている。それは、「能」と「所」との区別である。「能」は能動ということで、こちらが行うという意味である。そして「所」を「される」すなわち受動の意とする。「能動態」ということばが生まれてくるのは、こういうわけである。それなら、どうして受身を「所動態」と言わないのか、ということになるが、文法用語を決めることと話は別である。

さて、仏教での例を挙げよう。アイラブユーのとき、「能愛」がI、「所愛」がyouとなる。もっとも、「所」はあくまでも対象を表すという原義を忘れてはならない。さて「所《しょ》生《せい》」という場合、仏教では受身を表すものとして、子のこととなる。ところが漢文流に言うと、父母のことになる。なぜかというと、「所生」は「〈生む〉をする所」あるいは「生をする所」となる。「〈生む〉をする・〈生〉をする」とは、換言すると「生むことをする」である。すると「生むことをする」対象（所）とは、父母のことになる。例えば、『詩経』小宛篇、

毋《カレ》レ忝《シムルコト》二爾《ノ》所生《ヲ》一。（爾《なんぢ》の所生を忝《はづか》しむることなかれ）

【お前の父母〈所生〉をはずかしめるようなことはするな】

仏教流に「所」を受身を表すと理解していると、あぶないわけである。とすると、英語の関係代名詞の訳語にあてはまると言っても、実は目的格のときにはほぼ相当するものの、主格や所有格のときには、ずれがある。しかし、現在では、それらがいっしょくたになってしまっているようだ。

西田太一郎氏の『漢文法要説』は、次のように説明している（一部改変）。

英語　A＝The boy (or one) who loves C

C＝The girl (or one) whom A loves

漢文　A＝愛（C）者…who loves（C）

C＝(A之)所愛…whom（A）loves

――線部分、══線部分がそれぞれ関係する。漢文の場合、══の語が――の語の主体や客体を示す。従って、次のような英語の例外的な用法が、漢文の「者」と「所」とにやや似ていると言いうる。ただし、この場合の語順は、英語と漢文とでは異なる。

Who steals my purse steals trash.

Whom the gods love, die young.

右のような説明を読むと、「所」が関係代名詞とよく似ていることに気がつこう。ところが、おっと、アブナイ。関係代名詞そのものと思いこむと誤ってしまう。その注意点を述べよう。

① 英語の関係代名詞には先行詞がある。しかし、漢文では、先行詞のようなものは、必ず

しも必要でない。

②関係代名詞ならば、「彼が読むところの本」（「彼が読むところ」と「本」とが同格。下記の「所ノレ佩ブル玉玦」の例を参照）とか、「本を読むところの人」という言いかたが可能である。しかし、漢文では、前者のような表現はあっても、後者のような表現はないのである。「読むところ」すなわち「本」である。だから、「（或る）人が読むところの〈ものは、すなわち〉本」ということになるのである。例えば、「雪路は雅彦を愛する」と言うとき、「雅彦を愛するところは雪路なり」（所愛雅彦、雪路也）という形はあり得ないわけである。「愛するところ」はすなわち「雅彦」である。その「愛する」行為の主体は「雪路」である。だから「（雪路）の愛するところは（すなわち）雅彦なり」でなくてはならない。ところが、こうした正確な「所」の用法は、今日ではスットンでしまい、関係代名詞的なものと決めこまれたばかりに、現代日本語では、ほとんど修飾語の全体を受ける語となってしまっている。念のために付け加えると、例えば、

所ノレ佩ブル玉玦（佩《お》ぶる所の玉玦《ぎよくけつ》）

という場合、「佩ぶる所」すなわち「腰に着《つ》けている（佩《お》びている）もの」が「玉玦《ぎよつけつ》」（の形のようになっている玉）と同格ということ。つまり「佩ぶる所」と「玉玦」とはイコー

ルの関係にあるということだ。

さらに「所」についての応用問題を出してみよう。次の漢文を訳してみよ。

食《ラヒ》二其《ノ》所《ノ》レ愛《スル》之肉《ヲ》一、以《テ》与レ敵抗《ス》。(其の愛する所の肉を食らひ、以て敵と抗す)

おそらく、「一番好きな肉、例えば牛肉を食って、スタミナをつけ、それで敵とわたりあった」という解答が圧倒的だろうと思う。もちろん牛肉が豚肉であろうと鶏肉であろうとそれはかまわない。要するに「所愛」は、肉に対する好みというわけである。しかし、右のような解釈は残念ながら、この場合ぴったりしない。どこがアウトなのかわかるか。まず、原因から考えてゆこう。以前に説明したように、「所」というのは、あくまでも対象化する働きを持つ語なのである。だから、くり返して言えば、「所レ愛」というのは、愛するという行為の対象者であり、愛する相手のことなのである。すると、前記の文の場合、愛する対象とはなにか、肉か。否、肉ではない。「所愛」の二字自体が、愛する相手なのである。それを仮にXとしよう。すると次のようになる。

それではXとはなにか。ごくすなおに考えてみよう。Xの内容は、「愛するところ（対象）」すなわち「愛する人」である。「愛する人」って誰のこと？ 決まってるじゃないか、愛人だよ。ま、一般的に言えば、妻や第二夫人、すなわち、妻妾である。すると次のようになる。

食ラヒ二Xノ之肉ヲ一、以テ与レ敵抗ス。

食ラヒ二其ノ妻妾ノ之肉ヲ一、以テ与レ敵抗ス。

と、こういうわけだ。すると、きっとこういう質問があるだろう。食人などということがあり得るのか、と。大ありさ。西暦前の春秋戦国の時代ではもちろんのこと、魏晋六朝時代でも、その事実がたくさんある。別に不思議ではない。日本的精神で、いや、近代のヒューマニズムとやらで律してくれては困る。中国なんてのは、測り知れぬ国さ。さて、この例文の作者は誰か。え？ 私、筆者？ 冗談じゃない。有名な韓愈の文章であるぞ。

さらに応用問題を出してみよう。次の漢文を訳せ。

吾ガ先君作ル二僕区之法ヲ一。曰ク、盗所隠器、与レ盗同ジクスレ罪ヲ。(「僕区之法」は、今日で言えば、盗品を隠匿《いんとく》した贓物《ぞうぶつ》罪である)

傍線部の返り点・送りがなは省略してある。だから、傍線部は、自分で返り点や送りがなをつけて考えよ。

では、解決してゆこう。この傍線部の返り点や送りがなは、なんとなく、

盗所ノレ隠ス器、

とつけてしまうことだろう。しかしこれでは、意味が通じない。これを訳すと、「どろぼう(盗)が隠した相手(所隠)の器が、(どろぼうと同罪)」、わかりやすく言えば「どろぼうが、この品物を隠してくれと頼んだ相手の品物は、どろぼうと同罪だ」である。品物とどろぼうとが同罪だなどということは論理的にナンセンスである上に、その品物が、どろぼうが隠してくれと頼んだ盗品そのものなのか、盗品ではなくて、隠してくれと頼んだ相手の私物なのかもはっきりしない。もともと僕区之法の精神から言えば、どろぼうと、泥棒の盗品を隠した人間とが同罪ということであろう。すると、

盗《ノ》所《ト》レ隠《ス》レ器《ヲ》、与レ盗同《ジクス》レ罪《ヲ》。（「器」は盗品）

でなくてはなるまい。「どろぼうが盗品を隠してくれと頼んだ相手」という人間が「盗所レ隠レ器」なのである。これをXとすると、

X《ト》与レ盗同《ジクス》レ罪《ヲ》。（Xと盗と罪を同じくす）

ということになって、意味が明快となる。この引用文は、『春秋左氏伝』の文であり、正統的な漢文である。「所」という助字の語感を知ると知らないとでは、解釈力に決定的な差が出てくることがわかったであろう。

われわれが研究する「所」字は、もちろん文語における「所」字である。現代中国語でも、もちろん「所」字を使っているが、強意か受身に限られている。受身は文語の場合とまったく同じである。例えば、

這《この》種《ノ》産品《ハ》為《ル》三群衆《ノ》所《ト》二歓迎《スル》一。

ちょうど、国語の受身の場合、文語の「る・らる」が、「れる・られる」という形で口語の中に残り続けているようなものである。われわれ日本人が、古文を読むとき、正確にはわからぬまでも、部分的には、あちこちわかるところがあるのと同じように、中国人も自国の古文を読むとき、あちこち部分的にわかるわけである。また、まったく形が異なってしまっていることもある。例えば、

為《な》ル二　吾ノ　所トレ　植ウル。

という文語は、口語では「是我種的」という形で言うのがむしろ普通である。これをすこし無理に訓読してみると、

是《こ》レ　我ノ　種《たねう》ウル　的《もの》。

となって、訓読にすこしなじまない。このあたりになると、現代中国語を訓読する限界のように思う。

さて、「為……所――」形や強意以外、口語では「所」はあまり使われない。「所」を使うとなんだか、堅い文になるようだ。そう言えば、日本語化された「……するところの」とい

う言いかたも、現代日本語としては、堅い感じを与える。近ごろの口語ではもう使われなくなってきている。

なぜそうなったかということについては、いろいろな理由があるだろうが、一つには、漢文として、「所」は、もとのところへビューッといったん帰ってくる（例えば「所愛」）という構造を持っている点が、会話になじまないのだろう。ふつうは、次から次へと流れ出してくることばを追うのが精一杯で、もとへもどるというのは、会話の流れに適さない。文章なら、じっくり前後を読めるから、そのことはあまり気にならない。むしろ、文章の正確さをたどりうると言えよう。

(8) 文頭にくる助字

例えば「**嗚呼**（ああ）」という語だ。まず、字形について注意してくれたまえ。「嗚呼」の「嗚」は、「鳴」ではないという点をだ。すなわち「烏《からす》」と書くべきところを、よく「鳥《とり》」と書く人がある。注意、注意。さて、この「嗚呼」は「ああ」と読む。いわゆる感動を表すというヤツだ。ところで、古くは「烏乎」と書いていたのであり、後に「口（くちへん）」をつけて「嗚呼」という形になった。この「乎」は、もともと詠嘆の意を持つことばである。例えば「心乎愛矣、遐不謂矣」という句があるとする。「心に愛せば、遐《なん》ぞ謂《い》はざらん」と読み、「乎」は、その「心に」の「に」のあたりに相当する。「心」という字に強く関わる働きを持っている。そういうニュアンスを引きずって持っているのが、「嗚呼」の「呼」だ。決して「呼ぶ」というところからきているのではない。

さて、今一つ、「ああ」と読むものに「於戯」がある。このことばも古くからある。用法としては、後に「於戯」は、大体において、ほめる場合に使われるようになった。また、「嗚呼」は、悲しみ傷む場合に使うと言ってよい。しかし、ともに後世の用法であるから、古い時代、例えば孔子のころには、そんな区別はなかったようである。ちょうど、感動、感嘆を表す「あはれ」が、現代日本語では、特定の意味しか持たなくなったことと似ている。古い時代のものの場合は、「嗚呼」と「於戯」との間に、そうむつかしい区別を持たなくてもよいだろう。ただ、参考のためにつけ加えると、「於」一語で感嘆の気持ちを表すときは、そこに「ゆるやかで、しなやかな」ニュアンスを伝える場合が多い。だから、「於戯」の場合も、そういう「於」のニュアンスがこもっていると考えてよかろう。同じく「ああ」と読むものに「嗟《さ》」がある。これなどは、鼻へかけて「はァ」という感じのものである。という以上のような説明は、ちょっと専門的すぎて、かえってわかりにくいかもしれない。そこで、便宜的に言えば、どの場合も「さてもさても」というくらいのことばで訳しておけばよいであろう。

文頭の書き出しのことばの一種として、時間を表すグループがある。例えば「日者（日ごろ）」・「向者（さきごろ）」・「茲者（このごろ）」・「乃者（先ごろ）」・「昔者（むかし）」など。これらのことばの「者」は「時」と置きかえてもよい。すなわち「日時・向時・茲時・乃時・昔時」である。もちろん、読みかたは同じだ。ところで、「昔者」・「古者」の場合、「むかしは」・「いにしへは」と読む人もいるが、その必要はない。「むかし」・「いにしへ」で十分である。あるいは、そのまま音読して「昔者《せきしや》」・「古者《こしや》」と読んでもかまわない。「古者」を「いにしへは」と読まない理由は、こうである。もし「いにしへは」と「は」を加えるとすると、その「は」は、「古者」の「者」を読んだ感じになる。「者」はふつう「は」と読むからである。しかし、「古者」の「者」は、前述したように、「時」と置きかえることも可能であるように、この場合、時間を表すのであって、「は」を表すのではない。というわけで、「古者」を「いにしへ」と読んで十分なのである。

「者」が時間を表す好例がある。『詩経』の、

今者不レ楽、逝者其亡。

である。これは「今のとき、楽しまずんば、逝くとき、それ亡《うしな》はん」。「今者」を「いまのとき」、「逝者」を「ゆくとき」と読むわけである。

しかし、「者」は「走者」や「打者」のように、人間を表したり、「三者協定」というよう

に、数える場合に用いたりもするものであるから、「者」が時間を表すという感じは、ハートにピンとこない。そのため、前記のような、時間を表す熟語が苦手である。当然、入学試験においても、ケツマヅク原因となっている。こういう熟語は、ま、ゆっくりと覚えてゆくことですなあ。

「ああ」という感動を表す語としては、「**嘆**」もある。これは文字どおりに考えてよかろう。文字どおりとは、「ためいき」という感じである。「嘆」を訓で読めば「なげく」であるが、「なげく」という場合は、「ためいき」である。だから、「嘆」を「ああ」と読むときは、ためいきムードで前後を考えることだ。また、「**噫**」というのもある。もちろん、「ああ」と読む。このときは、まずムードのベースとして「哀傷痛恨」の感じがあり、強い。トッテモ悲シイノ、という感じだろう。また「**悪**」を「ああ」と読むときもある。これなどは、ちょっと怒りのムードがある場合だ。と言っても、漢字の字づらを見て、「悪い」ということから怒りのムードか、と誤解してもらっては困る。「悪」の字形や語義からくるのではなくて、その発音からくるものである。考えてみれば、これは当たり前のことだ。「ああ」というひらがな二字を記したところで、それがどんなニュアンスを表すのかということは、発音してみなければわからない。その点、漢字の場合、その漢字自身の音（厳密に言えば、中国語の発音）を示すことによって、そのニュアンスを伝えることが可能である。「ああ」という訓で解することばとして、これまで列挙したように、いろいろなものがあるというのもそこにつながってくると言えよう。

さて、「嗟」と「嘆」との場合をもう一度比較してみると、「嘆」がいわゆる「嘆ずる」というなげきを表すのに対して、「嗟」は「詠ずる」という感じなのである。鼻にかけて「はア」という音を出す感じというそれである。とすると、詠ずるというのは「歌う」という感じと言ってよい。もちろん「歌う」と言ってもガンガンとロック調のものではない。雅楽の調子の、ゆるやかで、のびやかなものである。軽く、高揚する感じである。「嘆」の低い重い感じとは異なる、といったようなことを指摘することができよう。

文法において、感動詞というグループは、あまり重要視されていない。文意に大した影響がないという気持ちからであろう。しかし、感動詞のニュアンスを捉えることによって全体としての文の雰囲気、作者の気持ちというものを、わりに的確に知ることができるのである。すぐれた文章にむだはない。

(9) 文末にくる助字「也・矣・焉」

文末にくる助字の代表は「也・矣・焉」である。この三者はともに断定を表すわけであるが、やはりそこになにか違いがある。まず、「焉」であるが、一番カッコヨク言いきる感じで、大阪弁で言えば「……テナモンヤ」と意気高揚した感じである。私は関西人であるので、大阪弁以外の方言はよくわからない。各地に、高揚したときのこういう言いかたがあるに違いない。自分でそういう語に翻訳して考えてほしい。「**矣**」は、「焉」と違って、キッとなって、言いきる感じである。同じく大阪弁で言えば、「……ッ、ト、コウヤ」（例えば「そんなこと知るかッ、ト、コウヤ」）。もう一つ、完了「ぬ」（老いはてぬ）のときもある。「**也**」はすらりと言いとどめる感じ。大阪弁でふつうに使う「ヤ」がそれである。例えば「おまえ、行けヤ」。偶然にも「也」の音は「ヤ」である。それら大阪弁の語感は、関西人でないとわかりにくい。そこらの関西もののテレビドラマでも見て注意しておきたまえ。

徂徠は、「也」は「ナリ」、「矣」は「ケル」、「焉」は「ケレ」となおしてみればよいと説明している。もっとも、大徂徠先生もその説明にいささか自信がなかったか、「的当《てきとう》とはいひがたけれども、かくもあらんか」とつけたしている。

中国人の会話の最後に、よく助字がはいる。口語体の特徴であるが、その感じはなかなかつかめない。女の子なんかは、よく語尾にマという助字をつける（疑問を表す助字にも「マ」があるが、それとは異なる）。ところが、大阪弁でも、「行きます」の「す」を省略して「行きま」と言う。なんだか偶然に一致しているので、親しみを感じる。語尾の助字というものは、感情の直接的表現であるから、もっと自由に訳してよいと思う。それを「断定の助字である」、なんていかめしく説明するものだから、一律に「……である」と訳してしまう。「……なのだ」という訳文でさえ珍しい。もっとも、入試答案に「……テナモンヤ」と書きこむと、採点者はフザケテルとして減点することは確実。すなわち、国語入試は、日本人としての共通語の知識や能力を試《ため》すものでもあるから、本番では方言ではなく共通語で書くことだ。ただし、頭の中では別である。

さて、文章において「也」が文末にくるという形のものが、最も多い。ふつうの漢文なら、まず、そういう場合である。ところが、文末ではなくて、文中に出てくる場合がある。もちろん、文意がそこで終わるのではない。こういう場合の「也」は、どのように考えるか。まず、用例を示そう。

①（顔）回也、不レ愚。（「顔回」は人名。回や、愚ならず）

②夫子至二於是邦一也、必聞二其政一。（夫子の是の邦に至るや、必ず其の政《まつりごと》を聞く）

①も②も、その「也」は、文末にくる「也」とは違うだろうなあ、ということは感じるであろう。その違いはどういうものか。

そこで、もう一度じっくりと用例をみてみよう。たしかに違いがある。どこに違いがあるかと言うと、「也」の上にくるものの違いである。①の場合、「也」は、「顔回」という名詞

（人名）を乗せている。②の場合、なるほど見た目では、同じく「邦」という名詞を乗せているが、よく考えると、「也」が関係するのは、「邦」ではなくて「至」である。すなわち「於是邦」は「至」の補語であるから、②は「夫子至（於是邦）也……」と考えることができる。さて、この「至」は、と言うと、動詞である。すると、①のときは、名詞を乗せた「也」、②のときは動詞を乗せた「也」ということになる。

それでは、意味的にはどのように異なるのか、ということが次の問題となる。

そこで、諸君に秘密で答えよう。①のタイプ、すなわち、名詞プラス「也」の形のときは、その「也」を「者（助詞の「は」）」に置き換えよ。「回也、不㆑愚」は、

回者、不㆑愚。（回は、愚ならず）

ということなのである。②のタイプ、すなわち、動詞プラス「也」形のときは、その「也」を切り離して「則」と換えて、下の句につけよ。すると、用例の文は、

夫子至㆓於是邦㆒、則必聞㆓其政㆒。（夫子の是の邦に至れば、則ち必ず其の政を聞く）

と換えることができるのである。この説明は、高級な説明であるぞよ。

また、「也」には、気持ちが強くこもっている。だから「回也、不㆑愚」は、いちおう、「回や、愚ならず」と、「也」の気持ちをとって、日本語の助詞「や」を「回」に加えて読むのがふつうである。この私の説明を、もう一度注意深く読みたまえ。私は決して、「也」を「や」と読むとは言っていない点を、である。

「回也、不愚」を「回や、愚ならず」と読むと、かなり多くの諸君は、その「や」は、「也」字を読んだものと誤解していることと思う。注意、注意。なるほど「也」の音は「や」であるが、「也」を「や」と読むからと言って、「回也、不愚」において「回や……」と読むのではない。あくまでも、「也」の強意の意味をとって、それを助詞「や」に託しただけのことである。「也」のくずし字が「や」字になったという話とは別に考えてほしい。

さて、「回也、不愚」の「也」は「者（助詞の「は」）」に置き直せると説明したので、それに従えば「回は、愚ならず」である。また、「夫子至於是邦也、必聞其政」の「也」は「則」に置き直せる、しかし、下句につけると説明した。すなわち「夫子至於是邦、則必聞其政」の意である。これは「夫子のこの邦に至れば、則ち必ず其の政を聞く」と読める。「回や、愚ならず」「夫子のこの邦に至るや、必ず其の政を聞く」という読みかたよりも、わかりやすいであろう。

しかし、このわかりやすい、ということは、実は危険信号でもある。わかりやすい、ということは、それだけ説明的であり、原文のニュアンスのうち、生き生きとした部分を削り落とすということにつながりやすい。例えば、諸君の会話がそうだ。その地方地方の方言で、日常会話をしているはずだ。ところが、それを他の地方の人にわかりやすいようにと共通語に直した瞬間、方言の持ち味というものが失せてしまう。実は私もこの原稿を書きながらイライラしている。大阪弁ヤッタラ、モットオモローニ教エタンノニ、と思うからである。「也」の場合もそうだ。いちおうは「者」や「則」に直すのはよいが、「や」と読むことの、なんとも表現しがたい古文的強意のニュアンスも忘れないでおこうではないか。

それでは「也」の訳しかたを研究してみよう。文末にくるごくふつうの場合、どう訳すか。強意というふうに教えこまれているから、「……である」「……なのだ」と訳して、別に誤りではない。私も、安全運転という意味からならば、そういう訳でよいと思う。いわゆる「断定」的表現によって強意を表すというわけである。

しかし、強意という意味の幅は広い。断定というようなことだけではなくて、そこに詠嘆というか、なにかモヤモヤッとしたものを表す場合もある。そこで、そういうときは、古文で習っただろう、「……であることよ」という訳しかたも、たまには使ってみてほしい。

是何楚人之多也。

の場合、強引に「これなんぞ楚人の多きなり」と読んだって、まるっきり誤りというわけではないが、いちおう、常識的に「これなんぞ楚人の多きや」と読む。すると、この場合、「也」が文末にあっても、「なり」調ではなく、むしろ、文中の「也」(「回也、不愚」を思い出せ)の用法に近い。こういうときに「……であることよ」という調子の訳(なんとまあ楚の国の人が多いことよ)にするのがよい。

以上の「也」の例が、漢文の九割位を占めるであろうから、これらに習熟すれば、「也」の関門は、ほぼ通過したと言える。しかし、ものごとには、例外や変形というものがあり、これが、諸君の足をすくうことがある。かと言って、例外や変形に注意しすぎるというのもおかしい。どうせそんなものは、一割にも満たないぐらいのものであるから、まずはオーソドックスなものにしっかりと慣れることである。その上で、例外や変形を見ると、意外にカンタンにわかるものである。例えば、

孝弟也者、其為仁之本与。(孝弟は、それ仁の本《もと》たるか)

という場合、「也者」などと、見慣れないスタイルが出てきており、考える力を消耗するかもしれないが、よくよく考えてみたまえ、「也」の上は「孝弟」という名詞だから、この「也」は「者」と置きかえられる。すると「者者」となる。しかし、同じ意味を何度くり返し重ねても一字で同一、すなわち「者者」は、「者」である、なんてのは、数学における集

合論の初歩ではないかネ。
「必也」という句があるときは、どうするか。この「也」はもちろん強意であり、その訳として、強意の助詞「や」をあてて、「かならずや」と読むのがふつうであろう。それはそれでよい、正しい読みかたである。しかし、この「必」は、活用こそしないが、その下の「也」に「則」の働きをさせると考えてもよい。そこで、「必也」を「かならずとならば」と読んでもよい。その気持ちは、「ぜひともというならば」であり、非常に強い感じを与えるわけである。

例えば、

必也使レ莫レ訟乎。

という句がある。ふつうなら「かならずや、訟《うつたへ》なからしめんか」と読むのであるが、「かならずとならば、訟なからしめん」と読むほうが文意に沿っていると言えよう。もちろん、現代日本語でも、やや古めかしいが、「かならずや」という言いかたが残っている。だから「かならずや」という読みかたのほうが、定着していると言ってよいが、江戸時代以前では、必ずしも「かならずや」と読んでいたわけではない。

以上、長々と「也」字の研究を続けてきたが、この辺で整理・結論といこう。要するに

「也」字は、文の調子やニュアンスに大きな影響を与えるわけではない、ということである。これは乱暴な議論であるが、つきつめるとそういうことになる。そこでだ、なるほど「也」字に関して、いろいろな議論はあるが、ポイントとして押さえることはただ一つ、すなわち「也」にまどわされないことである。文中にも、文末にもくるし、ないときもある。だから、どんなときにも、この「也」字を括弧づきにして考えることである。そして文意をとり、十分に文意をとりえた後に、その色づけとして「也」の働きを考えることである。われわれは、どうせ外国語それも漢文という死語の外国語を扱っているわけであるから、現代語流に読んでゆくわけにはいかない。そこになんらかの工夫ということが必要なんであるから、大義名分など気にすることはない。要は生きた文法感覚を養うことである。

なお「也」については、**第一部第⑽節**「書き下し文」における「也」の説明を参照のこと。

ところで、文末にくる助字は、「也」以外にもいくつかある。例えば「焉」である。用例をあげると、

衆好レ之必察焉、衆悪レ之必察焉。（衆、これを好むもの必ず察し、衆、これを悪《にく》むもの必ず察せよ）

こういう重ねて出てくるときの「焉」は、いったいどんなニュアンスか、ということになる。そこらの受験参考書の「焉」の説明を見ると、きまってただ「断定その他の語気を表す」とある。「也」をみても「断定」とある。これでは、どこが違うのか、さっぱりわからない。受験参考書などというものは無責任である。読者は受験生であり、彼らから批判を受けることがない。いわば、「教えてやる」という優位に立って書かれているわけで、極端に言えば、受験生に対して肩で風を切るわけである。しかし、論文をはじめ学術的なものを発表するとなると、批判の矢を浴びることを覚悟して書くわけであるから、無責任なことは書けない。そういう学術論文のしっかりしたものが書けないのに、受験参考書を書いている者が多い。ま、はっきり言えば、学問のできないものが、よく受験参考書を書いているので、当然、その受験参考書の内容はアカンものが多いというわけだ。ホンナラ、二畳庵先生はドウヤ、ということになる。となるとシラケルが、ム、ま、二畳庵先生、一流半というところじゃのう。ウン。

閑話休題《さて》、それではこの文の「焉」をどう考えるか、いや、どう感じるか、という問題に入ろう。こういう「焉」には、ストップの意識が欠けている、と言っておこう。止めて止まらぬ、という感じ。そうそう、中止法というのがあるだろう、「……して、……して、……して」というあの「て」の感じだ。言いきってしまわないで、次々と続いてくる感じなのだ。「也」や「矣」のように、これでオシマイ、という言いきりではなくて、またなにか次に出てくるという感じ。それでは訳語としてはどういうのがよいか、という問題になる。

「……やら、……やら、……やら」というのでよいと思う。

注意一つ！　重ねてではなくて、一つだけ「焉」が出てくるときは、以上の説明とは別に単純な「断定その他の語気を表す」と考えてよい。

　文末の助字と言えば「兮《けい》」というものがある。伝統的な解釈では、「歌末の余声」。「歌末」であるから、歌謡の一区切りのあと、ということである。ま、てっとりばやく言えば、おはやしのことである。月が出タ出タァ……サノヨイヨイ、の「サノヨイヨイ」と同じである。「兮」という字を見て、高級なことを連想しては誤り。要するに、実際に歌を歌ったとき、あとにくっつける「調子」と考えればよい。現代詩は文学芸術作品とやらで、完全に言語のみに頼っているが、その昔の漢詩は、本来、歌と切っても切れない関係にあった。唐詩だって、歌う調子で作られたわけである。そういうものである。いつのまにやら、目で読むものになってしまったが、これは、もとの形からずれたものである。今日で言えば、歌謡曲みたいなものと考えるのが、むしろ当たっている。

で、「兮」というのは、そういう歌末の調子づけとして考えるが、「余声」という意味がつけ加わっている。この「余声」とは、引っぱる、という気持ちである。前の句を歌い、歌い終わるときこの「兮」をつけ加えて、前の句の意味を引っぱるわけである。厳密に言えば、前の句の最後の一字の意味を引きとどめるわけ。そして、その感情が広がるのにかぶせて、次の句を歌い出して、連続するわけだ。だから、「歌末の余声」と言っても、余分なもの、という意味ではない。「兮」のつく句の意味を効果的にする積極的な働きをするわけである。

そこで、どこにでも置くというのではなくて、一定の形式も定まってくる。例えば、一句が七言（七文字）の場合、四字目に、五言の場合、三字目に置くという傾向がある。これらの場合は、一句内で、三字を一かたまり、あるいは二字を一かたまりと考えるところからきたものである。また一句目と二句目との間に、すなわち、一句目の末に置き、二句目の末には置かず、三句目の末に置き、四句目の末には置かない……という置き方もある。これは、二句ずつを一連として考えるところからきたものである。決して、興至《きよう》れば「兮」をどこにでも置くというわけではない。

⑽ 限定の助字「耳・爾・已・而已」

文末の限定の助字「耳・爾・已・而已」について研究してみよう。漢文の受験参考書では、この四者ともに「……のみ」という意味だ、と説明して終わりである。だから、諸君も口うつしに、限定の助字、「……のみ」の意味、と覚えるのみ。もちろん、そういう理解も、なにも知らないよりはましだが、念仏みたいで、気休めみたいなところがある。と言うのは、この四者の間には、やはり微妙な差があり、その差を心得ると心得ないとでは、解釈力に相違が出てくるからである。と言っても、以下に説明することを、棒暗記しないでほしい。大切なことは、「理解」であって、理解があってこそ「暗記」が可能なのである。「理解」なしに「暗記」が可能なのは、九九あたりまでで、それができるのも純真な小学生まで。いろいろと雑念のいりまじっている諸君にはできっこないわな。

閑話休題。まず、「耳・爾・已・而已」という四者をじっくりとみたまえ。第一に気づくことは「**耳**」の唐突さである。「耳」てのは、聞く器官である。古代では「」という字形だ。中間の三角形は耳穴で、上下の線は耳たぶ。文字どおりの「耳」である。だから「のみ」なんて意味はまったくなかった。と言うことは、後に「のみ」という意味がつけ加わったということである。その由来を説明すると、「爾《じ》」や「而《じ》」と、音が同じ「じ」であるので、音を借りて「耳」を使うようになったのである。はっきり言えば、充字《あてじ》（当字）ということである。例えば、江戸時代では「給ふ」を「玉ふ」と書く例が多い。本居宣長や荻生徂徠といった、大学者が結構使っている。不動産屋の広告に、「委宅販売」というのがあったが、これなど「委託販売」よりもよくわかるぞ。充字というのは、一人や二人が使っているときは誤りとされるが、みなが使えば、正しいこととなってしまう。

さて、「耳」が充字としての「のみ」であるとすると、意味上、どんな気持ちになるかというと、「爾」や「已」に比べて、軽い気持ちとなる。と言うのは、「耳」が充字であるのに比べて、「爾」や「已」には、それ自身「のみ」の感じがあるからである。「爾」は「しかる」（そうである）という意味を持つことばである。すなわち、本来なにかを指す意味である。例えば、「爾来《じらい》」という語は、「それ以来」という意味である。「爾後《じご》」も「そののち」ということである。だから、これを文末に用いたとき、なにかを指し定めるというのが、本来の働きに沿った用法ということになる。

ではなにを指し定めるのかと言うと、「爾」のついている前の文全体ということになる。すなわち、「……」と述べてきて、そのあとに「爾」をつけたとすると、「……以上のこと、そのもの」という感じである。とすると、「これきり」とか「こればかり」とまとまりをつけるニュアンスとなる。それを訓で「のみ」と読むわけである。だから「爾」という「のみ」は、「爾」本来の意味を表している助字ということになるだろう。

さて、「**已**」はどうであろうか。「已」は動詞に使うと「やんぬ」「をはんぬ」と読まれるし、副詞なら「すでに」、形容詞なら「はなはだし」と読む。そこで、文末に「已」を置いた場合、動詞の「終わる」という意味が前面に出てき、「以上、これこれで、もはや終わった」という気持ちを表すことになる。その気持ちをこめて「已」を「のみ」と読むのである。この場合も、「爾」と同じく、本来の意味を表している助字ということになるであろう。

とすると、「爾」と「已」とでは、どう違うかということになる。「**爾**」の場合は、なにかを指しているという気分があるので、意味が「……というそれよ」と、あとに延《ひ》く感じがある。しかし、「**已**」は、これっきりという終わる感じであるから、「……はいそれまで」と、ジ・エンドの感じ、すなわちあとには残らない。だから、「已」のほうは、なにかこうプッンと切れてしまう感じなんだなあ。

最後に「**而已**」はどうであるかというと、以上の「耳・爾・已」よりさらに意味をはっきりと出す助字である。例えば「――而已」と言うときは、「――にしてやむ」という文と考えてよい。「已」の意味をさらに引き延ばした感じで、その感じを取って「のみ」と訳しているだけのことであるから、「而已」のときは、右のもとの意味をこめて解するほうがわかりやすい。

⑾ 則・即・乃・輒・便

「**すなはち**（すなわち）」について研究しよう。まず頭にタタキコムべきことは、この「すなはち」という読みかたは、まさに読みかたなのであって、sunawati とローマ字で書くのと同じということだ。どうしてこんなことを言うのかというと、現代語にも「すなわち」ということばがあるからだ。言ってみれば、この現代語と区別する必要があるということ。

現代語の「すなわち」ということば、これを使うとき、だいたい用法が決まっている。同格を表す場合が圧倒的だ。奈良、すなわち大和、という調子。すると、現代人のわれわれは、「すなわち」という音を耳で聞くと、その用法がかなり限定されているということである。「すなわち」の現代語的語感で言えばそうである。

さて、そういう語感のまま、漢文に向かうと、ちょっとあぶない。漢文で、同格を表す「すなはち」と読む場合は、ごく一部の用法にすぎない。だから、漢文で「すなはち」と読む場合が出てくると、現代語としての「すなわち」という意識をいったん捨ててみることだ。現代語的語感に捉われていると、かえってよろしくない。

そこでだ、初めに言ったように、漢文において「すなはち」と読むときは、単なる音符と考えるのが、かえってよろしいということになる。ここのところが、漢文のおもしろいところである。漢文を読むとき、現代日本語の知識をフルに生かす一方、現代日本語を断ち切る必要も、ときにはあるということだ。このスイッチの切り替えが自由にできれば、漢文の達人となれるのだが、言うはやさしく、なかなかできるものでない。かくいう二畳庵先生も、ときどきスイッチ切り替えを忘れ、誤解するときがある。

このスイッチ切り替えは、漢文と現代中国語との間においてもある。たとえば「恩愛」ということば。漢文で出てくる場合、「恩愛」はまさに文字どおり、「恩愛」だ。そこでスイッチ切り替えを忘れて、現代中国語を読んでいて、出てきた「恩愛」をそのままに理解すると、エラーをする。現代中国語の「恩愛」は、主として夫婦の愛情を指すことばであり、それはさる意味ともなるぞよ、ウン。

「すなはち」と読む漢字は十種類ぐらいある。そこらの受験参考書は、ゴテイネイニその全部を挙げて、あれこれ説明している。そんなのを見ると、バッカジャなかろうかと思う。例えば「載」を「すなはち」と読むなんてこと、受験生が覚える必要があるのかね。覚える必要、まったくないわな。

もし、入試問題の文に「載」があれば、逆に出題者の百人中の百人、必ずふりがなをふる。もし、ふりがなをふらないとすれば、それは、出題者の程度が低いということだ。程度が低いというのは、出題能力の程度が低いということ。まして、「載」の読みかたを問うなどというのは、愚問中の愚問と言ってよい。

なぜなら、「載」を「すなはち」と読むのは、だいたい『詩経』の場合に始まる。陶淵明の有名な「帰去来辞」の中で使われているのは、特殊な例外である。『詩経』中、「載」を「すなはち」と読むことは、実は、後漢時代のころ、中国人自身にとっても、もうむつかしいことだった。と言うのは、後漢の大注釈家、鄭玄《じょうげん》は、わざわざ、『詩経』のその箇所で「則《すなはち》」という意味だという注釈を加えているからである。二畳庵先生も、ずいぶん漢文を読んできたが、『詩経』以外で、「載」が使われている例についぞお目にかかったことがない。たまにしか使わないそんなことばを覚える必要はない。などと断言して、もし、どこかの大学で、「載」を「すなはち」と読ませる出題があったとすれば、出題の良し悪しは別として、申しわけないことになる。まあ、そのときは、大阪名物、ケツネウロン（きつねうどん）の一杯もおごるから、それで許せ。

そこでだ。実戦的に言って、「すなはち」として読むことばは、「**則・即・乃・輒**」の四語と心得えよ。余力あれば、プラス「**便**」。計五語だ。あとは必要なし。たとい、その他のものが出題文に出てきたとしても、十中八九、ふりがな、または送りがながついていると思ってよい。他のものを参考までに挙げておくと、「洒・斯・載・就・曾」である。まあ、こんな文字もあったなあという記憶にとどめるぐらいでよかろう。こんなものに神経を使うよりも、前記の五語をしっかりと覚えよ。時間がもうないではないか。

さて、「則・即・乃・輒・便」のうち、一番研究が必要なのは「**則**」である。と言うことは、この漢字の用法が単純でなくて、いろいろな意味を伴って姿を現すからである。文字の形から言えば、「輒」などオッカナイ感じがするが、その用法は、意外と簡単なのである。なぜかと言うと、限られた同じパターンで現れるだけだからである。

では、「則」字の研究に入ろう。ふつう、これを「レバ則《そく》」と呼び、「……スレバ、則チ」というふうに理解せよと教えている。たしかにその説明は簡にして要を得ており、また昔からの説明方法で、歴史もある。しかし、バカのひとつおぼえみたいに「レバ則」ばかりで、コトがうまく運ぶわけではない。ときには、「レバ則」一点ばりの理解のために、誤解が起こるときさえあるぞ。

まず、この「則」の上にくる句末を「レバ」と読むと決まっているわけではない。江戸時代の学者は「ラバ」「……ルナラバ」「……ルナレバ」と、いろいろに読んでいる。そのうちに「レバ」に代表されるようになっただけである。だから、「ラバ則」であってもおかしくない。しかし、現在の一般的約束では、「レバ則」ということになっているので、まあ、これに従っておこう。

しかし、「則」の上句末尾は、「レバ」に限らず、「ハ」と読むときも多いのである。そうなると、このときは「レバ則」ではなくて「ハ則」となる。「レバ」と「ハ」というふうに読みかたが異なるということは、当然、それぞれのニュアンスが異なっているということである。ここのところがカンジンである。その相違をつかむとつかまないとでは、文の理解の深さも違ってくる。

「レバ則」の意味は、諸君すでに知っていると思うので説明を省略する。「ハ則」の「ハ」は、「者」の感じ、すなわち「ハ則」は「者」と置きかえてよい。それは、日本語の助詞「は」と同じ働きで、区別するという意識を表している。例えば「経一章はけだし孔子の言にして、その伝十章は曾子（曾子は孔子の弟子）の意」というのがその例である。

其伝十章、則曾子之意。

これは、

其伝十章者、曾子之意。

と同じであると考えてよい。

「レバ則」ばかりが能じゃない。「ハ則」という訳しかたもある、と説明してきた。おそらく、「ハ則」なんて耳なれない、という人が多いだろう。そこで、もう少し突っこんで考えてみることにしよう。

前の例で言うと、「其伝十章、則曾子之意（その伝十章は、則ち曾子の意）」である。この「ハ則」すなわち「……は、則ち――」というところは、どういう意味でつながっているか。詳しく訳してみると、「その伝十章のことを言うならば」という感じだ。すると、突きつめて考えてみると、「……すれば、則ち――」の「レバ則」型になってしまう。

それ見ろ、「レバ則」だけでよいではないか、と思うかもしれないが、そう早まってくれては困る。「レバ則」の「レバ」、すなわち「……すれば」という訳は、はっきりと「則」の上の句、条件句において、動詞がある場合のときのことであることを示している。しかし、「其伝十章、則曾子之意」の場合のように、上の句、条件句に動詞がないときは、いくら「レバ則」型に訳そうと思ってもできっこない。そこで、条件句に動詞がないときは、「ハ則」型で読むよりテがないわけである。このこと、「也」の項のところで、〈名詞プラス也〉

型と〈動詞プラス也〉型との相違ということで説明したので（二一一ページ）、そこを読みかえすこと。

「レバ則」「ハ則」は、日本語の訳しかたの問題からきた違いであるということが言えよう。中国人の頭には、動詞とか名詞とかといった区別はあまりない。「雨」はアメ（名詞）でもあるし、アメフル（動詞）でもあるし、アメノ（形容詞的感じ）でもある。品詞の区別という観念があまりないわけである。これと対照的に、日本語では品詞の区別ということが重要であるから、動詞のときは已然形に活用されて「バ」を加え、名詞のときは「ハ」で受ける、というふうな約束ごとを作らざるを得ないのである。中国人は、中国語で音読するだけであるから、もちろん、こんな区別はない。日本人は、訓読するということ（すなわち、日本語で考えるということ）を通じて、その相違をはっきりと意識してゆくのである。これは、日本人の長所であるが、同時に訓読にひきずられるという欠点もあることはある。

さて「則」とあれば、なにがなんでも「……スレバ、則チ」と訳すのは、チト芸がない。ときには、もうすこし、ふくらみを持たせてよいではないか。例えば、『詩経』に、

射則貫兮。

という句がある。「射《い》れば、則ち貫《つらぬ》く」と読む。最後の「兮」は、訓読では読まない習慣と

なっている。この句をどう訳すか。「弓を射れば、必ず的にあてる」と訳して、もちろん正しい。しかし原意はちょっと違うんだなあ。原意に即して訓読すると、「射るとなれば、則ち……」という感じである。

「射れば」も「射るとなれば」も、同じことじゃないかと言えばそれまでであるが、前者は「それ、いま射た」という「射る」動作そのものに即しての感じであるのに対して、後者は、「射る能力の点で言えば」という一般的な技術の感じがあるのだ。微妙な相違である。もっとも、中国人なら、ただ音読するだけであるから、そんな区別など考えたりしない。

諸君が、陶淵明の「桃花源の記」を学習したとき、

林尽水源。

という一句があったのを覚えているだろう。あの句は、「林、尽きて、水源あり」、あるいは「林、水源に尽く」とも読まれて、読みかたが一定していない。

しかし、中国人には、そんな区別などありはしない。ただ棒読みするだけである。それに比べると日本人のほうが、こまかな雰囲気の相違をつかもうとするのだが、これも程度もので、行きすぎると、原文を離れて、日本訓読文だけが突っぱしることもあるのであぶない。

例えば、宋・明代の文章に「見得」という語がよく出てくる。この「得」というのはこれと

いう意味のない語であり、「見得」は、「見」とそう意味が変わらない。ところが、訓読して「見得《けんとく》す」と読むうちに、「得《とく》」の気分が肥大してくる。つまり、なにかを得る、というムードに解釈しはじめる。その結果、「見得」を、なにか重大な真理をハートでつかむこと、といった意味に解するようになり、日本における宋明学では、特別なことばとなってしまう。中国における宋明学では、そんなムツカシイ意味はない。日本独自の解釈ということになるだろう。

さて「則」を「すなはち」と覚えておくのは定石である。しかし、優等生的に、丸暗記してばかりいると思わぬ落とし穴に陥ることがある。例えば、

量則多矣、質皆不ㇾ佳。

という文があるとしよう。訓読すると、「量は、則ち多く、質みな佳《よ》からず」となるが、そう読み終わった後、なんだか歯ぎれが悪いという感じがしないか。

意味から言えば、「量は多いが、質は悪い」ということだ。すなわち、前句と後句との続きかたは、逆接ということだ。ヘッ、へーッと言いたいね。「則」は、順接も順接、条件句を受けるものと覚えてきたのに、逆接もあるということだからね。

そうなんだ。「則」は、意味上から「雖」の意にとらねばならないことがある。前例を書

き直すと、

量雖多矣、質皆不レ佳。（量、多しといへども、……）

となると言えよう。とすると、前例は「量は則ち多けれども、質みな佳からず」と読むほうが、より明快であると言えよう。「則」を「則ち」と読むものの、それは義理で読んでいるようなものであり、「ども」という助詞を加えて読むところに特徴が出てくるということになる。すこし練習してみよう。

其事則易レ為、其理卒難レ明也。

という文。「易為」は「為《な》し易《やす》し」であり、「難明」（明らかにしがたし）と対句になっている。その事は行いやすいが、その理はなかなか理解がむつかしいという意味である。「則」は「雖」の意となっている。すると、「その事は則ち為し易《やす》きも、その理は卒《つひ》に明らかにし難《がた》し」と読むことになろう。しかし、思いきって、「則」を「雖」として読んでみるとどうだろう。「その事は為しやすしと則《いへど》も、……」こう読んだってかまわないわけである。いや、むしろ明快と言うべきであろう。しかし、訓読の伝統から言えば、「則」をいちおう

「則ち」と読んでおき、その句のあとに逆接を表す（日本語の）助詞を加えるというほうが安全だ。と言うのは、世の中のカンカチ頭の漢文の先生は、そうなかなか自由な発想に頭を切り替えができないからである。「**輒**」については、一五五～一五六ページに説明してあるのでそこを読め。

「**乃**」は、ふつう「そこで」とか「そうしてはじめて」と訳している。或る内容を述べたあと、さてその次に言い足すときに使うというふうに理解されている。人によっては、「継事の辞」（事を継ぐの辞）とも説明していることばである。「そうしてから」とか「こうしてから」とか、或いは「そうしてそこで」というふうにも訳す。まあ、言ってみれば、こういうことだ。借金をしに行く。さて相手と会って、なかなか切り出しにくい。あれこれ世間話をしたあと、「実は」と切り出すあのタイミング、あの感じ、と覚えておきたまえ。「さて」というふうに訳してもよい。ことばを言い出しかねるときの発語の感じである。これが「乃」の語感の第一である。

しかし、「乃」には、もうひとつ重要な用法がある。それは「反（かへつて）」（**第二部第(36)節参照**）という感じのものである。例えば、

古人以㆑倹為㆓美徳㆒、今人乃以㆑倹相訴病。（「訴病」は「笑いものにする」の意）

という文の場合。これを読んでみると「古人は、倹をもつて美徳となし、今人《きんじん》は乃ち倹をもつて相ひ詬病《こうへい》す」となるが、この「乃」は「反《かへつて》」の意である。或いは「竟《つい》に」の意である。「乃」とあれば、いつでも「さてそこで」式に訳していてはよろしくない。

また、すこし専門的に言えば、「則」とか「乃」や「即」とは相互に同じように使われるときもある。だから、教科書的に、「即」は「ただちに」、「則」は「……すれば、きっと」、「乃」は「そうしてはじめて」と覚えこんでばかりいると窮屈すぎる。一応の原則として理解しておき、あとは、バラエティのいくつかを記憶しておくことだ。

なお、「乃」の別字として「迺」がある。「乃」を「の」として使い、人名で「曾我乃家十郎」などと書かれるが、「曾我迺家十郎《そがのや》」とも書かれる。もちろん、漢文では「の」と読まない。「乃」と同じ意味の「すなわち」である。

⑫ 反訓と「寧・安」と

反訓《はんくん》という現象がある。例えば、「乱」という漢字の場合、ふつうこれは「みだる」と読む。もちろん、諸君もそう読むことになんの疑いもなかろう。

ところが、この「乱」を「をさむ」と読むこともあるのである。すなわち、まったく正反対の読みかた。「をさむ」と「みだる」と――まったく反対の意味となってしまう。そこで、「反」ということばをつけて「反訓」（反対の訓があること）と名づけるわけである。

この反訓というのは、なかなかおもしろい現象である。そのため、はねあがった連中は、この反訓の中に、弁証法的統一がある、なーんて大げさなことを言い出したりする。小島祐《おじます》馬《け》という中国哲学の大先生（故人。京大教授）がその代表である。もっとも、この小島説は、漢字の字源についても大きな業績を残した白川静（故人。立命館大学教授）によって、コテンパンにたたかれてしまう。例えば、「乱」の場合、もともとは〈糸のみだれを骨ベラで調《とと》えておさめる〉ことで、元来は「おさめる」という意味だったのに、後に誤って「みだれる」という意味が加わったまで、というふうに。

さて、この反訓には、いろいろ問題はあるが、いちおう、現象として認めることにする。そこで、「安」や「寧」の反訓を考えてみることにする。

「**安**」や「**寧**」は本来「やすし」と読む。「やすし」とは、安心とか安寧ということばが示すように、「落ち着いている」ということである。これがふつうの読みかたである。

この反対は、「落ち着かないこと」である。「落ち着かない」というのは、「納得がゆかない」「不安である」「確かめたい」という気持ちのことである。疑問があるということである。この疑問は、もちろん、反語につながる。

とすると、「安」や「寧」の反訓として、疑問を表すものとして、「どうして」の意味で読んでよいではないか。この「どうして」というのは、漢文では「なんぞ」とか、「いづくんぞ」ということばで表現する。すなわち「安」を「いづくんぞ」、「寧」を「なんぞ」と読む理由というのは、どうやら反訓というところにあるようだ。

この「寧」を「むしろ」と読むときがある。その「むしろ」という意味は、「せめては」とか、或いは「たとい」とかと訳すのがいいだろう。例えば次の有名な文をみよ。

寧ロ為ルモ二鶏口ト一、無カレ為ル二牛後ト一。（むしろ鶏口《けいこう》となるも、牛後《ぎゅうご》となるなかれ）

この句を訳すとき、「寧」を「どちらかと言えば……のほうが望ましい」と訳すのがふつうのようである。すなわち「どちらかと言えば、鶏群《けいぐん》のリーダーとなるほうが、牛の後にくっついているよりも望ましい」と。いかにも優等生的な訳文である。しかし、こんなカタイ文を使うであろうか。

大阪弁だと、「牛後よりも鶏口のほうがましや」であろうが、それとて、さきの訳とあまり変わらない。

そこで、「たとい」を使ってみよう。「たとい鶏口となっても、牛後とはなるな」。「せめては」を使うと、「せめては鶏口となれ、牛後になどなるな」。どうだ、こういう訳文のほうが、生き生きしているではないか。「どちらかと言えば……のほうが望ましい」などという、デレデレと長ったらしい訳では、原文の感じが出ないではないか。ピシピシと簡潔に原文を捉えてゆくのが、ほんとうの訳というものだ。

参考までに、そこらの受験参考書をひっくり返してみたが、どれもこれも同じように比較の意味で訳している。こうなるのには理由がある。自分の頭で考えず、誰かの受験参考書を見て盗んで敷き写すから、みな同じようになってしまうのだ。彼らは勉強不足である。語感をどのように捉えてゆくか、ということに骨身を削るような努力などしないから、毎回毎回同じようなデレデレ訳となってしまうのだ。その上、この連中は、この『漢文法基礎』のあちこちをどれだけ盗作していることか。

中国人は「情願」というふうに訳してもおり、「寧死」(むしろ死せん)を「死を願わん」の意に訳している。これもよくわかる。しかし、英訳となると比較の訳となってしまうようだ。Better be the head of a dog than the tail of a lion.(「犬」を「鶏」に、「ライオン」を「牛」に置きかえよ)

「むしろ」という語はなかなか理解しにくいことばだ。例えば「無寧」という熟語がある。この二字をセットにして「むしろ」と読むのが、訓読の習慣である。

と言うと、さっそくこういう質問が出るだろう。「寧」一字の場合、「むしろ」と読むのがふつうである。ところが、その「寧」と、「寧」の上に否定形の「無」がついた「無寧」の場合、同じく「むしろ」と読むのではわけがわからんじゃないか、と。

当然の質問である。AとNON-Aとが同じ読みかた、すなわち同じ意味というのでは、矛盾律を犯すことであって、まちがいというふうに考えるのは筋がとおっている。

しかし、日常言語というのは、そうした形式上の理屈では処理しきれない。というのは、厳密に言えば、「無寧」というのは、反語なのである。「寧」を「いづくんぞ」と読むことができるが、その読みかたを応用してみると、「無寧」は「いづくんぞ……なからんや」ということになる。それをつきつめると、「無寧」の否定、すなわち「無無寧」という〈否定の否定〉となり、結果的には「寧」と同じと考えてよい。そこで、「無寧」を習慣として「むしろ」と読むことになっている。

この「無寧」が反語からきていることの残影がある。「無寧」に始まる文の最後に、必ずある「乎」という助字がそれだ。すなわち「無寧……乎」という型である。例えば『論語』に、

無寧死二於二三子之手一乎。（むしろ二三子《にさんし》の手に死なんか）

という文がそれである。「二三子《にさんし》」と言うのは、二三の門人ということである。「いっそ、……のほうがましだ」の意。

この文の前に、実は、

予与㆔其死㆓於臣之手㆒也。（予《よ》、其の　臣の手に死なん与《よ》りは）

という句がある。「与」は「よりは」という比較を表す語で、

与――、無寧……乎。（――よりは、むしろ……）

となる。

もっとも、同じ『論語』に、

与㆓其不孫㆒也、寧固。（其の不孫ならん与《よ》りは、むしろ固《こ》ならん）

すなわち「高ぶって身分を超えるよりは、むしろ野鄙《やひ》（固）なほうがよい」という言いかたもあり、いささかヤヤコシイことになる。

「むしろ」という語の研究の延長戦をしてみよう。延長戦であるから、参考に読む程度でよろしい。そういうこともあるのか、ということぐらいの記憶で十分。

これまで、「むしろ」と読むケースとして、「寧」や「無寧」があると述べてきたが、この

他、「無乃」も二字をセットにして「むしろ」と読む奇妙な習慣がある。

しかし、「無乃」を「むしろ」と読むとき、その意味するところは、「寧」や「無寧」のときと、ちょっと異なる。まるまる「寧」や「無寧」と同じように考えてはいけない。と言うのは、この「無乃」は、「無寧」の形式の場合と同じように考えて、反語と見るのがわかりやすい。

すなわち、

非……乎（……にあらずや）

という意味として理解するということである。つまり「無乃……乎」を「乃《すなは》ち……なからんや」と理解すると、反語であるから、意味としては「乃《すなは》ち……」（すなわち……）という形式と等しくなるわけである。だから「無乃……乎」という句があるときは、意味的には「乃……」と考えてよい。

また、この「乃」の意味であるが、ふつう「乃」を単独で使うときは、「そこで」とか「そうしてはじめて」といった感じで使うのであるが、「無乃」の「乃」は、どうもそうした強いものはないらしい。このときの「乃」は、ほとんど「是」に近いと考えられている。すると「乃……」を、さらに「是……」（これ……なり）と置きかえてもよいようだ。と言うことは、ほとんど「……」という意味と考えてよい。

結局、「無乃……乎」は「……」という意味として考えても、だいたい理解できるということである。しかし、ことばというものは、言おうとする意味は同じであっても、その言いかた、表現のしかたというものに相違がある。当然、「……」の意味を「無乃……乎」という言いかたで表現すると言うことは、そこに、なにか或る感情移入があるということだ。その感情とは、まあ言ってみれば「そこでこうするんじゃないか」という気分がまあある、とでも理解しておこう。それを訓読では、長年の習慣で「むしろ」と読んできたのだが、この習慣は、今日となっては、誤解を生むことになるかもしれない。

さらに補足しておこう。中国人自身は、「無乃」をどのように理解しているであろうか。中国人の書いた文法書によると、「無乃」を「おそらく……だろう」と訳している。これはおもしろい理解のしかたである。さきほど「無乃」には感情移入がある、と説明し、「そこでこうするんじゃないか」という意味だろうと述べたが、中国人はそうではないようだ。

例えば、

児、父に謂《い》ひて曰く、父の此次《このたび》の外出、むしろ（無乃）太《はなは》だ久しからん。（児謂父曰、父此次外出、無乃太久）

という文のとき、「無乃」を「おそらく」と訳すと、すっきり文意がとおると言えよう。また、別の中国人は、「無乃」を「得無」（……なきを得ん）という意味でよいとも説明している。そしてさらに「将無」とも同じと言っている。これは高等文法に属するが、説明しておこう。

例えば「将無同」という句がある。これは「将《は》た同じなからんや」と読む。その意味は「得無同」と同じである。とすると「同じことなきを得んや」ということになる。そしてさらに「無乃同」と同じであるとすると「乃ち同じなからんや」すなわち「同じなり」ということになる。結局、「将無同」という難しい句は「同」と同じ意味になるというわけである。実例を挙げておこう。中国の六朝時代の作品『世《せ》説新語《せつしんご》』に次のような文がある。

問曰、老荘与㆓聖教㆒同異。対曰、将無㆑同。（問ひて曰く、老荘と聖教〔仏教〕と同異ありや、と。対へて曰く、将《は》た同じなからんや、と）

老荘と仏教とに違いはない、という答をしているわけである。「おそらく同じでしょう」と訳してもよい。「無乃同」も同じ意味であるが、訓読で「むしろ同じならん」と読んで、その訓読による日本語にのみ頼って考えると、その「むしろ」が、なんだか積極的な感じを与えて、かえって誤解することになるかもしれない。「おそらく」という訳語を使うことにしておくのが無難だろう。

⒀ 蓋

「蓋」というこの字は、「けだし」と読むのがふつうである。しかし、人によっては、「おもふに」とも読む。この「けだし」や「おもふに」ということばは、わかったようなわからないようなことばである。その大きな理由は、「けだし」も「おもふに」も、ちょっと古めかしいことばではあるものの、現代日本語のなかで今だに使われてもいるからである。すなわち、昔から使ってきて、今も使っているようなことばは、或るときは、わかりやすく見え、或るときは、なんだか意味がぼんやりしているように見えるのである。この「蓋」はその後者の一例である。

そこで、諸君にたずねてみる。「けだし」とはいかなる意味ぞや、と。すると、まあ、九割のところ「推量」を表す、という答がはねかえってくるだろう。

そこでさらに聞いてみる。「推量」とはどういう意味か、と。すると、これも九割がたのところ、「おしはかること」なーんて、同語反復の訳語が出てくる。

なるほど「推量」ということばについての解答なら、これもいいだろう。しかし、もし「蓋」が推量を表すという考えがあまり正しくないとすれば、この解答も怪しくなってくる。

二畳庵先生は、「蓋」すなわち推量という説にあまり賛成しない。と言うのは、漢文では「蓋」ということばを文の出だしに使ったあと、その句の最後は、よく「矣」ということばで結ばれている。この「矣」というのは、言いきり、すなわち断定を表す気持ちだ。すると、

蓋……矣（けだし……ならん）

という句は、推量どころか、かなり思いきった断定を表しているという気分のように思える。それを「けだし」なんて言っているのは、いささか謙虚の気持ちが申しわけ風についているからだ。

「蓋……矣（けだし……ならん）」というのは、断定の表現であり、しかし、謙遜して表現を推量風にやわらげている、と考えることができよう。だから、……の部分の内容は、もう定まっている内容と考えるのがよろしい。

ふつう「蓋」は、発語の辞、すなわち、句の言い出しはじめのことば、ということになっているが、そういう言い出しはじめのことばとして、他に「夫（それ）」などがある。しか

し、「夫」などは、無性格であり、それ以下の内容がどういうものであるかということについて、なにも情報を与えてくれない。訓読で「それ」と読み、「そもそも」「さてさて」というふうに訳すのはそのためである。

しかし、「蓋」のときは、「けだし」という言い出しで、それ以下の内容について、だいたいの方向を教えてくれるわけだ。だから、「蓋」ということばが出てくると、ははーん、次の話は、確定的なことなんだなあ、と思いながら読んでゆくことができるわけである。

また、「蓋」の主語は誰であるかというと、筆者である場合が圧倒的である。そうでないときは、引用中に出てくるので、その場合も、その引用文の筆者、或いはその会話の主人公。だから、筆者が、自分の意見を表すという場合によく使われるということもわかる。

つまり、逆に言えば、「蓋」は、いろいろな情報を教えてくれる便利なことばなのである。そういう意味あいを含んでか、訓読では、「おもふに」という読みかたもするわけである。なぜ「おもふに」という読みかたをするのか、という理由を知って「おもふに」と読むのと、わけがわからず、符号みたいに「蓋」を「おもふに」と読むのとでは、理解の深さがちがってくる。心して「おもふに」と読んでくれたまえ。

漢文の文法はとっつきにくい。かといってやたらに「蓋は推量を表し、けだし、或いはおもふにと読む」などと公式？　を丸暗記したところで、そう活きた知識となるわけではない。どういうときに、どういう気持ちで、どのように使われるのか、という具体例をひろうつもりで教科書を読んでゆきながら覚えてゆくことだ。

⒁ 既・已

「既」と「已」とは、どちらも「すでに」と読む。「すでに」という古語は、現代日本語にも残っていて使われている。だから、漢文訓読で「すでに」と読むと、ただちに現代日本語の意味をあてはめて、そこのところがすっとわかったように思う。「すでに」すなわちalreadyという線で問題はないように思われる。

しかし、ことばというものには、まったく同じ意味を表すものが二つあるというわけがない。この「既」と「已」との間にも、なにか違いのようなものがあるはずだ。そうでなくては二つとも使われるはずがない。

と言っても、どの文法書を見てもその区別を示してくれていない。ただ、伊藤東涯（仁斎の子）という人はこう説明している。「已」というのは「未」ということばと対比的に使われるのだ、と。なるほどそう言えば活用形に未然形と已然形というのがある。「未然」の「まだ終わっていない」ことに対して「已然」は「はやもうおわった」という感じだ。ところが「既」の場合は、それ自身が独立して使われるという。ということは、「已」よりも「既」のほうが、すこし重い感じがあるということになる。

さらに突っこんで言えば、「既」には「尽」(つきる)、「已」には「訖」(おわる)という原義がある。だから「春が過ぎた」という場合、

春既過。

は、もう残っていない、尽きはてた、という感じであり、

春已過。

は、もう過ぎてしまったという感じである。結果においては同じことなのだが、やはりその相違が必要に応じて利用される。また「既」には「こういうふうにして……となったので」と理由を示す感じがある。これ、実は重要なこと。

さて、もうひとつの特徴は、詩の場合、ほとんど「已」が使われ「既」が使われるのはきわめてまれであるという点だ。これがどういうわけか、わからないが、興味ある事実だ。

なお、ときには、「既」と「已」とがくっつけられて「既已」として出てくる。この場合、「既已」二字で、「すでに」と読む。これを「すでにすでに」と両方読んだりしない。

⒂ 猶・尚・猶且・尚且・仍

「なほ」と読むものに「猶・尚」がある。これも理解しにくいことばだ。その原因は前節の「既・已」の項で説明したことと同じである。すなわち、「なほ」と読むが、現代日本語にも「なお」ということばがあるので、現代日本語の意味に解釈しがちであるという点である。

現代日本語の「なお」は、「さらに」とか「その上にまた」とか、「付け加えて言えば」という感じが強い。しかしそのような意味は漢文「猶・尚」にはない。強いて言えば「又」がそれにあたると言えよう。とすると、「又」と「猶・尚」とでは、ずいぶん意味が違うから注意しなければならないことばとなってくる。

ふつう、「猶・尚」は「やはり」という意味に解釈する。それでだいたいは正しい。しかし、さらに厳格に言えば、「猶」は「まだ」「まだやはり」と訳すのもよい。still や yet と英訳してもよいが、そういう語感なのである。

するとおもしろいことが関連する。「猶予」ということばがそれだ。「予（豫）」というのは、「あらかじめ」すなわち事の起こる前のことだ。「猶」は「まだ」ということだ。すると、「猶予」は、なにか事が起こる前の状態をベースに持っているということ。そこで、「猶予」が「ためらう」という意味に使われるようになってきたのだ。というわけで、例えば

「春猶浅」（春なほ浅し）は「春まだ浅し」という訳でぴったりすることがわかるだろう。
もっとも、「猶・尚」には、強めを表すときもある。especially と訳されるわけである。こういうときは、「やはり」という訳ぐらいが適当だ。そして、「尚」という語にほとんど近い感じとなる。

また、「猶・尚」は、「すら」というふうに訳されるときがある。特に**猶且・尚且**というふうに「且」の字がつくときがそうである。「……すらなほかつ」と読むが、「……でさえ」と訳すのがふつうである。その場合、下に反語や抑揚形がくることがある。

〔反語の例〕匹夫《スラ》猶《ホ》且《ツ》侮《ル》レ之《ヲ》、安《ンゾ》……哉《ヤ》。

〔抑揚の例〕猶《ホ》且《ツ》不レ免《レ》。況《ンヤ》……乎《ヲヤ》。

さて「猶・尚」以外に「なほ」と読むものに「**仍**」がある。この「仍」はもともと動詞的に使われる。すなわち「よる」と読む。例えば「仍レ旧」（旧による）。ところが、この「旧に仍る」とはどういうことかと言うと、その以前のことによるということ。このことが「猶」とつながる。と言うのは、「猶」は、もともと猿の一種を表すことばであった。この猿は疑い深いヤツだったらしく、前進するとき、一足ごとに後を振り返って安全を確かめるという。すなわち「旧（以前のこと）に仍る」である。というわけで、「猶」と「仍」とはつながって使われるようになった。

こういう意味であるから、その「よる」というのは、後を振り返り振り返りするということで、同じことを重ねるという感じである。だから、「依・拠」の場合の「よる」という意味とは異なっている。旧《ふる》いものの上に、同じようなものを重ねるということである。そのため「仍」を「かさぬる」とか「しげし」とか、「しきりに」と訓読するときもある。

さて元にもどって言うと、「仍旧」ということば自身が「猶」に近いわけであるから「仍旧」自身をstillやyetと訳したってかまわないわけである。訓読のときは、やむをえず「旧に仍る」と読まなくてはしかたがないが。

以上、述べてきたように、「猶・尚・仍」を「なほ」と読むものの、微妙な相違点があることがわかる。そこで、この相違点をなんとかはっきりさせようとするいろいろな意見がある。例えば、どちらかと言うと「尚」は下の語にかかり、「猶」は上の語にかかる傾向があるという。この考えに私はあまり賛成しないが、そういう考えもあるということを紹介しておこう。或いは「尚」を「まだ」とし、「猶」を「やはり」とするという意見もあるが、これはおかしい。「猶・尚」が使われているうちに、次第に意味が混淆《こんこう》（交）してしまって、どちらにでも通用するようになってきていると考えるべきであろう。諸君としては、共通に「やはり」と訳しておくのが無難であろう。

⒃ 縦・縦令・譬如

「たとひ」(たとい)ということばがある。この「たとひ」と「たとへば」(たとえば)とは違ったことばである。「たとへば」と言うと、(A)「例えば」すなわち例を挙げるか、(B)なにか物に譬《たと》えて言うならば、ということである。「たとひ」と言うと、すこし文語的に言えば「よしや……であるとしても」という意味である。しかし、「そうではないけれども、それにしてみれば」という感じであろう。だから、「たとひ」と「たとへば」とは、しっかり区別しておかねばならない。なお、口語体の場合、この「たとひ」(たとい)を慣用で「たとへ」(たとえ)と読む人が多い。

さて、この「たとひ」ということばは、漢文では「**縦**」・「**縦令**」・「**仮令**」・「**仮使**」・「**仮若**」・「**仮如**」といった文字で表現される。

その読みかたであるが、例えば「縦」の場合、「たとひ……すとも」というふうに、下に「……すとも」ということばを呼応してつけ加えるのがふつうである。

諸君が漢文の時間に、おそらく必ず学ぶであろう『史記』の「垓下《がいか》の戦」の最後のあたり、項羽が追いつめられ、自殺する前のところで、こう言っている。

縦《たとヒ》江東ノ父兄憐ンデ而王トストモレ我ヲ、我何ノ面目アリテカ見ンレ之ヲ。縦ヒ彼不トモレ言ハ、籍（項羽のこと）独リ不ランレ愧《は》ヂ二於心一ニ乎。

二回「縦」が出てくるが、「よしや江東の父兄たちが、自分を憐んで、王として、くれても、自分はどの顔をさげて再びその父兄を見ることができようぞ。たとい父兄たちがなんとも言わないとしても、自分は独り心の中で恥じないでおられようか」という感じのものである。

なお、「縦」一字で「たとひ」と読むのであるが、二字連続している場合、すなわち前記の「縦令」・「仮令」・「仮使」・「仮若」・「仮如」という二字の場合でも、同じく「たとひ」と読むのであって、その点は変わらない。しかし、「仮令」以下、「仮」のついているときは、「かりに、そうしてみれば」と訳してよい。それのほうがすっきり訳せる場合が多いと言えよう。

だいたい、「縦」という漢字本来の意味は、自由にかってきままにする、ということである。「放縦な生活」という使いかたがあることからわかるだろう。

だから、「縦」には、「ゆるすことのできないことであるけれどもゆるして、自由にさせてみるときは」という感じが残っているわけである。そこで、「縦」・「縦令」を「たとひ……

すとも」と読むときも、気持ちの上では、「ゆるしてそうさせてみる」という気分があると考えてもいい。

このように考えると、前にすこし触れたが、「仮如」・「仮使」・「仮令」の場合も「仮」という漢字のもとの意味が残っている。すなわち、「仮」は「借」である。「仮借」である。すると「かりに言うてみるには」とか「かりにまず……させれば」とでもいうような気分があると言えよう。

読みかたとしては「たとひ……すとも」と同じなのであるが、この両者では解釈の場合、すこし違っていると言うことができよう。しかし、諸君は、そうまで神経質に区別する必要はなかろう。ただ、記憶しておいてほしいのは、たとい助字の場合であっても、その漢字のもとの意味が、このように残っている場合がある、ということである。

参考までに英訳を見てみると、「縦」は、even if、「仮如」は、if あるいは supposing that と訳している。そういうふうに理解しても、まあよい。

さて、「たとひ……すとも」と読むものの別例に「**就令**」がある。これも「就」の「つく」というもとの意味がこもっている。「就職」は「職に就《つ》く」ことであるように、「そのほうについて」であり、「令」は「……せしめる」ということであるから、「就令」と両方を合わせると「そのほうについて……ならしめば」という感じになるであろう。しかし、「就令」という形式のものは、あまり出てこないから忘れてもかまわない。

このほかにも「たとひ……すとも」と読む特殊な例があるが、ここでは省略してとりあげない。そんな特殊例などは知らなくてもよいから、以上に挙げたような基本例をしっかりと自分のものにせよ。

次に「たとへば」について研究しておこう。最もよく出てくるのは、「**譬如……**」である。例を挙げてみると、

譬《たとへバ》如《シ》レ登《ルガ》レ山《ニ》、自《リ》レ麓《ふもと》至《ルハ》二中腹《ニ》一易《やすク》、自《リ》二中腹一至《ルハ》二絶頂《ぜつちやうニ》一難《かたシ》。

このように、「たとへば……の（が）ごとし」と読み、「たとえてみるならば……のようである」と訳す。もちろん、「譬如」は、ときによって「譬若」ともなる。「如」と「若」とは、「ごとし」の意で相互に入れかえることができるのは諸君御承知のとおりである。

右の形式の変形が「**譬猶……**」である。

譬《ヘバ》猶《ホ》シ二利剣之善《ク》護《ル》レ身《ヲ》者《ハ》、復《タ》自《ラ》傷《ツクルガ》一。

【譬えていえば、切れ味の鋭い刃物はよく身を護るが、自分自身を傷つけることがあるようなものである】

これは「譬」に「猶」（なほ……のごとし）を足し算したようなものであるから、「たとへば、なほ……のごとし」と読むわけである。

さらに、変形の大きなものに、

譬二之一、若二……一（これを——にたとへば、……のごとし）

というものもある。

譬《ヘバ》二之《ヲ》沈《き》濫《らん(かん)ニ》一、雖《モ》レ清《すムト》而易《やすク》レ挹《くミ》、叔度《ハ》汪汪《わうわうトシテ》若《シ》二千頃《けいノ》陂《ひノ》一。

【これを湧き出している泉（沈濫）にたとえると、水は清く澄んでいるけれども、くみほしやすく、叔度（人名）は、ゆったりと広く（汪汪）、千万町歩（千頃）のため池（陂）のようなものである】

この最後の例などは、最初の例の「譬如（若）」の「譬」と「如（若）」との間に、余分なことばがはいっただけのことであるから、やはり、「譬如」の形式が基礎である。

つけ加えておくと、「譬喩《ひゆ》」ということばは、今は使われず、ふつう「比喩」が使われている。しかし、実はこの二つは同じことなのである。「譬」というのは、「ならべてくらべる」（比）ということである。ならべくらべるから、よく似たものを譬えとして挙げることができる、というわけである。

⒄ 仮定形

最も基本的な仮定形は、「**若・如・即・苟**」を使った場合である。すなわち、

① 若《もシ》……《ナラバ》（もし……ならば）、如《もシ》……《ナラバ》、即《もシ》……《ナラバ》、苟《もシ》……《ナラバ》

この場合、「苟」を「いやしくも」と読んでもかまわない。

② 縦《たとヒ》……《トモ》（たとひ……とも）

これは、逆接の条件を表している。

③ 微《な》カリセバ二 ……一（……なかりせば）

「実は……であるが、もしそうでないとしたら」の意味で、常に仮定の打ち消しとして使われる。

④ 雖《いへど》モ二 ……一ト（……といへども）

「たとい……であるにしても」の意味で、主語が「雖」の下にある。ところが、主語が「雖」の上にあるときがあり、そのときは確定を示す。ただし、その主語が省略されていることもあるので注意。

例 ① 雖モ二其ノ政衰一フト（その政《まつりごと》衰《おとろ》ふと雖も）

【たとい政治がうまくゆかなくなったとしても】

例 ② 伯夷叔斉雖モレ賢ナリト（伯夷《はくい》・叔斉《しゆくせい》〔人名〕、賢なりと雖も）

【伯夷叔斉が賢人であったにしろ】

⑤ 使《メバ》二……《ヲシテ》――《ナラ》一（……をして――ならしめば）

これは形式的には使役形なのであるから、使役に訳してよい。しかし、文脈の関係から考えて、仮定のように訳したほうが、意味がすっきりするときがある。だから、使役形で訳し終わったあと、余裕があれば、一度、仮定形に考えてみるというのも、漢文読解のコツの一つである。

⑥ ……《レバ》則《チ》――（……れば、すなはち――）

詳しくは**第二部第⑾節**を参照のこと。常識的には、順接の確定条件ということである。

⒅ 受身について

① 見《らル》二……一（……らる）

被《ら》ル二……一（……らる）

この①は最も基本的な受身形である。「……」の箇所には動詞がくる。だから、「……らる」の「……」のところに動詞の未然形を置けばよい。「被服・被告・被害」はすべて受身で「服《ふく》せらる・告《つ》げらる・害《がい》せらる」ということである。これらの熟語を思い出すようにせよ。

② 為《な》ル三……ノ所ト二――スル一（……の――するところとなる）

この形式は研究に値するので述べよう。たとえば「A愛レスBヲ」（A、Bを愛す）ということにしよう。さてそこで、**第二部第(7)節**「所」で学んだことを思い出してくれたまえ。「所」を使って「A愛レスBヲ」を分解してゆくことにする。まず、「所レ愛スル」というのを考えよう。「所レ愛スル」というのは、「愛する対象そのもの」であるから、「所レ愛スル」イコール「B」である。いいかい、「B」＝「所レ愛スル」だ。そこでイコールに相当する漢字はなにかと考える。すると「為」が浮かび上がってくる。たとえば「我為リ二少年一」（我、少年たり）という文があるではないか。これは、「我」イコール「少年」ということ。そこで、「為」を＝記号の中に入れてみる。すると「B為所愛」となる。

さて、この「所愛」ということを引き起こしたのは誰か。つまり主語的な働きをするものは誰かということである。それはAである。Aが愛したわけだから、そこで、Aを「所愛」の上に置く。すると「B為A所愛」となる。これを読んで「B為《なル》二A《ノ》所《ト》レ愛《スル》一」（B　Aの愛する所と為る）となるわけである。すなわち「BはAによって愛する対象となった」→「BはAに愛せられた」というわけで、めでたく受身形となる。

だから「為《ル》三……《ノ》所《ト》二——《スル》一」は「……によって——される」と訳してよいわけである。

③　（動詞の）□《ラル》二於……《ニ》一（……に□らる）

この受身形は、実は②の受身形と関係がある。と言うのは「B為二A所レ愛」という場合、「Aによって」であるから、それを言いなおせば、「Aにおいて」でもよい。すると「B為二A所レ愛」は「B為レ所レ愛二於A一」と変形できる。

さてこの「為所愛」であるが、意味上から言って受身なのであるから、「為《らル》レ愛《セ》」とか、「見《らル》レ愛《セ》」とか、「被《らル》レ愛《セ》」というふうに置きかえてもよい。すなわち、

B為レ愛二於A一。

と書きなおすことができる。ところで、この「為」や「見」や「被」は、受身の助動詞なのであるが、受身ということがわかっているときは消えてしまうという傾向がある。とすると、結局、

B愛《セラル》二　於A《ニ》一。

となってしまうわけである。

このように③の形式「(動詞の)□《ラル》二　於……《ニ》一」は、②の形式「為《なル》三……《ノ》所《ト》二——《スル》一」と深い関係にあることがわかるだろう。

④　文脈で決定する受身

漢文というのは奇妙な言語である。受身を表す助動詞「為・見・被」があるからといって、いつもそうした助動詞が使われるわけではない。けれども受身を文脈上として表すことができるのである。受身を表す助動詞がない場合でも文脈上受身になることがあるということである。例えば「仁《ナレバ》則《チ》栄《エ》、不仁《ナレバ》則《チ》辱《はづかシメラル》」である。この例文では受身を表す助動詞はないが、文脈上、受身に読むわけである。こういう受身がいちばんむつかしい。し

かし、入試の漢文問題としてまずこういうものは出ないであろう。

⒆ 況・且猶

漢文には、いわゆる独特の漢文調というものがある。「……せざるべけんや」とか、「ただに……のみならず」といった調子のものである。そうした独特の漢文調の一つに、「況（いはんや）」というものがある。これについて研究してみることにしよう。

「況」の基本形は、

況……乎

で「いはんや……をや」と読み、「まして……にあっては、なおさら――である」というふうに訳すのがふつうである。

参考までに英訳をみてみると、moreover, besides, furthermore というふうに訳している。すこしもの足りない訳であるが、まあ、こんなところであろう。

さて、「況」の基本的な意味は右に尽きるので、その意味からすれば、要するに「まして」とか「さらに」という意味を加えて訳せばよいということになる。「いはんや……をや」などというと、なんだか大げさなむつかしいことばのようにみえるが、そんなに見かけほどにむつかしい意味ではない。

次に、その変形について考えてみる。基本形は「況……乎」であるが、その変形に、

況於……乎

がある。これは「いはんや……においてをや」と読む。また、「於」が最終の返り点につく。左に例を挙げる。

況《シヤ》於《テヲヤ》レ人《ニ》乎。(況《シヤ》於《テヲヤ》二……《ニ》一乎)

この「況於……乎」は、基本形の「況……乎」と意味が同じであるから、当然、訳もそのようにすればよい。

さらに、いま一つの変形としては、

而況……乎

がある。これは「而」を「しかるを」と読み、全体として「しかるをいはんや……をや」と読む。これは、この「而況……乎」の句の前にある文や語句を前提として、それを受けたあとで、「それだのに、まして……は、なおさら……である」というふうな意味となる。ほとんど基本形の意味と変わらないのではあるが、やや語気が異なっている。しかし、そういう非常に微妙なところまで諸君は気にすることはなかろう。

この「況」を使った構文と、よくドッキングする構文がある。それは「且猶」という語を使う構文である。これについて研究してみよう。

「……且（猶）――」という構文の場合、「……すらかつ（なほ）――」、或いは、「……すとも、かつ（なほ）――」と読む。意味は「……でさえも――である」とか、「たとい……しても――」ということである。

参考までに英訳をみてみると、yet, still あるいは even と訳している。

この構文はなじみにくいので、例を挙げてみることにする。教科書にもある『史記』の「鴻門之会」の一節に、次のような句がある。

（項）羽曰ク、能ク復タ飲ムカト乎。（樊《はん》）噲《くわい》曰ク、臣死スラ且ツ不レ避《さ》ケ。卮《し》酒《しゅ》（さかずきについだ酒）安《いづくンゾ》足ランヤトレ辞スルニ。

【項羽は、さらに「もっと飲めるか」と言った。すると樊噲は「私めは一命を捨てることさえもいといません。まして、さかずきの酒ぐらい、なんで辞退いたしましょう」と言った】

この「猶」の代わりに「尚（なほ）」を用いることもあるが、もちろん、意味に変わりはないので注意すること。なお、念のためにつけ加えておくと、「……且（猶）――」の変形として、

以テスラ二……ヲ一且ツ（猶）――。

という形がある。これは、右の訓読が示すように、「……をもつてすら、かつ（なほ）――」と読み、「……でさえも――する」、或いは「たとい……にしても、――である」というふうに訳せばよい。これは、変形というよりも、「以」が「……且猶――」という句の上について、……部分が――部分の条件を示すと考えてよい。具体例を示そう。

以テスラ二児《じ》之不肖《ふせう》ヲ一、且ツ辱《かたじけな》クス二大臣大将ヲ一。

【私めのようなもの（児之不肖）でさえも、辱《かたじけな》くも内大臣左近衛大将という顕職を拝しております】

この「且猶」と「況」とがドッキングするとどうなるか。それを次に述べよう。

「且猶」と「況」とがいっしょに用いられるとき、次のような二つの形となるのがふつうである。

㈠　……スラ且ツ——。況ンヤ‖ヲヤ乎。（……すらかつ——。いはんや‖をや）

これは「……でさえも——である。まして‖にあってはなおさらもって——である」というような意味である。具体例で言うと、

死馬スラ且ツ買フレ之ヲ。況ンヤ生ケル者ヲヤ乎。馬今ニ至ラン。

【死んだ馬でさえ大金を投じて買い取るのですから、まして生きている馬ならなおさらもって買い取るにちがいありません。そのうちに、いい馬がきっと出てくるでしょう】

(二) ……猶《スラ》《ホ》――。況《ンヤ》＝＝乎《ヲヤ》。(……すらなほ――。いはんや＝＝をや)

意味としては(一)の場合と同じである。だから、当然、(一)と(二)とを合わせた形「……且猶――。況＝＝乎」という構文もありうる。しかし、私の経験ではこのような全セット「……且猶――。況＝＝乎」のような構文にまだ出あったことはない。諸君としては、そんなに気にすることはないだろう。

さて、話が少し横道にそれるが、「且猶」という構文にプラス反語というものもあるので、ついでにつけ加えておこう。

(三) ……且《スラ》《ツ》(猶《ホ》)――。安《いづくンゾ》＝＝哉《センヤ》。(……すらかつ〔なほ〕――。いづくんぞ＝＝せんや)

意味は「……さえも――である。(だから)どうして＝＝しようか」ということである。

なお、この「且猶」が逆となって「猶且」となるときがある。意味は同じである。

(四)　……猶《スラホ》且《ッ》——。安《ンゾ》‖《センヤ》哉。(……すらなほかつ——。いづくんぞ‖せんや)

この(四)のような形があるということは「況……乎」においてもあるということになる。すなわち「……猶且——。況‖乎」という構文もあるということになる。しかし「猶且」よりも「且猶」のほうが多いと言えよう。

(20) 雖と或・若と

逆接を表す助字はかなりあるが、よく出てくるのは、「雖」である。もちろん、こんな漢字は常用漢字には入っていないけれども、この程度の漢字は書けてもいい。と言うのは、いまでこそ、こんな漢字は使われないものの、すこし古い日本文、明治大正はもちろんのこと、昭和の初めころの文章には、ざらに出てくる漢字であるから、現代文読解の上からも、しっかり覚えておいてくれたまえ。

さて、この「雖」は、「……れども」「……とも」と読む。「……といへども」という読みかたは、比較的新しいようである。しかし、現行の漢文教科書では、「……といへども」と読んでいるから、諸君はそれに従っておくのが無難であろう。

この「雖」を「……れども」と読めば、既成（もうそうなっている）のことに対することとなるが、「……とも」と読むと、未成（まだそうなっていない）のことになる。この未成のときには、「もし」とか「たとい」という訳をあててもかまわない。

ではふつう訳をどうつけるかということになるが、「たとい……であるにしても」「……であるにしても」「たとい……でも」というふうにするのがよい。その場合、注意すべきことが一つある。「……といへども」と読むため、その「いへ」というひびきから、なんとなく「雖」に「言う」というような意味があると誤解しやすい。これはいけない。特に「言う」という気持ちをこめようとすると「雖㆑曰」（曰ふといへども）というようにしなければならない。

なお、

雖……、而——

という形になるときがよくある。「……といへども、しかも——」と読み、意味としては「雖……」と同じである。ただ「而」が加わっただけと考えてよい。

また、ふつう「雖」は句の初めに置かれるということも知っておいてよいことである。句

の途中に「雖」がくるという例はまずない。そこで、この「雖」に「然」がついて、

雖レ然（しかりといへども）

という慣用句もできる。この「雖然」はそれだけで独立して使われるから、記憶しておこう。もっとも、その場合、「雖」がかかるのは「然」だけであるから、他のことばにまでかけないように注意すること。そうでないと必ず誤訳してしまうようになる。

次に「**或いは**」「**もし**」ということばについて研究してみよう。

「**或**」は「あるいは」または「あるひと」と読む。場合によっては、「もしくは」とか、「……もあり」と読む。例えば「或来乎」という場合、「あるいは来《きた》らんか」「もしくは来《きた》らんか」と読むか、または「来ることもあり」と読んだりする。

その意味としては、不定ということである。不定は、ふつう、

未必……（いまだかならずしも……せず）

という句で表すから、この「未必」の代わりに「或」を入れてもよいのである。そういう置換ができるということを知っておくと有利である。

また、「或」だけを単独で用いずに、「其或」（それあるいは）とか、「或者」（あるいは）というふうに、他の字と連用するということがよくある。その場合、意味的にはあまり変わらないので、「或」の気持ちで訳してよかろう。「或曰」というような場合は、「あるいはいはく」という気持ちよりも、「或人曰」（あるひといはく）という気分のほうが強いので注意しよう。

「**若**」を「もしくは」と読むときは、「或」と同じ意味となる。しかし、「もし」と読むと、あくまでも、仮定の意味となるので、「或」と意味が異なってくるから気をつけよう。もともと、「もしこうであったならば」という気持ちの字であるから、「若」を「ごとし」と読むのがふつうである。例えば、

若是則……

とあると、「是（かく）の若（ごと）くんば、則ち……」と読み、「もしこうこうであるならば、きっと……」というふうに訳すわけである。「若是則……」を「是（かく）の若（ごと）くならば、則ち……」と読む人もいる。

ふつう「**如**」は「若」と同じように使われているから、「ごとし」という読みかたは共通している。また「若」を「もし」と読むときがあるが、「如」も同じ。現代中国語では「如《ルー》

果《グオ》」という語があり、「もし」の意。これを訓読すれば「如《も》し果《はた》してとなれば」の感じか。

(21) 頗・殆・幾

「頗」字について研究してみよう。この字の読みかたとしては、ふつう二種類ある。一つは「やや」であり、いま一つ「すこぶる」である。「やや」と「すこぶる」とでは、ずいぶんちがった感じである。すなわち、「やや」はすこしの感じであり、「すこぶる」と言えば、かなり多い感じである。いったい、どうなっているのか。

古い時代の漢文、すなわち『史記』や『漢書』などに出てくる場合は、「すくない」という意味につかわれるのがふつうのようである。だから、そのときは「やや」と読むのがよかろう。ところが、時代が下がってくると、「非常に多い」「十に七、八」という感じで逆に使われるようになるのである。「よほど」と訳してもよいくらいであり、現在では、ふつうこの「多い」という意味に使われている。英訳などを見てみると、quite, very とまで訳しているくらいである。こういうときは「すこぶる」と読むのがよい、ということになる。ただし、「やや」と読んで、多い感じの「すこぶる」の意とすることもある。「非常に」という感じ。

そういうことになると困るのは諸君であろう。いったい、どういうふうにしてその二種類を判別するか、ということになるからである。

そこで、一応、こういうふうに言っておこう。ふつうの漢文で使われている「頗」は、「すこぶる」と読んで、「多い」という意味に解釈しておくことである。いささか乱暴な言いかたをすることになるが、入試の漢文の問題文なら、たいてい、これで十分である。もし、「頗」を「すくない」という意味として読まなければならないようなときは、おそらく、問題文に注がつくということになるだろう。だから安心してよろしい。

江戸時代以来、「頗」を「多い」という意味に解釈するのがふつうであるが、中国人の書いている文法書では、「少ない」という例を挙げているものが多い。それはかなり専門的な問題となるから、諸君は気にしなくてもよろしい。

同じ漢字でありながら、両極端の正反対の意味を持つということは、漢字においてときどきある。「乱」は「みだれる」と同時に「おさまる」というふうにも解釈される漢字である。奇妙だが事実だからいたしかたがない（**第二部第⑫節**の「反訓と『寧・安』と」参照）。

ふつう「頗」字を「非常に多い」という意味に解すると、「ほとんど」というふうな方向になる。この「ほとんど」ということばに近いものとして、「**殆**」と「**幾**」とがある。「幾」字の語感は「近い」というあたりである。「やがてそうなる」とか、「おっつけそうなる」というふうな感じでもある。だから「幾」を「ほとんど」と訓読してよいのだが、ふつうの訓読では「ちかし」である。英訳を見てみると、nearly, almost と訳している。まさに

訓読と同じ訳語である。中国人のある文法書では、

将《まさニ》《す》レ欲セントレ及バントレ之ニ也。

と説明している。なかなかその語感をよく説明していると言えよう。

この「幾」と意味の同じものが「殆」である。「幾」と同じく「ほとんど」と訓読する。これは「頗」が十に七、八であったのに対して、十に九まで、という感じである。もうほんのちょっとで全部という感じである。だから、気持ちの上では、もうほとんど全部ということであると言ってよかろう。英訳も「幾」の場合と同じである。

だから、「殆」を思いきって、「おそらく」と訳したっていいわけである。或いは「全体的に見て」とか「ひっくるめて」というふうに訳してもかまわない。場合によっては、十に九であるから、もう十に十と解してしまって「きっと」と訳しても訳しすぎではない。しかし、入試では、基本的な理解ということに重点が置かれるから、「きっと」とまで訳すと、おそらく減点されるであろう。だから、諸君は、そこまで思いきって訳さないほうが無難である。

なお、つけ加えておくと、「殆」には別に「あやふし（危険）」という訓がある。例えば、

孔子曰ク、於テ二斯《こ》ノ時ニ一也、天下殆《あやふ》イカナ哉、岌岌乎《きふきふこ》タリト。(この場合の「岌岌《きゆうきゆう》」は、あやういさま。他に高いさまの意もある)

という『孟子』に出てくる例文がある。このときは、「ちかし」とか「ほとんど」という意味とはまったく関係がないから注意しなくてはならない。いつでも同じ訓で片づくわけではないのである。

㉒ 庶幾・庶・願・請

「庶幾《しよき》」というこの二字は、「こひねがはくは」(または「こひねがはくば」)と読むのがふつうである。もっとも「ちかし」とも読む。

このように、両種の読みかたがあるのは、実は、訓読の読む順序によって異なるためである。例えば、「王庶幾改之」という文があるとする。意味は「どうか王が悔いて前非を改められたいと願う」ということ。この場合、「こひねがはくは」と読むとすると、次のような訓読となる。

王庶幾《クハ》改《メンコトヲ》レ之《ヲ》。（王、こひねがはくは、これを改めんことを）

これは、ふつうに読めば、「王、これを改めるをこひねがふ」である。ところが、先に「こひねがはくは」と読んだために、「……せんことを」という結びかたになるのである。

実を言えば「こひねがふ」と一番あとに読むほうがわかりやすいのだが、長年の習慣で、「こひねがはくは」と先に読む。

もし、「……せんことをこひねがふ」というふうに、「こひねがふ」を一番あとに読もうとすると、読みかたが変わるのが習慣である。どういうふうに読みかたが変わるのかと言うと、「こひねがふ」の代わりに「ちかし」と読むのである。

先の例で言えば、「王、これを改むるにちかし」となるのである。だから、事実上、「……せんことをこひねがふ」というように「こひねがふ」を最後にもってくるという読みかたは、ほとんどない、ということになる。これがつまり「こひねがはくは」と「ちかし」との両種の読みかたがある、ということの意味なのである。もっとも、人によっては、「ちかし」と読まないで、「ちかからん」と読んで推定の意とする人もいるが、それは考えすぎというものであろう。「庶幾」を「こひねがはくは」と読んでも、「ちかし」と読んでも、意味に変わりない。ただ読む人の習慣の問題ということである。

「庶幾」（「こひねがはくは」或いは「ちかし」と読む）は、「どうか」とか、「なにとぞ」という願望を表す助字であるから、当然、願望を表す助字としての変形もある。それは「庶」である。「庶幾」の内の「庶」一字だけで「庶幾」と同じはたらきをする。すなわち、「庶」を「こひねがはくは」或いは「ちかし」と読む。例えば、

(A) 庶《こひねがはクハ》可《シ》レ無《カル》レ患《うれひ》。

(B) (顔) 回《ハ》也庶《ちかイカナ》乎。

さて、願望を表す助字の他の例を挙げよう。最も基本的なものは、「願」である。これは「ねがはくは……せんことを」と読む。「庶幾」のときは「こひねがはくは……せんことを」と、「こひ」ということばがつけ加えられていたが、「願」のときは、文字どおりに、ただ「ねがはくは」と読むだけである。

そこで、あらためて注意を一つしておこう。「庶幾」（或いは「庶」）にしても、「願」にしても、「こひねがはくは」・「ねがはくは」と読んだあと、必ず「……せんことを」の「を」ということばでその目的語を表すということを忘れないことである。

参考までに、英訳を見てみると、「庶幾」を願望の意の方向ととらずに、①almost,

nearly ②probably, may be というふうに訳している。ところが、「願」となると、to be willing, to be desirous of というふうに分けて訳しているのを見ていると、日本語の「(こひ) ねがはくは」という読みかたのほうが、ずっと合理的と言えよう。すなわち訓読のよいところの一つということができよう。

願望を表す助字の最後に挙げたいのは、「請」である。この「請」は、助字とも言えるし、またいっぽうでは、助字ではなくて実字（概念語）だという考えかたもできる。「請」を実字と考えるときは、そのものずばり、「……してくれ」という願望そのものとなる。英訳で言えば、to request とでも言うべきところだ。ところが、助字と考えるときは「どうぞ……」という軽い感じとなる。同じく英訳で言えば、please とでもいう感じである。だから、この「請」を訳すとき、厳密に言えばやっかいなのであるが、そんなに神経質にならないとすれば、要するに「……してください」という程度の訳で十分である。

例えば、次の『孟子』の例文を見てみよう。

仁者ハ無シレ敵《てき》ト。王請フ勿《なか》レレ疑フ。

この場合、「請」が「王」の下にきている。もし、「請」が「王」の上にきているとすると、「請い手」すなわち「請う」のは孟子ということになり、「請」は全体にかかる実字という感じとなる。ところが、この場合、「請」が「王」の下にきているので、「王請」と連続している感じで、つけたし的であり「請」の感じが弱い。すなわち助字的な感じということができよう。

しかし、この「請」は、もともと実字的な感じの強い漢字である。だいたいが「情」という字の省略体とも関係があり、誠意をもって願い求めるというムードである。それが使われているうちに、だんだんと、元来の重い意味が薄れてきた。これはよくあることだ。例えば「革命」(〔天〕命を革《あらた》む)ということばの場合、日本語としては、なにか生々しい感じがある。しかし、現代中国では「革命」ということばをしょっちゅう使うので、もはや、生々しい感じはない。ごくふつうのことばとなっている。日本語でいえば「改革」ぐらいの感じである。このように、本来は強い感じのことばでも、どんどん使っているうちにその概念がすりきれてしまう。「請」の場合も同じである。実字としての「請」が使われているうちに、軽い感じの助字としての「請」に変わってしまったのである。

⑵ 苟・且

「苟」はふつう「いやしくも」と読む。ところが「いやしくも」と読むと、なんだか「賤・卑」ということばのもつ「いやしい」という意味とごっちゃにする人がいる。これはまちがいだ。「賤・卑」などの「いやしい」という意味とは関わりがない。ここのところをまずしっかりと頭に入れておくことである。

さて、その用法であるが、まず第一としては、「もし」という意味に使われる。例えば、次のような「中庸」の文がある。

苟《シクモ》無二其《ノ》徳一、不三敢《テ》作《なサ》二礼楽一焉《ヲ》。

この場合、前半の句は「もし徳がないとすれば」という意味である。或いは「かりそめにも」と訳してもよい。「これでもまあ」といったぐらいの意味と解してもよい。

だいたい「苟」の元来の意味を考えてみるとこういうことである。草の蔓《つる》や蔦《つた》がこんがらがって、どこに端緒《いとぐち》があるのかわからないという感じである。すなわち、物のめったに分離できないさまを表している。そういうところから、「なにかなしに」という感じに使われ、やがて「かりそめにも」となり、さらに「もし」という訳が生まれてくるようになったのである。

或いは、物のめったに分離できない、というところから、なにかことを起こすとき、念を入れないで、いいかげんにする、という意味に転じ、「かりそめに」という訳が生まれた、と考える人もいる。そういうときは、「苟且《こうしょ》」という熟語で使われるときが多い。英訳を見てみると、「苟且」を、against principle と訳している。

さて、以上は「苟」の最も基本的な意味であるが、さらに、以上の意味とはまったく別の意味があって、ときおり使われる。例えば次のような『論語』の文の場合である。

苟《ニ》志《サバ》於仁《ニ》、無《キナリ》悪也。

「苟」を「まことに」と読む。こういう読みかたをするときは少ないが、あることはあるのである。しかし、ま、忘れてよかろう。

「苟」と似たものに「且（かつ）」がある。これは、「苟」と同じ意味に使われるとき「まあ」というぐらいに訳してよい。

しかし、「苟」と同じ用法よりも、別の用法で使われる場合が圧倒的に多い。その第一は、「かつ」と読み、「そのうえ」と訳す場合である。例えば、

既《ニ》増《シ》知識《ヲ》、且《ツ》広《ム》見聞《ヲ》。

第二の用法としては、「姑且」という形で現れてくる場合で、この二字で「しばらく」と読み、そう訳す。「暫時」とか「暫且（しばらくかつ）」という形で出てくる時と同じであ

る。次のような例を見よ。

姑且《しばらク》論《ジ》二大《ナル》者《ヲ》一、莫《なかレ》レ談《ズル》二小《ナル》者《ヲ》一。

第三の用法としては、「**尚且**（なほかつ）」という感じの場合である。「それでもまだ」とでも訳してよい。例えば次のような場合である。

彼《かれ》飽食《シテ》而暖衣《シ》、且《ツ》以《テ》為《ス》二不幸《ト》一。

第四の用法としては、文の始めに用いる場合である。例えば、

且《ツ》夫《そレ》天下《ハ》非《ザルナリ》二小弱《ニ》一也。

これは「そもそも」とでも訳してよいであろう。「ああ」でもよいし、「いったい」と訳してもよい。要するに文の初めの言いだしのことばとして使われるということである。

第五の用法としては、再読文字として使われる場合である。これは諸君すでに学習ずみ**（第一部第(11)節）**。

(24) 姑且・少之・頃之・須臾

「且」には、「暫時」という意味の「しばらく」と読む用法があることを前節で述べた。ところで、この「しばらく」という意味に使われる他の熟語について述べてみよう。

「姑且」というふうに、「且」と並べて用いられる「姑」は、独立してこの「姑」だけでも用いられ、「しばらく」と読み、またその意味で用いられる。「まあ当分」というふうに訳してよい。

「少」も「ちょっと」の意として用いられ、「すこしく」と読まれる。これと異なり、「少之」という熟語で使われるときがある。これは「しばらく」、或いは「しばらくして」、或いは「しばらくありて」と読む。その際、「之」を読まないのが習慣である。さて、その訳であるが、「しばらく間《ま》を置いて」という感じである。この「少之」は案外よく出てくるので記憶しておこう。

この「少之」と似たものとして、「頃之」というものがある。「少之」の場合と同じく、その「之」は読まないのが習慣である。そこで、「頃之」全体をどう読むかと言うと、「少之」の場合と同じく、「しばらくして」とか、「しばらくありて」と読む。意味としては、「ころあいあって」とか、「ほどあって」というところであろう。この「頃之」も「少之」と同じく、わりあいよく出てくるので、記憶しておくべきであろう。また、「暫」は当然のことながら、その文字どおりに「しばらく」と読むことは言うまでもない。

さて、めったに出てこないのであるが、『論語』などの中で使われているものに「須臾《しゆゆ》」というものがある。読むときは、そのまま音読して「しゅゆにして」である。その意味は、「ほんのわずかの間に」ということである。「しばらく」は「しばらく」であるが、非常に時間が短い感じである。

もっとも、「須臾」というような熟語は、問題文として出たとき、注をつけることになるだろう。まして、大学入試センター試験の場合のように、基礎的な漢文の力を試すことに主眼を置くということが目的の場合には。今となっては「須臾」などは高度な熟語ということになろう。

(25) 嘗・曾

漢文によくでてくる副詞として、「**かつて**」がある。これについて考えてみることにしよう。その場合、まず注意しておくことがある。それは「かつて」の読みかたである。よく「かって」と書いたり、そう発音したりする人がいるが、それはまちがいだ。必ず、その「つ」は「つ」とはっきり読まなければならない。すなわち、「か、つ、て」というふうに一語一語はっきりと読むということだ。「かって」というふうに、つまって読んではいけない。

さて、この「かつて」に相当する漢字として、どういうものがあるかというと、「嘗」と「曾」とを挙げることができよう。はじめに、「嘗」について研究してみることにしよう。この「嘗」という漢字は、もともと「なむる」という意味である。口語で言えば、舌で「なめる」ということだ。これが本来の意味である。この「なめる」という行為は、本来自分の口を経《へ》るということ。自分の口を通じて、味を知るということ。すなわち、「経験」ということである。

すると、「経験」であるから、口を経る、ということだけではなくて、耳を経る、目を経る、手を経る、身を経る、というふうに、身体の感覚の「経験」ということにつながってくるのである。この「経験」ということは、当然、過去におけるものであるから、「嘗」を「かつて」というふうに読むことによって、過去の「経験」を表すというふうになってきたのである。

そして、さらに転じて「こころみる」というふうに、過去の経験の上に立ったところの、未来の行為をも表すようになってきたのである。しかし、「こころみる」という読みかたは、「かつて」よりも少ない。

「曾」は、ふつう「かつて」と読むことになっているが、「むかし」と読む人もいる。どちらの読みかたでもかまわないと思う。さてそれでは、「むかし」と読んだとすると、「昔」とどうちがうのか、ということになる。「昔」は「むかし」と読む以外にないし、意味はまさに「むかし」ということである。

ところが、「曾」を「むかし」と読むときは、「昔」とすこし意味がちがっている。「昔」を「むかし」と読むと、ずっとずっと以前の感じ。おとぎ話の始まりによく使う「むかし、むかし、或るところに……」がその例である。「曾」を「むかし」と読むときは、そんなに遠い遠い昔のことではなくて、「このまえ」というぐらいの感じなのである。「昔」と言えば、まさに時間上の問題なのであるが、「曾」を「むかし」と言うときは、時間に対する感じ、と言うよりも、事件の起こったこと、というなにか具体的な或る過去の時点の感じだ。

だから、それが転じて、「いつのころやら」というふうにも訳される。「いつのころやら」というと、時間のことについては、そう重きを置いていない感じである。その「いつのころやら」に起こった事件のほうに関心があると言えよう。

さらに「曾」は転じて、「ついに」(つひに)とも解されることがある。これも、時間に対するよりも、事件に対する関心の強さが徹底して生まれてきた読みかたと言えよう。

以上、整理してみると、「曾」には、「かつて」「むかし」「つひに」と三種の読みかたがあるということになる。しかし、実質的には、「かつて」一つだけを記憶しておけば十分。「むかし」とか「つひに」というような読みかたをする例は少ないし、仮にそういうのが出てきたとしても、それを「かつて」と読んでも、さしつかえないからである。

「嘗」・「曾」について、さらに補足しておこう。

まず第一は、否定形とセットになっていることがある。例えば、

未《あらズ》ダ二嘗テ不ンバレ有ラ。（いまだかつて有らずんばあらず）

【これまでなかったことはない】

これは二重否定であるが、二重否定に「嘗」が加わると、強調となる。こういうときは、「かつて」が本来のもっていた「経験」という感じは、もうなくなってしまっていると言えよう。

次に、「嘗」の場合、「已（すでに）」という副詞と連用されることがある。それも二種類があり、「**已嘗**」と「已」が上に来る場合と、「**嘗已**」と「已」が下に来る場合とである。ただし、「已」が上下どちらに来ようと、あまり意味に変わりはない。また意味としても、そう強調というわけでもない。過去ということを表す程度のものだから、「嘗」一字の場合と同じと考えておいてよかろう。

次に「曾」の場合であるが、「すなはち」と読んで、「まるっきり」とか、「まったく」とか、「すっかり」という強めとして訳すときがある。だいたい中国人はそういうふうに訳し

ているようだ。『論語』にこういう文がある。

子夏問《フ》レ孝《ヲ》。子曰《ク》、色難《かたシ》。有《レバ》レ事、弟子服《シ》二其《ノ》労《ニ》一、有《レバ》二酒食《しゅし》一、先生《ニ》饌《せんセシム》。

曾是《チここヲ》以《テ》為《スカト》レ孝《ト》乎。

【子夏が孝についてたずねた。孔子が答えるには、自分の顔色をやわらげて父母につかえるのはむずかしい。もし親（先生）に仕事があれば、子（弟子）は代わってそれを行い、また食事のときには、まず親（先生）にお給仕することだ。〔これらは当然のことであって〕どうしてこういう〔仕事をしたり、給仕する〕ことが孝ということになろうか】

この場合の「曾」は、「かつて」という解釈があてはまらないので、要注意。強調なので右の訳文中には「曾」を特に訳しこんでいない。

(26) 肯・敢

古文で使われていることばで、今日にまで残ってまだ使われているものがかなりある。例えば、「あへて」ということばがそれであろう。ふつう、日常会話ではあまり使わないが、ときおり、使うことがある。しかし、そのときは、やはり、なんだか古めかしい感じがするのは否めない。けれども、漢文では「あへて」はごくふつうに使われることばであり、それに当たる漢字は、「肯」と「敢」とである。

そこで、まず、「肯」から研究してみることにしよう。この「肯」は、もともと動詞「がへんず」（がえんず）として読まれる。意味としては、「なっとくする」というぐらいのところであろうか。それが転用されると、「気が向いて」というような意味にもなる。しかし、そういう転用の用法は、まあ少なく、やはり、本来の「なっとくする」の線で記憶しておこう。この「肯」は、「承諾する」の「諾」、あるいは「願」という意味に解してもよい。

英訳では、to be willing とか to approve of と訳している。だから、例えば、

肯不レ肯（がへんずるや、がへんぜざるや）

という場合、Are you willing or not? とか、Do you approve of it or not? というふうに訳されている。

すなわち「肯定」ということばもあるように、「肯」は助字としてよりも、動詞としての意識が強いということができよう。だから、「肯」を動詞的に読んで「がへんず」一本で処

理してもかまわない。

しかし、思いきって助字というふうに解釈すると、「肯」を「あへて」と読んでかまわない。その場合の「あへて」は、かなり意訳的な読みかたとなるのではあるが。

それでは「敢」とどうちがうか、ということになる。その場合、否定形にして考えてみると、「不敢（あへてせず）」は、はばかるところがあって、できない、という感じであるのに対して、「不肯（がへんぜず）」の場合は、心の中でなっとくしない、のみこまない、という感じなのであって、異なっている。この相違は重要であるから、よく分別して記憶しておいてほしいものである。

「不敢（あへてせず）」には、畏れるところがある、はばかるところがある、或いは、恥じるところがある、そのために手出しができない、という感じ。事実、「敢行」ということばがあるように、「敢」は、思いきってという感じ、遠慮会釈もなく、という感じである。とすると「果敢」ということばなどがあり、その「果」とどう違うか、ということになる。

この「果」は、もともと「花」に対するものである。すなわち、花が咲き、実（果実）が成る、というわけであるから、花が「始」であり、果は「終」である。つまり、最後までとどく、という意味で、「終始」という「始め」と「終わり」とをくくることばである。これに対して、「敢」は、今、さしあたって遠慮会釈がない、という違いがあると言えよう。

英訳では、to dare とか to venture というふうに訳している。例えば、

敢怒而不㆓敢言㆒。（あへて怒るもあへて言はず）

という場合を見てみると、angry but not daring to speak out と訳している。あるいは「敢問（あへて問ふ）」という場合、I venture to ask. と訳している。

さて、江戸時代の文法書をみると、「不敢」を「えせぬ」と訳している。「え」は「得」である。大阪弁で「ようせん」ということばがある。無理に現代語流に訳すと「能《よ》くすることができない」というところであろうか。大阪弁のこの「ようせん」といういいかたと似ているのが「えせぬ」であろう。

さて、はばかって進んではしないという意味の「不敢」の形式的転化からか、この「敢」にはばかるという気持ちを含むようにもなる。そこであまり使われないのではあるが、「うやまふ」という意味に転化されて使われることがある。例えば、

敢告㆓天地之神㆒。

という場合、漢文として訓読すれば「あへて天地の神に告ぐ」であるが、それを「はばかりて天地の神に告ぐ」と読んでもよいわけである。もちろん「うやまひて天地の神に告ぐ」で

もよい。こういう「はばかりて」とか「うやまひて」という訓読は、内容に対して正確な理解を示すということになるであろう。

「不敢」が、「あへて……せず」という読みかたをすることについては、もう説明ずみであるが、一つ注意しておいてほしいことがある。それは「不敢」と「敢不」との相違である。ちょっと見てみると、例えば、

不必（必ずしも……せず）

必不（必ず……せず）

の相違、すなわち、部分否定と全否定との相違と同じように見えるが、この場合、そうではないということに、よくよく注意してほしいのである。

「敢不」は、「あへて……せざらんや」と読み、ふつうは反語表現となる。そして「不敢」が「けっして……しない」という意味であるから、両者「不敢」と「敢不」とは、部分否定・全否定との関係とはまったく関係がないのである。こうなる。

敢不（あへて……せざらんや）反語表現

不敢（けっして……しない）

漢文法では、前例のように、「不必」と「必不」という、副詞と否定語の場所の違いという点から部分否定と全否定との相違があるということを、よく強調する。その影響からか、「不敢」と「敢不」との対比をした場合も、うっかりすると部分否定と全否定との関係のように思いちがいをしやすい。危険である。この際、両者が、部分否定と全否定との関係とは、何の関係もないことを、しっかりと頭に入れておいてほしい。（**第二部第㊼節**「否定形」四一五・四一六ページ参照）

さらにつっこんで言っておくと、「敢不」という反語の場合、「敢不」のさらに上にことばが来る場合もあるということである。例えば、次のような場合。

有《ランヤ》二敢《テ》不《ル》レ尽《サ》レ力《ヲ》者一乎。（あへて力を尽さざるものあらんや）

反語だからと言って、いつも「敢不」が先頭にくるとはきまっていない。

もともと「敢不……」は「……しないことをあえてする」ということで「どうしてもするのだ」という意味だ。それが、反語形という形をとって読まれているまでのこと。だから、「敢不」は反語形と丸暗記しないで、もともとの意味を理解しておいた上で、反語形として理解することである。

(27) 相

なんだかわかったようなわからないような助字の例に「**相**」がある。「相」は「あひ」（あい）と読むが、「合」や「逢」の「あふ」という字とは、ぜーんぜん意味が違うから、まず注意。

この「相」には、まず「互（たがいに）」という意味がある。例えば「相闘（あひ闘ふ）」とか、「相視（あひ視る）」とか、「相談（あひ談ず）」といった調子である。そこまでは、話がわりあいにカンタンなのであるが、困った例がある。例えば「相送（あひ送る）」という場合はどうなるか。

もし、「相」を「相互に」という意味にとると、「相送」という場合、たがいに送りあう、ということになってしまって、いつまでたっても互いに送りあいをして自分の家に帰れなくなってしまうではないか。

こういう「相送」という場合の「相」は、相互に、という意味はなく、なんの意味もつけられていない添え字の場合なのである。だから、「相送（あひ送る）」と読むことは読むのだけれども、「送る」ということとほとんど同じと考えてよい。

例えば、杜甫の詩にこういうのがある。

春山無レ伴《クトモ》独《リ》相《ヒ》求《ム》（春山　伴《とも》なくとも独《ひと》り相ひ求む）

この詩句の場合、杜甫のほうから求めるということであって、たがいに求めあうのではない。ただし、相手を仮想している。だから、「求む」「責む」「語る」「侵す」というふうに、相手があるときに使われる動詞に添えられて使われる場合が多い。

もう一度整理してみると、「相」には、①相互にという場合、②単なる添え字で特に意味のない場合、という二つのケースがあるということになるだろう。

その①の場合、ときどき「**相与**」という形で現れる場合がある。「相与（あひともに）」と読んで、これは完全に交互、相互にという意味となる。もともと「与」は、

与二……一（……と）

という前置詞で、その「……」が省略され「与」だけが残って「ともに」と読むのであるが、これに「相互」の意の「相」がつけ加わったというわけである。

さらに研究してみよう。中国人はこの字について独特の考えかたをしているのでそれを紹

介する。

まず第一の考えであるが、もちろん「相互に」という考えかたをとる。しかし、中国人には相互にという感じがうすく、「みな」とか「双方が」という感じにとるようである。例えば、

二人相約㆓登山㆒。（二人、相ひ登山を約す）

という場合、「二人みなが登山の約束をした」というふうに訳している。すなわち、「相互に、互いに」というと「約す」ということだけにかかってしまうが、「みな」という感じであると、主語の「二人」のほうにも影響を与えている感じとなる。「相互に」というのとは、微妙に異なっている感じである。

英訳では、「相互に」という感じで、each other とか one another と訳している。

第二の考えとしては、相手を意識する場合である。ずばり言って、「あなた」という感じでとらえる。例えば、

一再相煩、頗抱㆓不安㆒。（一再《いっさい》、相ひ煩《わづら》はせ、頗《すこぶ》る不安を抱く）

という場合、「二度三度とあなたをわずらわせ、心の中では申しわけないと思っています」というふうに中国人は解釈している。この場合の「相」は、もちろん「相互に」という意味ではなくて、添え字としての用法である。それにしても、二人称として理解するというのは大胆な解釈法であるが、中国人はそのような発想をするようである。だから「一再相煩」は、「一再煩君（君を煩はす）」ということばと同じことになると言ってもよい。

第三の考えとしては、なんと、「相」を「我」と理解するという立場である。例えば、

昨承二相邀一（昨〔日〕、相ひ邀《むか》ふるを承《う》けしが）

という場合、中国人は「昨日私へのおまねきをいただきましたが」というふうに訳している。すなわち「昨承相邀」を「昨承邀我（我を邀ふるを承く）」と解しているわけである。

この第二、第三の中国人の考えかたは、文意をみごとにすくいあげているので非常に参考になる。「相」を「相互に」と解釈する以外、ただ単なる添え字で意味がない、というふうに単純に考えるのは日本人的な理解方法である。

(28) 自・従・由・因・縁・仍・依・拠

ヨリ、ヨリテ、ヨルといったことばについて研究してみることにしよう。

まず、「自」・「従」を挙げることにする。「自」の場合、今でもすこし古めかしいものだと、催し物の案内状などに「自十日至十五日（十日より十五日に至る）」などと書かれている。もっともこのごろでは「十日から十五日まで」と口語体で書いてあるのがふつうだが、それでも、まだときどきお目にかかる古めかしい書きかたである。この、

自……至——


という言いかたは、完全に漢文の用法である。記憶しておいてくれたまえ。

この構文の場合、ときどき「自」が省略されて「十日至十五日」というふうな書きかたがされているときもある。しかし、たといそのように書かれてあったとしても、読むときは、「自」がついているときと同じく、「十日より十五日に至る」と読むのである。ちょっと奇妙なようだが、習慣だからしかたがない。注釈書のような場合、原文を引用するとき、よくこのように「自」を省略している。

さて、「従」の場合はどうか。これも「自」と同じく「……より」と読み、意味はほとんど同じと考えてよい。もっとも、

という形には、口語体以外、あまりお目にかからない。口語体では、

従……至――

従……到――

という形で使われている。英訳では from … to ～である。だから、漢文の「従」の場合は、それだけで独立して使われると考えておいてよいだろう。参考までに英訳を見てみると「自」は from と訳している。当然であろう。「従」も同じような訳をしている。

「自」と「従」とでは、その意味に変わりがない。そこで、この二つをいっしょにして、「自従」というような形で使われることもある。このような場合、読みかたは、「より」だけで十分である。「よりより」なんて重ねて読んだりはしない。ちょうど「既」と「已」とがいっしょになって「既已」となったとき、「すでに」と読むだけであって、「すでにすでに」などとくりかえして二回読むようなことをしないのと同じである。もちろん、「自従」は連文（**第一部第⒄節参照**）と考えてよい。「より」という意味を、よりはっきりさせる熟語である。

「由」という漢字の場合、「よる」と読むのがふつうである。しかし、注意しなくてはならないことは、「よる」という日本語がどういう意味であるか、ということである。「よる」と言っても、日本語には、いろいろな意味がある。

この「由（よる）」というときは、ちょっと変わった意味である。すなわち、「経過」という感じなのである。この道すじにかかって、あの道すじにかかって、というふうに、通りすぎてゆく経過の意味の「ヨル」なのである。例えば、

由《リテ》レ陸《ニ》而行《キ》、由《リテ》レ水《ニ》而進《ム》。（「水」は、川）

というようなぐあいが例として考えられよう。これが「由」の一般的な用法である。

しかし、必ずしもこのような用法ばかりなのではない。面倒なことであるが、「自」や「従」と同じように使われることもあるのである。そのときは、「自・従」と同じように解釈しなければならない。例えば、

由レ此観レ之（此によりて之を観れば）

というよく使われることばがある。この「由」などは、「自・従」と同じように考えなければ

ばならない。

参考までに英訳を見てみると、

① judging from this

② looking at the matter from viewpoint

と訳している。

同じく、次のような例文の場合、

由《リ》レ天而降《くだル》。 to come down from heaven 或いは to come from nowhere

と英訳している。

或いは次のような例文の場合、

① 由《リ》レ近《キ》及《ブ》レ遠《キニ》。 to go from the near to the distant

② 由《リ》レ浅《キ》入《ル》レ深《キニ》。 to go from the easy to the difficult and complicated

というように英訳している。

どの英訳の場合も from という語を使っているが、これは「自・従」と同じ意識であると言うことができよう。「由」の場合、この二つの用法があることに注意しよう。

次は「因」と「縁」とである。「因」と「縁」とは、合体すると因縁《いんねん》である。仏教用語で使われることば。すなわち、この因縁という熟語は連文であり、「因」と「縁」とには共通因子がある。しかし、切り離して考えると、やや相違がでてくる。

「因」は、原因ということばがあるように、それがもととなって、という感じがある。例えば、次のような例文の場合、

①　因リテ㆑是ニ

②　因リテ㆑是ニ而作ル

「是（これ）」ということが原因となって、という感じである。古い訓読では「ユヱ（ゆゑ）」とも訳している。すると、「因是」は「このゆえに」と訳してもかまわない。

だから「因此（此れによりて）」という場合の英訳は、therefore, hence, for this reason, because of this などとなっている。

次に、重要ポイントを一つ。「因（よりて）」を使った「……、因リテ ——」という文の場

合、「……」中の動詞を受けて、その動詞の動作のそのままに「──」へと、いう感じである。例えば「請《こ》ひて剣を以て舞ひ、因《よ》りて沛公《はいこう》（人名）を坐《ざ》に撃《う》ちて之《これ》を殺せ」の場合、「剣舞の許可を得て、剣舞しながら、それがそのままその場で沛公を撃ち殺せ」という意味になる。剣舞の動作そのままに撃殺せよ、ということ。

「縁」という漢字は、もともと「つたはる」という意味である。だから、例えば、

① 猿ハ縁《つたはル》レ木ニ。（猿ハ縁《よル》レ木ニ）

② 縁《つたはリテ》レ渓ニ而漁ス。

というふうな読みかたをしてもかまわないのである。すると、「因」という、原因的な感じの場合は、「まさしくこういうわけだ」とずばりと訳してよいが、「縁」という場合は、すこし遠まわりした感じで、「言いまわしてみると、こういうわけだ」ということになろう。と言うことは、「縁」を「えん」と読み、縁があった、とか、なかった、とかというのも、遠くめぐりめぐって関係がある、ということになってこよう。こうなってくると、「縁」は、助字というよりも、もう概念語としてのはたらきをしている。「因縁」ということばも、結局はここにくるのかもしれない。

「よる」ということばについて、さらに研究してみよう。

「仍」という助字がある。あまり見慣れない助字かもしれないが、案外、出てくるので注意しておこう。この「仍」も「よる」と読むことになっている。意味としては「因」とほぼ同じと考えてよい。だから「因仍《いんじょう》」というふうに続けて用いられることがある。

しかし、それでは「因」とまったく同じ用法であるかというと、そうとは言えないのである。と言うのは、「因」の場合、初めのをもとにして、それにかさねる、という感じであるのに対して、「仍」の場合は、いやがうえにもひきつづいてという感じである。だから「まだ」とか「なお」という感じを伴ってくると言えよう。そういう感じをとったのであろう、英訳では、still や yet というふうに訳している。

では、「仍」の場合、どういう日本語訳が適当か、という問題になるが、「かさなる」という感じを持っていると考えるのがよいと思う。すると「やはり」というような訳語などがいいだろう。だから「仍旧」というような場合、「旧をかさねる」すなわち「やはり」ということで、still や yet という感じであると言ってよいであろう。例文を『論語』からあげてみよう。

魯人為《つくル》二長府《ヲ》一。閔子騫《びんしけん》曰《ク》、仍《よラバ》二旧貫《ニ》一如《セン》レ之《ヲ》何。何《ゾ》必《ズシモ》改《メ》作《ラント》。曰《ク》、夫人《かノ》不レ言《ものいハ》、言《へバ》必《ズ》有レ《リト》中《あたル》。

「長府」は蔵《くら》。「閔子騫」は孔子の弟子。「夫人（かの人）」を指す。「旧貫」は古い事例。

この場合の「仍旧貫」は、もとのままにすえおく、という意味である。

さて「仍」字には、もう一つ別の読みかたがある。それは「しきりに」である。この「しきりに」という読みかたも、もとはと言えば、「かさねる」という感じのあるところからきた変形である。すなわち、「かさねる」という語感から、一つは「やはり」、一つは「しきりに」という二つの読みかたが生まれてきたということが言えよう。

さらに「よる」ということばについて研究してみよう。

ふつう、動詞としてよく使われるものに、「依」がある。これは助字とは言いがたく、動詞として考えたほうがよいかもしれないが、「よる」という一連のことばのうちにあるから、とりあげることにしよう。

この「依る」ということばは、「そう（沿う）」「より（寄り）そう」という感じである。例えば、「依傍《いぼう》する」ということばがあるが、これなどは、その意味にぴったりしたことばであると言えよう。

参考までに「依」の英訳を見てみると、

① to depend on, to lend to

② to follow, to comply with, to obey

というふうに訳している。「依傍」などは、to depend on, to pattern after というふうに二種類に訳しているが、やはり、to depend on という訳がふさわしい。

だから、「ついて、はなれない」という感じがあると考えておけばよい。「依頼・依託・依附」というような熟語は、そういう感じからきたものと言えよう。

『論語』の注などを観ると、「依」に対して、

① 如《シ》二身《ニ》著《つクルガ》レ衣《ヲ》。

② 随《ヒテ》レ之《ニ》而不レ違《たがハ》。

というふうな注釈を加えているが、これなども、やはり、ぴったりとくっついているという感じを表そうとするものであろう。

だから、「因レ是（これによりて）」「由レ是（これによりて）」という場合とは、ニュアンスがちょっと異なってくるということに注意する必要があろう。こういう「因是」や「由

是」には、これが原因で、という感じがあるが、仮に「依レ之（これによりて）」という場合があるとすると、「これにしたがって」とか「これにくっついて」という感じであるということになるだろう。

わずかの相違と言ってしまえばそれまでだが、一般には、ことばが違う以上、ニュアンスは異なるわけであるから、すこしでもそういう相違を心得ておくことが、きっと役に立つ。すなわち、文脈を正しく辿りうる大きなカギとなることがあるからである。

さらに「よる」ということばについて研究を進めてみよう。

「よる」という読みかたをする漢字の一つに、「拠（據）」がある。これも、助字というよりは、動詞というふうに考えてよいのであるが、そうとも言いきれず、ちょうど、動詞と助字との中間にあると言えよう。現代中国語では、「拠説」という熟語があり、よく使われ、「聞くところによれば」とか、「うわさによれば」というふうに使われているから、これなどは漢文からいまに至るまで生き残ってきていることばであると言えよう。

さて、この「拠」の語感はどういうものであるかと言うと、「物をとらえて、しがみついてはなれない」というような漢字なのである。古い注釈を見てみると、「拠」とは、

① 執《と》リ守ル之意。

② 守《リテ》レ之《ヲ》而不レ失《ハ》。

③ 如《シ》二手《ニ》執《とルガ》一レ杖《つゑヲ》。

であるというふうに注している。しっかりとつかんでいる、という感じだから、例えば「証拠・拠点・拠りどころ」というふうな熟語が生まれていると言うことができよう。

参考までに英訳を見てみると、

① according to, on the basis of

② to occupy, to take possession of

というふうに訳している。

他の熟語の場合を見てみると、「拠レ此（これによれば）」を on these grounds と訳している。やはり、「因レ此」の英訳 therefore, for this reason, because of this, consequently といった感じとは異なった訳しかたであると言うことができよう。

さて、そこですこし応用してみることにしよう。例えば、「拠城（城に拠る）」という語句の場合、どう訳せばよいか。前述のように、「拠」は「そこにへばりついてはなれない」という感じであるから、この場合、城にへばりついてはなれない、すなわち「城にたてこもる」というふうに訳せばよいということになるだろう。同じく「拠二於要地一（要地に拠る〕」という場合もそのように訳せばよいであろう。

同じ「よる」という日本語でも、漢文にあてはめて読むとこのようにさまざまに変化することを記憶しておいてほしい。

㉙ 果・必・決・断・要

「果」という副詞（助字のなかに入れておく）であるが、この漢字を使うときは、「てきぱきとした」という感じがある。「めりはりがきく」ということばがあるが、そういう意味に解してもよい。例えば『論語』に、

行必果。（「かう〔こう〕、かならずはたす」、或いは、「かう〔こう〕、かならず、くゎ〔か〕」）

という句がある。「かう（こう）」を「おこなふや」と読んでもいい。その意味は、かならず〈言ったとおりに・考えたとおりに〉して、まぎれない、ということである。

熟語にも、「果毅・果敢」というようなものがあるが、その意味は、てきぱき、めりはり

のある、ということである。

英訳で言えば、surely, really, truly, exactly という感じである。

だから、「果敢」という場合の英訳は、having the determination and courage to do something となる。或いは、「果断」という場合の英訳は、decision with courage とか、(a person) of determination となる。

さらに英訳と対照して考えてみると、例えば、

果然如レ此。（果然として、かくのごとし）

という漢文の場合、こう英訳できよう。It happened exactly as expected.

すなわち、「果然」とは、exactly as expected ということである。そういうニュアンスとして記憶してほしいのだ。ついでに、先にあげた「果毅」ということばの英訳も挙げておこう。ふつう、determination and fortitude と訳されている。

以上の英訳は、「果」のニュアンスを正確に伝えていると思うので、比較検討してほしい。大切なことは、こういうニュアンスを理解して、そして、訳すときに、適宜にことばを自分で選んで、記せばよいのである。「果＝てきぱき」なんていうふうにクソ暗記しないことである。

「必」という副詞は、日本語にもなっているから、だれでもわかるだろう。これはもちろん、「かならず」と読み、「ぜひとも」というふうに訳せばよかろう。ところで「果」とどこが違うのか、ということを考えてみよう。

「果」という場合、「果毅・果断・果敢」という熟語が示すように、なにかこう剛直な、強い印象がある。しかし、剛直ということは、反面から言えば、脆いところがある。それはそうだろう。堅いハガネは、意外ともろく折れてしまう。だから、「果」の場合、そこにコンスタントな感じがない。

これに反して、「必」の場合にはコンスタントな感じがあるのである。一定しているというか、動かされないというか、そういう感じがある。すなわち、もろさの感じがなく、安定している。なにかこう、押し迫ってくる感じ、逃げられない感じがある。だから、例えば、「必然・必然性・必然の勢い」という熟語が示すように、逃げ場のないところの、きっとこうなるというニュアンスである。

例によって英訳と比較してみよう。「必」自身は、most certainly, must, necessarily と訳される。前記のニュアンスである。「必然」は to have to be, inevitable、「必然之勢」は a natural trend, a certainly というふうに訳される。

さて、漢文の訓読の場合、「必」を「かならず」と読むのは当然のことであるが、時には

「かならずや」と、「や」を加えて読む。これは、もちろん、「や」という強めを表す助詞をつけたということであって、別にこの「や」はあってもなくても、そう意味に変わりはない。それでは、どうして「や」をつけたりつけなかったりするのか、というと、答えとしては、読む人の習慣の問題、というほかはない。いわゆる読みくせというものである。

だから、諸君は、あまり気にしなくてもよい。教科書によって、「や」をつけていたり、つけていなかったりする。これという一定のきまりなどない。しかし、一般的に言えば、「や」をつけているほうが多いのではないかと思う。

「**決**（けつして）」は、「必」や「果」とすこしちがったニュアンスである。どういう感じかというと、例えば走り幅とびで、助走してきて、ラインを踏んでジャンプするとき、あのときの「踏みきって」という感じである。切り口をすぱっと切ってみせる、という感じでもよかろう。だから、「決起・決断・決定・決裂」といったような熟語を見てもわかるように、そこに確かに、「踏みきる」という気持ちがある。すると、訳すときも、そういう感じで訳すとよい。ときによっては、「思いきって」でもよいし、或いは「きっぱりと」というふうに訳してもよかろう。

例によって、英訳を見てみよう。「決」自身の英訳は、to decide, to conclude, to judge である。さらには、別解として、certain, sure という英訳もあるが、これはすこし意味が広がりを持った場合と考えられる。

もっとも、文となると、そこは多少自由に訳してもよい。例えば、

①　決《シテ》不㆓食言㆒《セ》。（「食言」は、うそをつくこと）

という場合、never to break a promise と訳しており、この場合は、文意全体から考えて訳していると言えよう。

②　決《シテ》不㆑至《ラ》㆓於善《ニ》㆒。

という場合、will certainly not be so good と訳している。これなども、同じくらい全体の文意からみての訳と言えよう。

このように、「決」を訳す場合、馬鹿の一つおぼえみたいに、直訳して「けっして」などと訳してはいけない。「けっして」と訳すと、日本語の場合、下にそれを受ける「……しない」という否定語が必要となり、意味が大きく変わってくるということがあるからである。十分、注意してくれたまえ。

「**断**」という字は、もともと、刃物でものを切りはなす、という意味である。そこから「たつ」「たちきる」という意味が生まれることになる。そのニュアンスを表すことばとして

は、「断絶」という熟語がよい。この「断絶」というのは、ほんとうにぷつんと切れてしまう状態を言うのであり、なんだかつながりが残っている、というようなことはない。

だから例えば、「断自秦始」というとき、

(A)　断チテレ自《よ》リレ秦始マル。

(B)　断チテレ自リレ秦始マル。

(A)のようには読まず、(B)のように読むほうがこの文の語気、文気に近い。私は(B)のように読む。すなわち、まず、断絶という感じがあって、それから「秦より始まる」というふうにつながってゆくのがしぜんである。

そこで「決」と比べてみると、「決」というのは、「切れるときの切れるありさま」を表すのに対して、「断」は、「切れてその後のこと」を表す、という違いがあると言えよう。だから、「断」には、「思い残さず」というニュアンスがあるとも言えよう。

さて、こういうニュアンスを心得るとすると、「断」を「断じて」というふうに訓読することもできる。例えば、断《ジテ》不レ可《カナラ》。

という場合、絶対に許されないという意味である。absolutely impermissible といった感じである。このときも、「断」は、ぷつん、と断ち切った感じがあると言えよう。

孟子が少年のころ、学業がいやになり、さぼって家に帰ってきたとき、機《はた》を織っていた母が、その機の糸を断ち切り、途中でやめるというのは、こういうようなことだ、と教えさとしたという話がある。これを、

断機《だんき》教子《けうし》（機《はた》を断ち子に教ふ）

と言うが、この動詞「断」には、もちろん副詞としての「断」の意がある。参考までに「断機教子」の英訳を挙げておこう。

to break the loom to show one's child that the learning effort should not be interrupted（「機」を「織」とすることもある）

「要」という漢字は、「腰」と深い関係にある。「腰」というのは、人間の体において、ちょうど上下の境目であり、帯をくりむすぶところである。そこで、肝要な場所、というイメ

ージがある。「くくる」というニュアンスである。だから、要領とか、簡要とかいうふうに、ものごとを「くくる」ことばが生まれてくる。

或いは、そういう「くくる」という、しめる、帰納する、というイメージから「もとむ」というニュアンスも生まれてくることになる。たとえばその種の熟語として「要求」などが作られるようになる。

さて、右のような事情があるので、「要」が助字として使われるときも、二つの意味が使われることになる。

その第一は、「要するに」というときである。これは、「要領・簡要」の「要」から転用されたものと言えよう。「畢竟《ひっきょう》」という副詞などと同じと考えてもよい。

第二は、例えば次のような例の場合である。

要《ス》二其《ノ》如《クナランコトヲ》レ此《かくノ》。

これは、「必ずそうあってほしい」という気持ちの「要」であり、要求の「要」からの転用である。ただし、「必」字と比べると、「必」のほうがずっと強い感じである。

例によって英訳を見てみると、「要束」（簡要などと同じ感じ）と言うとき、to restrain と訳し、「要求」は to enter into an agreement (or contract) と訳している。やはり、そこにニュアンスの相違があると言えよう。

ついでに重要な注意。「要」は「要するに」と読む。これに目的語がついて「要之」とあると、「之《これ》を要するに」と読み、意味は同じ。ところが、最近の日本語において、「之を要するに」を誤って「之」を「此」に変えて「此《これ》は要するに」と言う人がいる。おかしい。

(30) 皆・尽・悉・卒・都・統・総・渾・凡

「皆」はもちろん「みな」と読む。意味も、もちろん、all, every, entire ということであり、特別に注意することはない。ただ、強いて言えば「皆」は、次にあげる「尽」よりは、やわらかい感じをあたえるので、すこし軽い気持ちの時に使われると考えてよいであろうかと思う。

さて、「尽」であるが、これは「ことごとく」と読む。元来は動詞に使われる場合が多く、そのときは「つく」と読み、つきはてつくす、という感じである。だから、それを副詞に転用すると、当然、動詞のときの感じが残っているわけであるから、つきはてつくしたという意味で「ことごとく」と読むのである。「すっきりのこらず」という感じである。だから、前述したように、「皆」よりも程度が強いということができるのであろう。

英訳を見てみると、to complete, to finish, to accomplish という動詞としての用法が並んでいるが、副詞となると、entirely, totally, completely, wholly と訳され、やはり「皆」の英訳よりは強い訳しかたとなっていると言えよう。

ところで、面白い例をあげてみる。「尽」も「皆」もともに使っての次の文は、It is widely known. と訳されている。

尽《ことごとク》 人皆知《ル》。

まあ、意訳というところであろう。

さて、この他に「**悉**」がある。これも「ことごとく」と読むのであるが、ことばの感じとしては、逐一《ちくいち》（いちいち、くわしく）というあたりである。「詳悉《しょうしつ》」という熟語があるが、その感じである。

まだこの他に「**卒**」を挙げることができる。ふつうは「つひに」と読むのであるが、「みな」とか「ことごとく」と読むことも可能。「卒業」（業をおわる）ということばがあるように、「おわる」という意味であるから、「のこらず」と訳せばよいであろう。

漢文としては、ちょっと口語体めくのであるが、「**都**」という副詞がある。ふつうの漢文には出てこないから、忘れてもよい。この「都」は「すべて」と読むことになっている。現代中国語で「すべて」と言うとき、この「都」を使うのがふつうである。

さて、なぜこんな「都」をもち出したのかというと、漢文においてこの「都」に相当するものに「統」とか「総」とかがあるからである。「統」や「総」は「すべて」と読むことになっている。この場合、「統」や「総」の動詞的感じが残っているということが言えるであろう。「統」には、例えば統合するとか、「総」には、例えば総合するというふうに、「ひっくるめる」という感じがあると言えよう。だから、副詞として使われたときに訳すときも、そういう気持ちで訳せばよい。

英訳では、「統」を wholly, totally, generally, completely、「総」を、generally, totally, completely と、ほぼ同じように訳している。

この他に、興味深いものに「渾」がある。ちょっと見なれない感じがするかもしれないが、杜甫の例の有名な詩「春望」(国破れて山河在り、城春にして草木深し……)の最後の句のところに出てくる。

白頭掻更短(白頭掻《か》けば更に短く

渾欲不勝簪(すべて簪《しん》〔かんざし〕に勝《た》へざらんと欲す)

この最後の句の「渾」である。右に訓読したように、「すべて」と読む。どういう感じかと言うと、「渾合《こんごう》・渾融《こんゆう》」といった熟語に示されるように、無差別、ごたまぜ、という気持ちの「すべて」であると考えてよかろう。

この他に「**凡**」がある。「およそ」と読むのがふつうである。気持ちとしては、「ひろくおよそ」とでもいうところであろうか。「凡例《はんれい》」ということばもあるように、一般的にひっくるめて、という感じである。或いは、「ぜんぶで」というふうに訳してもよいときがある。数字をあげる場合など特にそうである。

(31) 極・尤・最・殊・特・絶・甚・太

まず「**極**」であるが、これは常識的に理解することができよう。「極地・極限・極力」といった熟語で語感がだいたいわかるだろう。extreme, highest, topmost, farthest, utmost, extremely といった感じである。訓読のとき、「きはめて」と読み、その程度が極上のものであることを表す。とは言っても、現代日本語に訳してみると、結局は、「非常に」というあたりに落ちついてしまうということになる。だから、語感を心得ていて、そのときそのときにふさわしい訳をつける他はあるまい。

次に「**尤**」もであるが、訓読では「もつとも」と読む。その際、注意すべきことは、「最も」と同じく「もつとも」と読むことである。ふつう、この「**最**」の場合は、「最初・最後」というふうに「一番……」という感じのときに使われる。ところが「尤」にはそういう使われかたがない。「尤」は、目立ったものに対して使われることばである。だから、「とりわけ・ことのほか」という感じである。しかし「一番……」という感じではない。「非常に」という訳語あたりに落ちつく。例えば「尤物《ゆうぶつ》」というと、目立ったものという感じで、「美人」という意味に使われる。そういう目立ったものという感じで「尤異《ゆうい》」というようなことばもある。

英訳では、especially, particularly と訳しているのもそのためと言えよう。

同じく「もっとも」と読んでも、「最」と「尤」とでは、右のような差があるということは心得ておかなくてはならない。というのは、漢文において、「尤」がよく使われるからである。おそらく、「非常に」という現代日本語がよく使われるのと同じ意識なのではあるまいか。

そうそう、注意を一つ。「しかしながらつけ加えると」という意味の接続詞「もっとも」とはまったく関係がないよ。混同しないこと。充字《あてじ》で「尤も」と書く人がいるが。

程度を表す助字として注意すべきものに「**殊**」と「**特**」とがある。

「殊」と「特」とは別々に使われているが、併せると「特殊」ということばになる。この熟語「特殊」という感じが、「特」や「殊」それぞれに残るのは当然である。どういう感じかと言うと、他のふつうのものとは異なっている、という感じであるから、「別して」とか、

「ずんと」といった気持ちである。

とすると「尤」とあまり感じが変わらないではないか、ということになる。しかし、やはり「尤」とは異なる。「尤」よりも、もっと強い感じなのである。「殊」は「ことに」、「特」は「とくに」或いは「はなはだ」というふうに読まれるが、そういった「ことに」「とくに」というイメージが強いと考えてよい。

英訳を見ると、なるほど extremely, very という訳語もある。しかし、different, special, strange という使いかたを優先させている。やはり「尤」とは異なった語感ということであろう。そのことは、「特」の英訳ではっきりしている。「特」には extremely, very という訳語はなく、special, unique, particular, extraordinary, unusual, outstanding, distinguished, exclusive というふうに理解している。

さて、この他に「**絶**」がある。訓読では「はなはだ」と読むのだが、これは非常に強い感じのことばである。「特」や「殊」よりもまだ強い感じなのである。definitely, absolutely という感じである。

だから、漢文で「絶」が副詞として出てきたときには、最大級の程度を表すことばで訳してまちがいない。「絶景かな、絶景かな」ということばなど、まさにその典型であると言えよう。

この他、漢文においてよく使われるものとして「**甚**」がある。これは、ふつうによく使われているので、特にどうこういうことはない。ごく常識的に「非常に」と訳しておいて十分である。ときには、「太」（「はなはだ」と読む）というのも出てくるが、「甚」とだいたい同じように理解しておいてさしつかえなかろう。きわめてまれであるが「太甚」というふうに、連ねて使われるときもあるが、意味にそう変わりはない。

(32) 遂・卒・終・竟

一番よく理解してほしいのは「遂」である。と言うのは、「つひに」（ついに）と言うと、この「ついに」ということばは現代日本語でも使われているものだから、つい、現代日本語の感じで理解してしまうからである。現代日本語で「ついに」というと、「とうとう」という、終わりの感じになってしまう。ところが「遂」は、こういう「とうとう」とか、終わりという意味の感じとは、ちょっと違うのである。この違いをしっかりと理解していないと、文意をよく捉えられない。

それでは、どう違うかということになる。その語感は、こうである。プロセス、過程の感じがあるということだ。「ああなって、こうなって、その結果、こうなった」という感じなのである。「こういうわけで」とか、「かくて」というふうに考えてもよい。例えば、次の文を見てみよう。

高祖曰ク、壮士《さうし》行クニ何《なに》ヲカ畏《おそ》レント。乃チ前《すす》ンデ抜レキテ剣ヲ撃チテ斬レル蛇ヲ。蛇遂ニ分カレテ為《な》レル両《ふたつ》ト。

【高祖は言った。男子（壮士）たるもの進むのに何を恐れようか、と。そこで前にすすんで剣を抜き、撃ちかかって蛇を斬った。かくして蛇は両断されてしまった】

なるほど、蛇は確かに「とうとう」両断されてしまったのだが、その両断されるに至るまでの話があり、その話の結果としての「とうとう」なのである。だから、「最終的に」という単なる「とうとう」という訳では、原文のニュアンスを捉えることがちょっと無理なのである。時間の経過、前提となる事情の存在、ということを頭に入れておいて、その結果としての「遂（つひに）」であると理解せよ。

「遂」は「つひに」と読んで副詞として扱う助字であるが、この漢字のもとの意味は何であろうか。もともとは、トンネルという意味で、すっとんと、向こうまで突きぬけている。そこから、「しとげる」とか、「まっすぐに突きぬいて行く」という感じが生まれてくるのである。中国人は、「遂」を「成」と解釈している。すなわち「完成」ということばがあるように、「なしとげる」「なしとげおわる」という意味に解していると言えよう。そういうところから考えても、やはり、プロセスの感じがつきまとっていると言えよう。

とすると、上の話を受けて、下の話に続けるつなぎのことばと考えることもできる。そういうことばとして「因」がある。この「因」は、上の話を受けて、「それがそのまま」という気分で「よりて」とつなぎ、下の話を引き出してくる。この「因」の用法と同じように考えてもよいだろう。だから、「遂」を「よりて」と読む人もいる。

或いは、もっと極端に言えば、「継」ということばと同じように考えてもよいと言えよう。事実、江戸時代の文法家の中には、そのように説明している人もいる。

以上は、「遂」の根本的な語感の説明であるから、十分に理解してほしい。しかし、語感がそのようであっても、人によっては、「とうとう」という、最後にという意識で使わないわけではない。このあたりは、いたしかたがないが、そういう例は、まあ、少ないと考えておいてよい、だから、「遂」を前述した語感のように理解することにしておくのがよろしい。

或いは、「遂」を「乃」と同じように解釈する人もいる。ただし、「乃」よりも、すこし意味が強い、と考えている。訳しかたを見ると、「その結果」としている。或いは「乃」と同じく、「そこで」とも訳している。

この「その結果」や「そこで」も、ともにプロセスの意味がはいっていると考えてよいだろう。「とうとう」という意識ではない。「乃」よりも因果関係的な意味が強いと見るからこそ、「その結果」というような訳しかたとなるのであろう。微妙な相違ではあるが、よく注意して区別してもらいたいものだ。

「遂」と対照的なのは、「終」である。これはまさに「おわる」という意味である。あえて「おわる」であるから、「とうとう」という訳でよかろう。もちろん、訓読のときには「つひに」と読み、その点では「遂」と変わることはない。しかし、語感としては、最終的な感じ、「はてる」という感じなのである。「遂」をプロセスを含む線とすれば、「終」は、最終的な点なのである。

英訳では、「終」を after all, in the end, finally と訳しているが、語感どおりと言えよう。これに反して、「遂」を thereupon, then と訳している。そして動詞として使うときには、reach と訳している。こうした訳しわけは注意するに足りよう。

そのことを知るには、熟語を考えてみるとよい。「遂」の場合、「遂行《すいこう》（しとげる）」という熟語などは、「遂」の語感を最もよく表していると言えよう。「終」の場合、「終業」などが適例であろう。まさに、「業をおえた」という時点を表している。

さて、「つひに」と読む助字として、この他に、「卒」・「竟」がある。この二字は、ほとんど「終」の語感に近いといってよかろう。

もっとも、「卒」の場合は、「つきる」という感じがある。「卒業」ということばなどもそういう感じである。「はい、これでおしまい」という愛想のないところか。

これに対して「竟」の場合は、「あちらからこちらへありったけ」という感じがあるから、ややプロセスの感じがあり、「遂」と似たところがあると言えよう。いちおうは「終」と同じように扱ってよいのではあるが。だからであろうか、英訳では、to come to an end, to go through the whole course というような訳しかたをしていて、「遂」に近い感じを表している。

ついでに言えば、「畢竟《ひっきょう》（つまるところ・結局）」という熟語は、もともと口語体のものであって、前述してきたような助字の語感と発生的には異なるようである。

⑶⑶ 又・亦・復

やさしいようでなかなかのみこめない助字がある。「また」と読む「又」・「亦」・「復」というグループである。

「**又**」の場合、ふつう「その上」という感じであると説明されている。「……があって、さらにその上――」というふうに使われるという解釈である。これは一応正しいと言える。確かにそういう感じがある。

すると、訳す場合、「さらに・なおも・おまけに・それから・別につけ足して・それだけではなくてさらに・かてて加えて」などというふうに訳せばよいだろう。要するに、いまあるものに、なにかが加算される、という感じに受けとってゆけばよいのである。
だから、例えば、

又問。（また問ふ）

というような場合、to ask again と訳してよいということになる。こうなると、いくども重ねるという感じでもある。親亀の上に子亀が乗って、子亀の上に孫亀が乗って、という感じである。となると、「且（かつ）」という助字とどこやら似てくるということにもなる。たしかにそうであって、「又」と「且」との関連性に注意しておこう。

さてそれでは、当の中国人はどう考えているかと言うと、もちろん、前述の説明のような解釈を挙げているが、それ以外に、「又」は「復」（まだ説明していないが）と同じように使われるとも言っている。

ふつうは、と言うより、日本人の漢文法書では、「又」と「復」とを区別するのであるが、中国人の文法書では、どうもそうでない。中国人の感覚としてそういうものがある以上、ネイティブスピーカーなんだから、やはり尊重せねばなるまい。とすると、諸君は、一応は、「又」と「復」とは異なると理解しておいて、その上で、「又」は、ときには「復」の意味にも使われると記憶しておくことだ。矛盾した話だけれどもなあ。

なお、中国語の発音で「又《ヨウ》」は、「有《ヨウ》」と発音が同じなので、「有」が「又」の意味に使われることがある。例えば「十有三歳《いう》」と言うと、この「有」は「又」の意味で、いわばand の意である。すなわち、十プラス三の意で、十三歳ということになる。これは特殊な使いかたであるが、知っていないとまごつくことがあるので注意。『論語』の「十有五にして学に 志《こころざ》す」の「有」も同じ。

「**亦**」は「……もまた」と読むのがふつうの用法である。厳密に言えば、「AはBである。CもまたBである」というふうに、前者と異なる主語（C）が、前者と同一の述語（B）を有する場合に、この「亦」が用いられ、並列を示す。すなわち「も・もまた・も同じく(too also)」というふうに訳せばよい。

だいたいこの「亦」という字の源を見てみると、両わきの「ハ」は、わきの下のくぼんだところを表し、中間の「亣」は、人間の立っている姿を表している。そして、左のこっちにもあるぞ、右のこっちにもあるぞ、と、ポンポンとわきの下を右左たたいた感じである。ここから、並列を表す語感が生まれてきたのである。これが「亦」の主な用法である。

さて、「亦」にはこの他の用法があるのでそれについて説明してみよう。ふつうは「亦」は「——もまた」と「も」をつけて読むが、次の例は、型として、

雖二……一亦（……といへども、また）

というふうに、上に「雖」を持つ句があるという場合である。こうした型の場合、用心しておこう。並列の単なる「もまた」とすこし異なるニュアンスがあるからである。

この型は、上に既定或いは逆接の意味を伴っているから、「……だけれどもやはり」・「……としてもやはり」というふうに訳すのがよろしい。或いは簡単にして、「やはり」・「……だがやはり」・「……とはいうもののやはり」というふうに訳してもよろしい。いずれにしても、なにか「やはり」という気持ちを添えておくのがよい。とすると、

雖二……一猶（……といへども、なほ）

という場合と似てくることになる。たしかにそうで、ほとんど変わらぬということが言えよう。同じ種類のものを挙げてみると、

雖二……一猶且（……といへども、なほかつ）

雖ニ……一猶亦（……といへども、なほまた）

があり、これらはいずれもほぼ同じように訳せばよろしい。

以上の場合、見た目では、「雖」があるので比較的にわかりやすいが、それでも、いわゆる並列の「もまた」の「亦」との区別を知るには、「雖」の有無ということだけに頼らず、前後の文脈をしっかりと押さえなければならない。

「亦」についてもうすこし研究してみよう。注意すべきものに「**不亦**」がある。これと対照的なのが、「**亦不**」である。しかし、「亦不」というのは簡単である。例えば、

甲不レ言《ハ》、乙《モ》亦《タ》不レ言《ハ》。**【甲は言わない。乙もまた同じく言わない】**

というふうに、並列を表すケースである。

ところが「不亦」となると、そう簡単ではない。例えば、次のような場合、

学《ビテ》而時《ニ》習《フ》レ之《ヲ》、不《ヤ》ニ亦《タ》説《よろこバシカラ》一乎。

これを並列の「亦」の意に解すると、「悦《よろこ》ばしいことは、ほかにもあるが、これもまた悦

ばしいではないか」ということになる。しかし、文章の気持ちとしては、そうはっきりと他のものと並列させているのではなくて、むしろ、いま言おうとしていることに対して、譲歩するような、遠まわしな言いかたの感じなのである。そうした遠まわしな言いかたのゆえに、かえって逆に力強く言いかけようとしていると考えられる。そこで、こういう場合の「亦」の訳は、むしろ省略してしまっておくほうがすっきりとするのである。

「不亦」そのものが反語を表すというふうに理解するのではなくて、「亦」が、裏からもってまわって言って、かえって強く出るという感じからの反語的用法である。だからあえて言えば、感嘆的、或いは疑問的、或いは推量的反語とでも言うべきであろうか。いずれにしても「不亦」の場合、「亦」を訳の中に入れないで省略し、全体を反語として訳すのがよろしかろう。

その他の目立った型としては、

不㆓唯……㆒、然亦（ただに……のみならず、しかもまた）

というようなものもある。これは「……だけではなく、またさらに」という意味で、英語で言えば、ちょうど not only ... but also ～ というタイプと似ている。

その他、

……亦――、＝亦〜

ということがあり、「……も――であり、＝も〜である」の意となる。「また」と読む助字でよく出てくるものに「復」がある。これは「再（ふたたび）」と同じ意味である。ただし、「再」は、明らかに概念語として使われている副詞であるが、「復」は助字として扱われる。と言うことは、意味の強弱という点から言えば、「復」は「再」よりも軽い。もうすこし具体的に言えば、「再」の場合、数としての意識が強いので、二回、という意味がこめられる。しかし、「復」の場合、二回はたしかに二回なのではあるけれども、そんなには数としての強い意識がないのである。

しかし、そんなこまかすぎる区別は必要がない。「復」をほとんど「再」と同じように理解しておくほうが実用的である。というのは、次のようなときに、それが役立つからである。「復」の否定形には、①復不……。②不復……。の二種がある。ところが、①・②ともに、なんと「また……せず」と読みかたが同じなのである。しかし、①の場合、「……しなかった」ことのくりかえし、すなわち「くりかえして……しない」ということになる。つまりは、「全然……しない」という意味となる。

さて、②の場合、形式的に読めば「または（意味的には〈くりかえしては〉）……しない」と「は」をつけて読むことができないでもない。しかし、ちょっと考えてみたまえ。「または……せず」などという日本語、意味、通じるかね。どうも日本語らしくない。だから、「または……せず」と読んだだけでは、明快にわからない。

そこでだ。「復」は「再」と同じ意味、ということを生かして、「不復……」の「復」を、思いきって、「再」と同じに読んでみよう。すなわち、「ふたたびは……せず」と。こう読むと、意味が明快になる。「一度は……であるが、二度と重ねてはもはや……でない」という意味となって、日本語として通じる。

そういう解釈を頭に置いてであろうか、江戸時代には②「不復……」を「復《また》とは……せず」と読む人もいた。なかなか鋭い読みかただ。大切なことは、訓読することによって、最小限の翻訳をすることである。しかし、ただ文字どおりに形式的に読んだからと言って翻訳したことにならないし、もちろん意味がわかったことにはならない（**第二部第(47)節**「否定形」の四一五ページ参照）。

以上を整理するとこういう例文となる。「又」の場合。英語が百点、その上、数学が九十点。「亦」の場合。英語が百点、(同じく) 数学も百点。「復」の場合。英語が中間考査で百点、期末でもう一度（くりかえし）百点だった。

⑶⑷ 実・真・信・誠

中国人は「まごころ」というのが大好きである。ムツカシクいえば「誠《まこと》」である。日本人も「誠」が大好きで、幕末に活躍した新選組の旗も「誠」だった。もっとも、日本人と中国人とを比べた場合、日本人のほうが「誠」を重んじていたのだ、という説を立てている人がいることはいる。しかし、そうは簡単に言えないのであって、中国人だって結構「誠」をかかげている。だから、「誠」と関わりのあることばがかなりある。例えば、「真」「実」「信」「忠」などといったことばがそうだ。こうしたことばは、もともとは概念語だから、単語としてよく用いられる。例えば「真実」「誠実」「誠信」「忠信」というふうに。

ところが、そういう単語だけに終わらず、副詞としても使うのである。となると、助字の領域に入ってくる、ということになるわけである。そこで、研究することにしよう。

一般的に言えば、「まことに」というのは、事実まちがいなく、ということであるから強調の意があると言えよう。それを大前提として頭に入れておくことだ。まあ、当たりまえのことではあるが。いや、もうすこしつっこんで考えると、例えば「実」という字の場合、文字どおり充「実」というふうに、中身がつまっている、いっぱいにはりきっている、という感じがある。この、つまっている、はりきっている、ということは、他のものを寄せつけない、他のものが入ってくるのを許さない、という感じになる。

　だから江戸時代では、「実」を「しかと」、「真」を「ほんに」、「信」を「げに」、「誠」を「じつに」と訳している。そして、これらの訓読としての読みかたは共通して「まことに」がふつうである。「まことに」と読んでおけばまちがいないわけであるが、訳すとなると、「しかと」「ほんに」「げに」「じつに」と訳し分けていたようであるが、現代の日本人にとっては、この訳し分けを行っても、はたして現代日本語としてどういうふうに訳しあてればよいか、ちょっとむずかしい。というわけで、前述の「中身がいっぱい」という気持ちを表現するほかあるまい。それが「まことに」という読みかたとなり、「まごころ」という意味につながるのである。

　「まことに」の話を続けよう。「真」「誠」「実」「信」の訳し分けはむずかしい、と言ったものの、諸君はやはり気になるだろう。そこで、つっこんで考えてみることにする。

　まず、「**実**」から研究しよう。この「実」の反対語は「虚」すなわち「からっぽ」である。「虚虚実実」とか、「虚実皮膜」(事実と虚構《フィクション》との中間に芸術があるとする考えかた)とか、いろいろ対照的に使われている。そのとおり、「実」は満タンで、ほんのすこしも欠けているところがない状態であるから、「しかと」とか、「まさに」とか、「どんぴしゃり」といった、確実にそのとおり、というイメージで訳せばよい。

　次に「**真**」の場合であるが、この反対語は「偽」である。数学において、集合のところで、「真・偽」が使われていることなどを思い出したまえ。この「偽」という字を分解すると、「人」と「為」と、すなわち「人為」である。「人の行為が加わる」ということである。中国古代の思想家の荀子《じゅんし》は性悪説を唱えたが、性悪の根源をこの「偽」に置いている。この「人工的な行為（しわざ）」ということは、体裁《ていさい》をつくろうということだ。その反対が「真」であるから、体裁をつくろわない、というのが、この字のイメージである。大阪弁だと「ほんまに」という感じだ。「ほんとうに」でもよい。とにかく、赤ちゃんの気持ちのような、うぶな気持ちのあらわれと解しておくのがよかろう。

さて、その次は「**誠**」であるが、これも「偽」の反対のイメージ、すなわち「真」の感じに近い。「真誠」という熟語があるくらいである。だから、訳すときには、「真」とだいたい同じように訳しておけばよろしかろう。

残るのは「**信**」である。この字は、「実」のイメージの系統と考えてよいが、「実」よりは、すこし軽い感じである。意味あいとしては、「信用」ということばなどがあるように、「まちがいがない」という気持ちでよい。

なお、出てくれれば、読みがなをつけてくれるか、或いは注をつけてくれるであろうものに「**良**」がある。これも「まことに」と読むことになっている。意味としては、「ほんとうにまあ」といった気持ちか。江戸時代の人は「げにも」と訳している。漢文法の話とは「まことに」について研究していると、いろんなことを知ることができる。

ちょっとずれるが、話しておこう。「誠」「信」と「真」「実」との二つは、どうやら、文章上においては、はっきりと異なった方向に意識的に使われているようである。

というのは、「誠」「信」の系統は、人間の性行において用いるようだ。例えば、約束を守る守らない、といったこと。あの男は「信あり」、というのは、そういう問題から出てくる。だから、「誠」「信」は人格的な問題がからんでいる。おなじ「まこと」であっても、いささかウェットな気分がはいりこむ余地があると言えよう。

ところが、もう一つの「真」「実」の系統は、道理の上、言いなおせば、筋の上から、とか、論理的に、といった立場から出てくることばである。話の内容はともかく、話の流れてゆく道筋として、筋が通っておれば、「真」「実」の線となるのであって、人格的な問題は入ってこないようだ。

だから、助字の問題ではなくて、文章読解のとき、この両者の区別を知っていると、より深く理解することができると言えよう。

ついでだからつけ加えておくが、古代中国では、「忠」は「まごころ」という意味であって、「誠」などの意味に近かった。それがのちに転用されてゆき、君主に対する忠誠というような狭くて特殊な用法になったのである。例えば『論語』にこうある。

主《トシ》二忠信《ヲ》一、無《カレ》レ友《トスルコト》二不《ル》レ如《しカ》レ己《ニ》者《ヲ》一。過《あやまチテハ》則《チ》勿《なカレ》レ憚《はばかルコト》レ改《ムルニ》。

「己《おのれ》に如《し》かざる者《もの》」は「自分より劣る者」の意。この「忠」は「信」とほとんど同じ意味で使われている。だから「忠信」で「まごころ」と訳しておこう。それをあわてて、後世の「忠義」の意味で訳してはならない。もちろん、「忠義」も君主に対するまごころのあらわれなのではあるが、いわゆるまごころと異なり、主君の恩に対するお返し、服従という狭い意味あいのものである。これはまごころという意味が狭く変形されたものである。

㉟ 更・愈・益・倍

程度を表す助字にはいろいろなものがある。中国人は、漢字の一つ一つに区別をつけようとするから、程度を表す助字のそれぞれが、微妙にニュアンスを異にしていることは言うまでもない。

例えば「**更**（さらに）」という助字がある。この助字は、現代日本語でも使われている。しかしその意味もほとんど同じと言ってよい。これは珍しいケースで、古典語が凍結されて、というよりも、生きながらえているケースだ。だから、当然、訳も古典語・現代語ともに変わらない。まあ、「このうえに」とか、「そのうえに」というぐらいでいいだろう。と言うことは、「益（ますます）」「愈（いよいよ）」というような助字と似てくるところがあると言える。例えば杜甫の詩句につぎのようなものがある。

更覚良工心独苦。（さらに覚ゆ、良工、心独《ひと》り苦しむを）

この場合などは、現代日本語の感覚で、十分原意をとらえることができると言えよう。

余談になるが注意を一つ。この「更」には、「ふたたび」という意味もある。だから、いつも「そのうえに」という調子で訳していてはだめだということだ。さらにもっと言えば、「たがいに」というふうに訳されなければならないときもあるが、それは少し専門的にすぎるので、諸君は記憶しなくてもいいだろう。

話を元にもどすと、「更」には、「又（そのうえに）」と「愈（いよいよ）」という感じがあるということを押さえておけば十分ということである。

「又」については、すでに以前に説明を終えたが（第二部第(33)節）、「愈」ははじめてである。この「愈」は、「愈甚」と連続して使われ、「いよいよはなはだし」と、強い感じがある。これは注意しておいてよいだろう。英訳では to a greater degree, even more となっている。だから、漢文で「愈」が出てきたときは、強い調子で訳すのがよい。この古典語の感覚は、現代中国語にも残っていて、ちょっと古めかしいのだが、「愈」を現代中国語で使った場合、more and more といった感じが出てくるのである。

程度を表す助字として、いちばんわかりやすいのは「益（ますます）」であろう。これは文字どおり「増す」ということである。例えば『孟子』につぎのような句がある。

如㆓水益深㆒、如㆓火益熱㆒。（水のますます深きがごとく、火のますます熱《あつ》きがごとし）

では、どれだけ増えたことを表すのかというと、一応は、たといほんのすこし増えても、増えたのは増えたということだから「益」を使ってかまわない。

しかし、ニュアンスとしては、やはり量的に増えかたが大きい場合のようだ。例えば英訳で in a higher degree, to a greater extent といった言いかたをしているのはそのためであろう。

だから、例えば、

益加（ますます加ふ）

といったような場合は、それがさらに強調されて、increasingly, more and more, all the more, even more となってくる。

中国人文法家は「益」を、

加甚之辞（加ふること甚《はなはだ》しきの辞）

といっているのもそのためであろう。

けれども、まあ、はっきり言ってみれば、どれだけ増えたのか、はっきりしないことばだ。かなりの量が増えた、ということ以外、言いようがない。

これに比べて、「倍」ははっきりしている。「倍」はその倍になることを意味しているから、量的には、はっきりしている。もっとも、中国人の感覚には、いささかルーズなところもある。一が二になるのは、倍である。だから、漢文で言えば「倍《ばい》す」である。ところが、この「倍す」と同じ意味で「両倍」とも言う。すると、「一倍」も「両倍」すなわち「二倍」も同じことになる。「一倍」「二倍」が同じとすれば、数字の「一」「二」との差はどうなってんだろうということになるが、どうもならない。中国人には別に抵抗なく了解できるようだ。このあたり、厳密な数学的定義によるのではなくて、生活常識のようなもので考えているようだ。「一倍」は一をこれから倍にすることであり、「両倍」は、結果として一つのものの二倍、ということであろうか。わからん。

㊱ 反

漢字というのは、ちょうどアメーバみたいなもので、ぐにゃりぐにゃりと形をいろいろと変形させて進行しながらも、そのアメーバとしての生物の本質は一つも変わっていないのと同じである。

だから、その漢字の持っている原質のようなものをしっかりと捉えておく必要がある。例えば、「窃盗の嫌疑を受ける」ということばがある。ふつう「嫌疑」などという難しいことばは使わないで「窃盗の疑いがある」と言う。どちらでもいい、この「嫌疑」や「疑い」ということば、つっこんで言えば「嫌」や「疑」という漢字の持っている原質はなんであるかと言うと、「まぎらわしい」ということなのである。「まぎらわしい」という意味とすると、例えば或る人の行為が盗みをしたこととまぎらわしいので、その人に疑いをかけることになるのである。「疑う」とは「まぎらわしい」ということから起こってくる現象である。「まぎらわしくない」のであれば、どうして疑問が起こってくるのであろうか。「嫌」も「まぎらわしい」という意味なのである。「まぎらわしくて、疑わし」ければ、すこし堅い感じの日本語で「……のきらいがある」という表現になる。この「……きらい」という意味を表すのに「嫌」字が充《あ》てられてきたのである。もともと「嫌」字に、あいつは好かん、きらい、という意味はなかった。

ところが日本語には、好意を持てない、の意の「きらい」という別の意味がある。その「きらい」という日本語に、「……のきらいがある」（「……とまぎらわしい」「……の傾向がある」）として使われる「嫌」を「きらい」という発音が共通しているからという理由で、「きらい」「いや」という意味の漢字に充てて使うようになった。そこで、「嫌」が今では、どちらかと言うと「好意がもてない」という意味で使われるようになってきたのである。しかし、これは日本語における変化なのであって、中国人には関わりがない。

もっとも、おもしろいことに、中国でも、まぎらわしいという意の「嫌」に「不満」の意があり、そこから転化して「憎悪」というような意味で現在も使われていることは使われている。意味の変化が奇妙に一致した例であると言えよう。このように、漢字の原質を追ってゆくということは非常に大切なことである。漢文の授業のときにはこういうところをしっかりと聞くようにしたいものだ。

例えば「**反**」ということばがある。この字の語感は、百八十度ひっくりかえす、ということ、すなわち正反対の状態にする、ということなのである。

だから次のような有名なことばの場合、

反ス二之ヲ正ニ一。（これを正しきに反《かへ》す）

いまの誤っている状態を正常なところにもどすという意味となる。ちょうど、てのひらをぱっと反《かえ》す、というそのひっくり「反《かえ》す」がそれにあたっている。

この「反之正」から生まれてきたのが「反正」という熟語である。当然「正しきに反《かへ》す」と読むべき、またそう理解すべき熟語なのであるが、使われているうちに、もとの意味が忘れられてしまい、「反」は「正」の反対、すなわち、「不正」というふうな意味に解釈され、「反正」が「不正と正」すなわち「正不正」の意味に解釈されるようになってしまった。この変化がずっと続いていくうちに、「正不正」とは、意味の上から言えば「それしかない」というようなことになってくる。それはそうであろう、対象に対して、正か不正かしかないわけであるから。すると、そこから「いずれにしても」とか、「どっちみち」とかいった意味になってくる。これが、現代中国語における「反正」の意味である。このように現代中国語に至るまでの変化を辿ってきても、「反」の原質自身は残り続けていると言えよう。

さて、話を元にもどすと、「反」はまったく正反対という意味であるから、副詞的に助字として使われたときも、そのように捉え、「かへつて」と読んで、気持ちの上では、すこし古めかしいが江戸時代の漢文法家のことばで言えば、「うらへうちかえして」という感じで捉えればよいということになろう。「反」のつく熟語を思いだしてみたまえ。どの熟語の場合でも、上に述べてきたような語感がきっとあるはずだ。

「反(かへつて)」はよく副詞に使われているものの、だいたい、副詞というような品詞分類は欧米語西洋文法流なんだなあ。そんな分類以前に、まずなによりも漢字というものがあって、その漢字の持っている意味の核みたいなものが前に出てくるんだ。

「反」——この場合もそうで、手のひらを裏へひっくりかえす、というような気分を表しているだけのことなんだ。それがたまたま主要な動詞にかかるものだから、副詞と言うまでのこと。すなわち、「反」は「反」で、依然として動詞的な要素を強く持っていると言える。

だから、「かへつて」というふうに読む漢字の場合でも、その熟語を見てみると、元来の意味が非常によくわかる。例えば、反―→反掌、還―→往還、却―→却退、翻―→翩翻(へんぽん、へんぱん)、という熟語群を見てみよう。

「反掌」は、まさに「掌《てのひら》を返《かえ》す」。「往還」は「往き還《かえ》り」であるから、この「還」が副詞として使われるときは「たちもどって」という意味が続くわけである。「却退」の「却」の場合、江戸時代の人は「飛びしさって(飛びすさって)」と解している。「ぱっと離れる」感じだな。「却退」は日本では「退却」。同じく中国の「単簡」は日本では「簡単」。

すこし難しい漢字だが「翩翻」の場合、同じく江戸時代の人は「ひらりとひっくりかえって」と解している。イメージとしては、高くかかげた旗が風にはためいている感じだなあ。昔のは今の旗のようでなくて、旗竿の先に、長い反物《たんもの》をぶらさげたようなもの、そう、五月の鯉のぼりの吹き流しみたいなものだから、どちらが表か裏か、風にはためくとわからない。そういう様子だ。以上のような漢字が副詞的に使われるとき、すべて「かへって」と読まれるのである。

㊲ 漸・稍・差・徐・略

スピードを表す助字でよくでてくるのは「漸（やうやく）」である。この「漸《ぜん》」字は、漸《ぜん》水《すい》という川の名からきたようだ。しかし、動詞として読むときは「ひたす」というのがふつうだ。だから、「漸」についてはそういう意味でいいのだろう。ところが、一つ変わった用法がある。

それは、「易」の卦《か》、すなわち筮竹《ぜいちく》で陽か陰かを出し、六回続けて出た結果のものに六十四種類があり、それを六十四罫というが、その一つに「漸」という卦がある。

この「漸」について『易』では「速《はや》からずの名。およそ物に変移あり。徐《おもむろ》にして速からず、これを漸と謂《い》ふ」とある。だから、しだいにしだいに、という気分になってくるということになる。余談になるが、女性が易者に占ってもらい、もし、この「漸」卦が出ると喜んでいい。「漸は、女帰《むすめとつ》ぐに吉」となっている。もっとも易を信ずれば、の話であるが。

さて「漸」は前述したように、水がひたすこと、の意であったから、動詞としては「ひたす」「すすむ」であるが、副詞として読むときは、その気持ちを継いで「やうやく」と読むことになる。現代中国人の気持ちとしては「ゆっくりと」という感じでとらえている。英訳では、gradually, little by little, by degrees となっている。もっとも訳はいろいろと可能である。例えば、

漸入㆓佳境㆒。（やうやく佳境に入《い》る）

という場合などは、to get better and better と訳している。

だから、急にぐっと、というのではなくて、そろそろと水がしみこむように、しだいにしだいに、という感じでとらえておけばよろしかろう。熟語も「漸新《ぜんしん》」「漸次《ぜんじ》」「漸入《ぜんにゅう》」などいずれもそういう感じが残っている。

「**稍**」は、ふつう「やや」とか「やうやく」と読むが、「やうやく」という読みかたはあまりしない。この「稍」は、もともと、「禾（稲）が芽ばえたころのようす」を表すから、わずかな、という感がある。要するに、量的に少ないという感じだ。しかし、「漸」の場合

は、時間の観念が入っており、先へ進む、という気持ちがある。「稍」にはそういう時間的感覚はない。

或る人は、「稍」には、もともと「稟食《ひんしょく》」（扶持米《ふちまい》〔給料としての米〕を受けること）の意味があると言う。その扶持米を受ける側にはランキングがあり、そのランキングに、すこしばかりの違いがあり、そこから、「やや」という言いかたが生まれてきたと言う。この説、どこまで信用できるかわからないが、いちおうの理屈はある。

しかし、中国人のセンスから言うと、「稍稍《しょうしょう》」は「漸漸《ぜんぜん》」と同じだと言っているから、あまり違いを意識していないのかもしれない。ついでに言えば、「稍」は、「漸」や「頗（やや）」や、「略（ほぼ）」や「少（すこしく）」の意味に使われることもある、とも中国人は言っており、区別するのにそう神経質にならなくともよいようだ。ただ、「稍」には時間的流れという感じがない、ということは言えそうだ。

この他に「差」があり、やはり「やや」と読む。この「差」は、われわれが現在でも「差がある」という言いかたをするように、違いを表すことばである。ただし違いと言っても、そんなに大きな違いではない。現代中国語で「差不多（チャプトウ）」ということばがよく使われる。「だいたい」とか「ほぼ」という意味である。この熟語を訓読してみると「差《さ》、多からず」ということになる。すなわち「だいたいそれぐらい」ということだ。現代にも生きている漢文のことばであると言うことができよう。

「**徐**」の場合、「おもむろに」と読む。これは誰でもすぐ理解できよう。「徐行運転」は「おもむろに行く運転」のことだ。すなわち「そろそろと行く」ということである。送りがなとしては「ニ」だけでいいだろう。

「徐」の反対語は「疾」である。そこで、思いきって「徐」を「しずかに」とか「ゆるやかに」というふうな解釈をしてもいい。「徐言」は「しずかに言う」、「徐視」は「しずかに見る」、「徐聴」は「しずかに聴く」ということでよい。だからであろう、英訳でも slow と同時に、calm となっている。「徐徐」も slow, slowly と別に steady, calm, relaxed and dignified という訳しかたをしている。

「**略**」の場合、「ほぼ」と読むのがふつうだ。「粗略」ということばがあるが、「粗」も「略」も荒っぽい、すかすかに空間がある、という気持ちである。そこから「粗略にあつかう」というような言いかたが生まれてきている。

だから、「略」はだいたいのところという感じだ。「大略・概略・簡略」がそこから出てきたことばだ。もっとも「略」はもともと土地をはかる、というのが原義で、そこから、「はかりごと」という意味が生まれてきて「軍略・攻略・戦略」といった熟語が出てくるが、それらは「略《ほぼ》」とは違う系統のものであるから注意して区別しておこう。

この「略」の英訳は難しそうだ。例えば、

略有㆑所㆑聞。（ほぼ聞くところあり） to have heard something (about it)

略言㆑之。（ほぼこれを言ふ） to state briefly, in short

略知㆓一二㆒。（ほぼ一二を知る） to know (or understand) just a little

というふうに、いろいろとその場合に応じて訳語をあらためている。まあ、強いて一語でまとめれば、briefly, slightly というところであろうか。

⑶⑻ 与（與）・及

「並列」を表す助字について研究してみよう。まず第一はなんといっても「与（與）」である。ちょっと長い文章の漢文を読むとき、必ず出てくるおなじみさんだ。

ところが、おなじみさんでありながら、案外、この字がよく理解されていないんだなあ。どうしてかと言うと、この「与（與）」の日本語訳に当たるところの、助詞「と」がこのごろ正しく使われていないからである。

うそだと思ったら、君自身、「と」を使って文を作ってみたまえ。例えばおそらくこう使うだろう。「英語と数学が苦手です」。そして、この文のどこがアキマヘンノヤと思うだろう。

アカン、アカン、二畳庵先生に言わせるとこういう文は正しいとは言えない。なるほど意味は通じる。みんなこう使っている。そういう意味では「現代日本語」として正しいと言えるとは言えよう。

しかし、厳密に言えばやはりオカシイ。なぜかと言うと、「と」が並列を表すとき、その並列するもの全部に「と」をつけるのが正しい。すなわち、「英語と数学とが苦手です」というふうに「……と――と＝＝と」というふうに「と」をしつこくつけることだ。

どうだ、諸君の使っている日本語も、「……と――」という言いかただろう。すなわち、崩れた形を使っている。そういう頭で漢文を見るとケツマヅク。と言うのは、漢文訓読には伝統的な日本語がガンとして残り続けているからだ。その最も良い例が「与（與）」である。すなわち、「与」を並列の意味で読むとき、必ず、「……と――と」と伝統的な読みかたをしなければならないのだ。

例えば「牛馬」という熟語の間に「与」を入れてみよう。「牛与馬」となる。返り点は「牛与レ馬」となり、読みかたは「牛と馬と」である。送りがなを入れるとこうなる。

牛ト与レ馬。春ト与レ秋。我ト与レ汝。山ト与レ河。

すると「牛と馬と」の内、「馬と」の「と」は「与」を読んだということになる。そうなんだ。そして送りがなの「ト」は、並列を表す助字「と」が添えられたものである。

もし、このごろ流に「英語と数学」というふうな読みかたをしていると、「牛与馬」を「牛と馬」と読んでしまうことになり、「与」が読まれないということとなり大混乱を起こしてしまう。

だから、漢文では必ず「……と——と」というように、「と」を二つ入れて読むんだ。こうすれば「与」を読んだことになるし、また並列を表す「と」を表すことにもなる。忘れるな、この読みかた！

ところが、最近の日本語はメチャクチャなんだなあ。ほとんどが、「英語と数学」「私と彼」というふうに言い、「……と——と」という言いかたをしなくなってきている。この影響を受けてしまって、漢文でも「……と——」と読んで平気なのがいる。これは困る。

さて、「花与レ月（花と月と）」という場合、花と月とは同等のあつかいということになる。ところが、この花と月との間が切れて、「花……与レ月——（花……月と——）」と言うときがある。このときは「与」を読む「と」が一つあるだけであり、「花」は主語であり、また、「月と」は「——」に対する副詞句のような地位になると言えよう。これは、「花与レ月」の変形であるから、あわてることはない。あくまでも「与（と）」という日本語助詞の意味を押さえておけばよい。

「与」にあてはまる日本語助詞は「と」である。ところが、語順が日本語と異なるため、「与ㇾ汝（汝と）」と言う場合、順序が逆になることを注意しておこう。

さて漢文は簡潔さを尊ぶから、文章の流れの中で、もう相手に特に言わなくてもわかる場合は、どんどん省略してしまう。すると、「与ㇾ汝」の場合、どこを省略するかと言うと、なんと「汝」を削ってしまうのである。これを日本語で言えば、どう言えばいいんだろう。「（　）と」となってシマラナイ。ところが漢文では「与」一字だけで結構わかることになる。

それでは、どう読むかと言うと、この場合の「与」は「と」と読まない。と言うのは、「汝」を省略して残された「与」を副詞扱いにして、「ともに」と読み、送りがなとして「与」の右下に「ニ」をつけるのである。それというのも、「与ㇾ汝」は with you ということであるから、with のままに「与」を「ともに」と読もうとするからである。例えば、

倶ニ与ㇾ汝去ラン。（ともに汝と去らん）

という場合、「汝」を省略するとこうなる。

倶《ニ》与《ニ》去《ラン》。（ともにともに去らん）

「倶」は together で初めから副詞である。だから「ともにともに」と読んでも、最初の「ともに」は「倶」を、次の「ともに」は「与レ汝」の省略形の「与」を副詞的に読んだものということになる。「ともにともに」と二つ続けて読むのでちょっと妙な感じであるが、そのルーツと言うか、もともとの意味あいから言えば、あえて「ともにともに」と読んでおいたほうがまちがいないと言える。すなわち、省略されたということが確認できるからである。

「与」には、並列としての and の感じ以外、with という感じもある。例えば、

与レ我無レ渉《シル》。（我と渉《かかは》るなし）

という場合、having nothing to do with me と訳されていることからもわかるだろう。

この with の感じが、「ともに」という訳を作り出してきたのだ。例えば、

陛下雖《モ》レ賢《ナリト》、——誰与領《セン》レ之《ヲ》。

という場合、「誰与」をどう読むか考えてみよう。「誰」というのは「だれ」という疑問詞であるから、前へとびだしてきたと言えよう。すると、もともとは「与レ誰（だれと）」ということであったと考えられる。

ところが、「誰」が前へとびだしてしまったため、言いなおせば、「与」の下にあった「誰」が省略されたことと同じことになったと言える。すると「誰与」の「与」は「ともに」と読むほかしかたがない。そうなると残った「誰」、すなわち前へとびだした「誰」をどう読めばよいかということになるが、そのままそれだけを「だれ」と読むと「誰与」は「だれともに」となって、落ちつかない。意味としては「誰といっしょに」であるから、そこで妙なことだが、「与レ誰（だれと）」という読みかたを復活させて、「誰与」の「誰」を「だれと」と「と」を加えて読むことにする。その結果、「誰与」は「だれとともに」と読むことになり、「誰」の右下に「ト」、「与」の右下に「ニ」という送りがなをつけることになる。御苦労な話ではある。

このケースは「与」がwithの感じを持っていることから読みかたが類推できたのだが、こういう複雑なことはそうそうない。しかし、「与」を「ともに」と読むことによって意味がよくわかる文例として記憶してもらいたい。

また、並列を表す助字に「**及**」がある。日本語では「および」と読んでいるから「と」の場合とそんなに違いはないように見える。実際、現代日本語において、そう区別して使っているようには見えない。

ところが「と」(その代表に「与」)の場合と区別してきたのが伝統的な立場である。まず初めに、どういうふうに区別してきたかと言うと、例えば、

愛ス二花ト及レヲ月。(花と月とを愛す)

と言うとき、花を愛するほうが月を愛するよりも程度が強いと言うんだな。

どうしてそうなるかと言うと、「及」には「およぶ」すなわち「追いつく」という気持ちが助字となっても依然として残っているからだ。そこで、この「追いつく」という気持ちをこめて、前の句を読みなおしてみると、

愛シテレ花ヲ及ブレ月ニ。(花を愛して月に及ぶ)

となってしまい、「及」は別に助字として扱わなくてもかまわなくなってしまう。花を愛す

るということから続いて月に及ぶということだ。

ところが「及」を「与」と同じく並列の助字としてきたものだから、区別する気持ちがうすれてしまったのである。そう言えば、日本語の場合でも、よく注意してみると、「および」というときは、同等のものの単なる並列ではない。まず大切なもの、主要なものを先に言い、その副次的なもの、二次的なものとして「および……」と言っている。例えば「レギュラーおよび補欠は」と言う。「補欠及びレギュラーは」という言いかたはあまりしない。やはりしぜんと「と」の場合と区別していると言えよう。

（魯）公及二宋公一会。（公、宋公と会す）

と言うときも、魯国側が宋国に対して主導権を握っての会盟（国際平和条約締結）であることを表しているのである。

(39)　当（當）・応（應）・宜

「**当然**」を表す助字について研究してみよう。これは、いわゆる再読文字という特別な読みかたと関連が深いので、再読文字のことを思いだしながら読んでくれたまえ。

さて、「当然」ということばそのものを見てわかるように、その代表選手は「当然」の「**当**（**當**）」である。これはもう諸君が十分承知のはずの「まさに……すべし」と読むことばだ。

この「当」は、もともと「絶対にこうである」ということ、こうあるべきはず、という気持ちを表す。だから例えば、

此《レ》非《ザルナリ》二人臣《ノ》所《ニ》レ当《ニ》《ベキ》レ議《ス》。（これ人臣のまさに議すべきところにあらざるなり）

【これは臣下がとやかく論ずべき問題でない】

というふうに使われる。道理にかなう、といった気分がこめられている。だから、そういうふうに使われているうちに、道理にかなうことなら、その延長上「こうせよ」という命令的な気分が生まれて、そのように使われる。次のような例だ。

汝当《ニ》《ベシ》二努力《ス》一。（汝、まさに努力すべし）

この「当」と似ているのが「**応**（**應**）」である。同じく「まさに……すべし」と読み、当

然（これも「まさに然《しか》るべし」からきた熟語）を表す。ところが「応」には「当」のような道理にかなうという気分がないようだ。だから命令的な言いかたには使われないと考えてよい。現代中国語では「応当」と熟語化されて当然の意味に使われている。

注意すべきこととしては、この「応」には推量の意味があることだ。しかも、詩において使われるときは、ほぼ百パーセント、推量（……であろう）と訳してよいということを記憶しておきたまえ。

例えば、王維の有名な「雑詩」と題する絶句がある。その初めの二句を示すと、

君自《リ》二故郷一来《きたル》。応《ニ》《シ》レ知《ル》二故郷《ノ》事《ヲ》一。

である。この「応」は、ちょっとみると「きっと故郷の事を知っている」と訳したくなりそうだが、前述したように、推量の感じで「故郷のことを御存知でしょう」と訳すほうがよかろう。

次に「**宜**（よろしく……すべし）」について研究してみよう。これは、「こういうふうにしたらよいから、そうせよ」といった気分に訳すのがふつうだ。それはそれでよい。ところがおもしろいことに、「当（當）」の字を使うようなところに、この「宜」を使っているケースが、古い時代のものに多いのである。

同じ漢文といっても、やはりハヤリスタリもあれば、用法の変化ということもある。「宜」がよく使われていたのだが、後世になって「当」のほうが使われるようになったと考えられる。だから、「当」と「宜」とを厳密に区別するのは難しいと思う。そこらの受験参考書には、よくその区別とやらをやかましく言うが、疑問だなあ。

例えば、次のような成語がある。

不《ヤ》二亦《タ》宜《ナラ》一乎。（また宜《むべ》ならずや）

これは否定形の反語だから二重否定と考え、「宜乎（むべなるかな）」と同じであるが、「もっともである」という意で、「当然だ」ということになる。念のために言うと、右の訓読中、「むべ」を「うべ」と読む人もある。

つけ加えておくと、これはめったに出てこないのだが、「宜」を「ほとんど」と副詞に読むときがある。しかし、これは相当に専門的な読みかたなので、もしこういうのが出題文中にあるときは、きっと注がつくことだろうから、忘れてもかまわない。

(40) 可・能

「**可**」について研究してみよう。二畳庵先生の小学校時代、成績表（通信簿）には優・良・可というのがついていた。いまは三段階だの五段階だのであるが、文字どおりの優（まさる）・良（よし）・可（よかろう）という評価であった。二畳庵先生は成績抜群（ウン！）であったから、オール優である。だから優が当たりまえと思っていたところ、身体検査の項目を見るといつも「栄養、可」てな調子で「可」がついておる。悩んだなあ、あのころ。オール優（もちろん体育も優だぞ！）の我輩が、身体検査となるとなんで可になるんでっしゃろ、と子供心に傷は深かった。

しかし、これでいいわけだ。「可」というのは、「よろしい」「パス」ということなんだから。もともとけっして悪い意味でもなんでもなかったのだ。ところが、優・良・可などという評価のしかたに使われたばっかりに、なんとなく可は悪い評価というふうにカン違いされてきた。我輩の学生のころ、多くの大学での成績のつけかたは優・良・可。オール優、なんてのがいるが、なーに、大学での成績など、だいたいにおいて信用するに足らんな。もっとも、オール可となるとやはり問題だが。ま、がんばって優を取ってくれたまえ。今の大学は絶対点数で記すのかな。

さて、こういうわけで「可」はまず**許可**を表すという感じなんだなあ。合格してもかまわない、合格してもよい、ということ。それがすすんでくると「合格するがよい」という感じさえする。すなわち「……してもよい・……してもかまわない・……するがよい」という気持ちを表すと考えてよい。

一方、「可」には「可能（できる）」という気持ちを表すときがある。だから、もし「可」ということばがでてきたときは、まず、許可か、可能か、と、二とおりのケースを考えるのがよい。とは言ってもその区別の判断はなかなか難しい。その例を次にあげよう。

例えば『論語』に次のような文がある。

民可レ使レ由レ之、不レ可レ使レ知レ之。（民は之《これ》に由《よ》らしむべし、之を知らしむべからず）

この文の「可」は①許可、②可能の二つに解釈が可能である。

もし①であるとすると「民に対しては、之《これ》（政府の施政）にただ従わせるのがよろしい。之《これ》を知らせてはならない」ということになる。

もし②であるとすると「民は之《これ》（政府の施政）に従わせることができるが、（人数も多く、馬鹿も多いので）之を理解させることはできない」となってしまう。

どっちが正しいか、などと言っても、そんなこと知るかよ、と言いたいね。なにしろ西暦前五百五十年も前の孔子様のことば。孔子様でも知るめえなあ。

メイワクなのは諸君であるが、いまさら文句を言っても始まらないから、そのときそのときの文脈で決めるほかない。しかし、安心せよ。ヤヤコシイときは、どっちに転んでも、マチガイと断定しきれないんだから、とにかく、許可・可能のどちらかに立って自信をもって訳すこと。ただし、明らかに許可を表す場合、例えば、

可二深嘆一。(深く嘆ずべし)

のとき、どう訳しても可能に訳すことはできない。第一「嘆くことができる」などということはありえない。「(これをしぜんと)嘆く」↓「嘆かれる」ということ。そこでだ、おもしろいことに、許可のときは、受身に訳してもいいということになる。すなわち「可二深嘆一」は「深く嘆ぜらるるなり」と訳してよいのだ。その場合、「被・見」という受身の助字が過去を表すのに対して、「可」は未来の「……せらるることか」という受身を表すと考えてよいのである。

また明らかに可能を表す場合、例えば、

秋風不レ可レ聞。(秋風、聞くべからず)

のとき、「秋風を聞くことを許さない」などという許可を表すアホな訳ができないことは、賢明な諸君にはワカルデアロウナ。

「可」について、もう少し細かいニュアンスを考えてみよう。

この「可」というのはまあ、「八割から九割はよろしいが、一割から二割ぐらいはよろしくない」という感じ。「まあまあ」というところだ。そういうところから、この「可」は「否」と対照的に考えられるようになり、パスする、許す、肯《がえ》んず、という感じになった。

そこで、例えば臣下が案を出し、君主が許可を与えるとき、「可なり」などと言う。だからだいたいにおいて是認するときに使うと考えてよい。例えば、

事《つかフルヤ》レ 親《ニ》 若《ごとキ》ニ 曾子《そうし》ノ 者、可《ナリ》。（「曾子」は親孝行の代表者）

鳴《ラシテ》レ 鼓《ヲ》 攻《メテ》レ 之《ヲ》、可《ナリ》。

そこで「そうあって当然」という気分が生まれ、義務（……せねばならない）の意味も生まれてくる。例えば、

有《たも》ツレ国ヲ者ハ、可レシ慎シム。（或いは、不レ可カラ二以テ不ルレ慎シマ一）

義務がでてきた以上、その延長として、命令（……せよ）の意味もでてくる。例えば「五《ご》箇条御誓文《かじようのごせいもん》」で使われているのがそれである。すなわち「広く会議を興し、万機公論に決すべし」。

「可」の用法は、以上の**可能・是認・義務・命令**で尽きているが、特別なものとして、「ばかり」と読み、「……ぐらい」「……ほど」の意味として使われるときがあるが、そういうときは、おそらく注がつけられているだろうから安心したまえ。例えば、

可《ばかり》二四千人一。可リ二五六斗一。衆可リ二数十万一。可リ二千二百里一。

「あの人、よくできる」てなことをよく言う。この「よく」というのはいったいどういう意味だろうか。漢文で「よく」と読むものにいくつかある。例えば「**善**」。これは「上手に、みごとに」という意味に使われるのがふつうであるが、文意によっては「たびたび、往往」と訳さねばならないこともある。

しかし、「**良・好**」も「よく」と読んで、だいたいにおいて「上手に、みごとに」という

意味と考えてよい。ただし念のために言っておくと、「良」は「まことに」と読むこともあり、意味は「本当に」である。また「やや」とも読み、「かなり」という意味になる。

さて、「善・良・好」という場合、助字と言うよりも漢字自身の持っている意味から訳をつけることが可能だから、あまり問題ではない。気をつけなくてはならないのは「能」である。

「能」はもともと、才能・芸能、という熟語が示すように、能力があることを示す。大阪の人間は「ようせんわ」とか、「よう言わん」「ようやった」「よう言うわ」と言って、しょっちゅう使っている。この「よう」には「できる」という能力の感じがこもっている。「あの人、よくできる」は「あの人、ようできる」だ。すると考えてみると奇妙なことに、「よく」と「できる」とが重なって使われているんだなあ。英語の can をダブらせて can can と言っていることになるではないか。

さ、そこで気をつけなくてはならない。というのは、「能」を「よく」と読んだあと、その読みかたをそのまま訳に使ってしまう傾向がある。「よく」と読むから、なんとなく訳も「よく」としておけばわかるような気分になってしまう。なるほど訳をごまかすときはそれで十分だが、バカの一つ覚えじゃ困る。もうちょっとアノ手コノ手といこう。というのは、「能」は「できる」という意味以外、強めの意味としても使われるからである。強めとなれば、いろいろな訳しかたができることは言うまでもない。諸君、しっかり工夫せよ。ただし、この強めは、だいたいにおいて、上に「何・安・豈」など反語の助字がつく場合が多い。そこは注意しておこう。

(41) 惟・唯・只・止・但・直

限定を表す助字として、これまで「耳・爾・而已」などを説明してきた。ところが、これらは文末に置かれるものである。それらとは対比的に、文頭にも限定を表す助字が置かれる。この助字について研究してゆくことにしよう。

まず第一は「惟」である。もちろん、この「惟」字には、助字として使われる以外、もともとの意味がある。そういうとき、ふつう「惟」を「おもふ」と読む。ただし、「思」とは使われかたが異なる。

「思」のときは、思案する、考える、という用法である。しかし、「惟」のときは、もっぱら、或る一つのことについて考えるときに使われるようだ。例えば、天子に対して申し上げる上奏文などの始めによく使われるのだが、

夫惟（それ、おもんみれば）

伏惟（伏しておもんみれば）

という形だ。これらは、みな、或る一事について、専心、思うという意味である。

こういう本来の用法を背景にしてであろう、「惟」が助字として使われるとき、一事について、という意識がずっと残っているようだ。だから、助字として「惟独（ただひとり）」という調子で、「惟」を「ただ」と限定に表すことばで読み、もっぱらこればかり、という感じを表すことになる。限定を表す助字となったのも当然と言えよう。

なお、この「惟」は、助字として別の用法がある。すなわち、「これ」と読む場合である。この「これ」は、軽い意味であるから、そう気にせずともよい。

済河惟兗州。（済河《せいか》〔川名〕これ兗州《えんしう》〔地方名〕）

済河是為二兗州一。（済河是《これ》を兗州と為す）

非常に古いスタイルの用法であるから、ほとんど出てこないと言ってよかろう。

「惟」と同じものに「**唯**」があり、これが最もよく出てくる。一番オーソドックスな形であると、「唯……耳」と、上下がそろっており、「ただ……のみ」と読む。しかし、そういう優等生的な形は少ない。「唯」だけであったり、「耳」だけであるとか、というふうに一定していないから、臨機応変に考えること。公式的なアタマではダメ。さて、この「唯」はどこにかかるのかということが重要。例えば、

我唯有㆑書。（我ただ書を有す〔るのみ〕）

と言うとき、英文法などの影響を受けている諸君は、「唯」という副詞は「有」という動詞にかかっていると思いこむであろう。そうはいかぬ。漢文法は奇怪である。実は三種類の解釈が可能なのである。

第一。主語の「我」にかかる場合。このときは「私だけが本を持っている。他人は持っていない」という意味になる。

第二。目的語の「書」にかかる場合。このときは「私は本だけを持っている。他の物は持っていない」という意味になる。

第三。述語の「有」にかかる場合。このときは「私は本を持っているだけである。読んだというわけではない」という意味になる。

同じことは「のみ」をつけて読むときにも言える。訓読のしかたが変わってくるのだ。

第一。主語を限定するとき「我のみただ書を有す」となる。

第二。目的語を限定するとき「我ただ書のみを有す」となる。

第三。述語を限定するとき「我ただ書を有するのみ」となる。

こういうふうにヤヤコシイので、いちおう、習慣として、最後に読む動詞に「のみ」をつける、という約束にしてある。しかし、それは前例でわかるように、けっして述語を限定する第三の場合だけを意味するということではない。ここのところをしっかり理解してくれたまえ。

ただし、「不唯……而亦——(not only … but also 〜)」のときの前半の訓読は、必ず「ただに……のみならず」であって、「ただに……ざるのみ」とは絶対に読まない。

「唯」を「ただ」と読むのが原則だが、そういう公式主義ばかりで考えているとケツマヅク。と言うのは、ことばは生きものだから、なにも「唯」一字だけで使われるわけではない。他のことばとくっついて使われる。そのとき、気をつけなくてはならないのが、否定形とくっつくときだ。

例えば、「不唯……」と「唯不……」とでは、意味が変わってくる。

「**不唯**……」というときは、たいてい、その次に「而又——」というような文がくる。そこでセットにすると、不唯……而又——

という形だ。これは、「唯《ただ》に……のみならず、而《しか》して又——」と読み、ちょうど英語の not only … but also ～ という言いかたと同じになる。気をつけて見てみたまえ、「ただ」ではなくて、「ただに」と「に」がつけ加えられている。ここがポイント。「**唯不**……」のときは、見た目は似ていても、「ただ……せず」と読んで、「不」以下を限定しているため、「ぜんぜん……でない」「……でないに違いない」という訳の感じになるわけだ。

同じことが「独（ひとり）」という限定の助字についても言える。「**不独**……」は「不唯……」に似ていて、「独《ひと》り……のみならず」と読む。当然、下に but also ～ という文の来ることが予想されよう。これに反して「独不……」であると「不」以下の限定であり、強い否定の意を表すことになる。

「**只**」には、これと言った特別の注意は必要でなかろう。わりあいに軽い感じだ。しかし、これに反して「**止**」のときは、「このほかにはない」という強い感じがある。そりゃあそうだ。なぜなら、いつも言うように、助字として使われる漢字に、もともとの動詞とか名詞とかに使われている感じが残っているときは、そのもとの意味が、助字として使われているときでも依然として残っているからである。「止」にはそういう感じが残っている。

「但」という助字は奇妙だ。現代日本語でもちょいちょいお目にかかるが、そういうときは百パーセント、「ただし（但し）」と読んで例外的条件というか、そういう意味あいで使っている。

それでは、これは現代日本語だけの用法であって、漢文にはなかったかと言うと、実はそうではない。漢文でもそういう「ただし書き」的な意味で使われてもいたのである。

けれども、そういうときでも「ただし」と読まずに「ただ」と読むのが習慣であった。

一方、「但」は限定を表す意味として「ただ」と読むのがふつうであった。すると、「但」を「ただ」と読んでおきながら、①限定、②例外的条件、の二つの用法を含んでいる、ということになる。

こいつは面倒だ。しかし、よくよく考えると、同じことでもあるんだ。と言うのは、こういうこと。「但」には、二つを兼ねている意味があって、そのうちの一つ、片一方、を取る、という気持ちがあるんだなあ。すると、片一方を取る、という意味では、限定ということにもなろうし、一つはさておいて、いま一つを取れば、と言うと、例外的条件という線にもなる。

そう考えると面倒ではない。そこで、読むときは、とにかく「ただ」と読んでおき、その意味は、となると、文脈・文章の前後関係で、限定か例外的条件かのどちらかにきめるということになる。

江戸時代の人たちの読みかたでは、「ただし」と読んでいる人もかなりあり、いちがいに、読みかたや意味はこうだ！　と決めつけるわけにはゆかない。しかし、現在、一応のお互いの了解という線でゆくとすれば、「ただ」と読み、その大部分は限定の場合と考えておいて、まずまちがいなかろうと思う。ここが漢文訓読の習慣と現代日本語の中に入っている同語の意味との相違ということであろう。

「ただ」と読む助字としてもう一つ「**直**」がある。これを「ただに」と読んでいい。いや、そのほうが語感としてぴったりしている。

この「直」を使って、例えば「直行・直接・直下」といった熟語がある。そのときに使われている「直」は向こうまでの間に物がなくて、「すぐそのまま」というイメージだ。このイメージが助字として使われるときにも残っている。だから、「直」と使うとき、「あれこれと思いめぐらすことなく、すぐそのままに」という気持ちで受けとればよい。

(42) 正・方・適

「**正**」は、文字どおり「まさに」と読む。これは「どんぴしゃり」の感じなんだなあ。「ちょうどそれ」というイメージ。だから訳すときは、「まさしく」というのが適訳だろう。だから、時間的に言えば、目の前で「キマッタ」形なのだが、やはりしおわったという気分がある。結論が出た、という感じである。

これに反して、「方」は同じく「まさに」とは読むものの、「いま、そのことのまっさいちゅう」という感じだ。進行中と言ってよい。「正」と比較して言うとすると、「正」が、こうだと結論の出た「死んだ」感じなのに対して、「方」は、いまそれそのようにと、「生きた」感じなんだ。そこで、「正」は死字、「方」は活字と区別する人もいる。

「適」は、ふつう「たまたま」と読む。もともと「適」は動詞として使われ、「ゆく」とか、「あう」とかの意だ。そこでそのイメージが残っていて、副詞に使うと、「ばったりと出会う」という感じが残り、「出会いがしらに」という意味がこもっている。その意味あいを取って「たまたま」と読むのだ。だから、「適然《てきぜん》」ということばは「偶然」と同じだという解釈さえあるくらいなのである。

(43) 僅・纔

量を表すことばを研究してみよう。よくでてくるものに、「僅」・「纔」がある。ともに「わづかに」と読むのだが、ニュアンスがすこし違うんだ。

「僅」の場合、江戸時代の人は「チットバカリ」と訳している。例えば、

識不レ達《セ》二於古今《ニ》一、学僅《ニ》知《ルノミ》二章句《ヲ》一。(識　古今に達せず、学　僅《わづか》に章句を知るのみ)

という場合、「その見識が狭く、学問も初級あたりのことを知っているだけだ」という「だけだ」の感じが「僅」である。だから英訳すると、only, merely, barely ということになる。一例を挙げると「僅一人欠席」という文がある。訓読すれば「わづかに一人欠席す」である。しかし、実質的には、「ただ一人のみ欠席す」ということだ。もし英訳するとすれば、Only one is absent. ということになるだろう。

これに反して「纔」という場合、もともとの字の意味が残っている。この「纔」というむつかしい覚えにくい字は、色を染めるとき、染料を入れた水の中へ最初に漬《つ》けるときのことを指すようだ。初めにちょっと漬ける感じらしい。だから、どうやら、時間的にほんのちょっとという感じがあるらしい。例えばこういう詩がある。

入《リテ》レ春《ニ》纔《ニ》七日、離《レテ》レ家《ヲ》已《すでニ》三年。

もちろん、「纔」は時間的なとき以外にも使われるが、「僅」の限定の感じとすこし異なる

ようだ。そのことは「僅」が「わづかに」という副詞ではなくて、形容詞的に使われたときによくわかる。例えば、

戦《ヒテ》 所ニ 殺害一《スル》、僅《ちかシ》ニ 十万人一ニ。

という場合、「僅《きん》」は「近」と同じ意味で同じ発音。こういうとき、「纔」字が使われることはまずない。

(44) 素・固・元・本・原・云云・宜乎・向

「もとより」と読むものに「素」・「固」、「もと」と読むものに「元」・「本」・「原」などがある。これらを研究してみよう。

「素」という字の意味は、もともと白い布ということである。それは、まだ染めてもいないし、模様もつけていない。いわゆる生地《きじ》のままのことである。言わば、絵を画く前の白いキャンバスみたいなものだ。下地《したじ》のことである。この下地というのは、かざりけがないことである。だから、「質素・素朴」あるいは「素質」といった熟語が生まれてくる。

すると、元来《がんらい》、地《じ》がこういうことだ、ということになると、それは「平素・平生（漢文で

は「生平」)」というニュアンスを持っているということになる。そういう意味での「もとより」(或いは「もと」とも読む)である。だから、英訳では usually, always と言ってよい。この英訳はもうすこし自由にしてよく、例えば、

我与レ彼素不二相知一。(我、彼ともともとよりあひ知らず)

を、I don't know him at all. あるいは He's a perfect stranger to me. というふうに訳したってかまわない。

「**固**」は、かたまり、かたい、という意味を持っている。そこで、わき目もふらず、ただそこにもとから、という感じがでてくる。固有名詞の「固有」はそういうことだ。だから、英訳すると、originally, in the first place といった感じになる。

固当レ如レ此。(もとよりまさにかくのごとくなるべし)

などは、It is just as it should be. と訳されている。

「**元**」は、「元始」ということばが作られているように、「始」と同じように考えるとよい。

「**本**」は「根本」という熟語を思いだせ。まずほとんど「根」という感じとみてよい。そし

て面白いことに、この「元・本」の二字のニュアンスをあわせ持っているのが「**原**」と考えてよい。だからであろう、「原」は「たづぬるに」という、源をさぐる動詞ともなるのである。

ついでにあまり説明のなされていないものについて説明をしておこう。

「**云云**」ということばが、文の末尾に出てくる。いちおう「うんぬん」と読むわけだが、この「云云」というのは「以下のことばを省略します」ということである。だから「……などなど」というふうにでも訳しておけばよかろう。

文末などに出てくる「**宜乎**」は「むべなるかな」或いは「うべなるかな」と読むのがふつうであるが、「まったくそのとおり」とか、「道理にあってるよ」といった感じととっておけばよい。

「**向**」は「さきに」と読むが、「先（さきに）」とは異なる。「先」は、文字どおり、おさきに、ということだが、「向」は、過去を表すことばだ。それも、ついさきほどというときにも使うし、遠くはるか前の場合にも使う。要するに、過去の場合と考えてよい。

補足として、きまりきった熟語で、文章のつなぎめによく出てくる句について列挙し、若干の説明をしておくことにしよう。

夫（それ）　俗に「えー」と言う感じの発語である。

例　夫《レ》天地《ハ》者、万物之父母《ナリ》也。

謹《ミテ》按《ズルニ》（つつしみてあんずるに）　自分の考えついたことを述べ始めるときに使う。按（あんずるに）一字のときも多い。

夫《レ》以《ヘラク》（「それおもへらく」或いは「それおもんみれば」）　何か思うことを言うときに用いる発語である。

竊《ニ》以《ヘラク》（ひそかにおもへらく）　表立って言うのをはばかるときの発語。或いは謙遜したときにも使う。

愚以為《ヘラク》（ぐ、おもへらく）「愚」は自分を指す。もちろん、謙遜を表すことばである。自分の意見を言うときに使う発語。

何《トナレバ》則（なんとなれば）この場合、「則」字は読まないのがふつう。その前の文に対して答えるときに書き出すことば。「何者（なんとなれば）」もよく似た感じである。

意《フニ》（おもふに）　まだ気持が定まらずあれこれと思う気持ち。

例　意《フニ》僕《ガ》所以《ゆゑんノ》交《ハル》之《ニ》之道未《ダ》至《ラ》也。

【考えますに、私がこの人と交際するてだてがまだ熟しておりませんが】

今有《リ》レ人（いま、ひとあり） 或る人を仮定して設定して議論を引き出してくる。

例 今有《リ》レ人、口《こう》二誦《しょうス》孔子之言《ヲ》一。

雖《モ》レ然《リト》（しかりといへども） やや強い感じの逆接の発語である。これとは対照的に、やや強い順接の発語が、**然《ラバ》則《チ》**（しからばすなはち）である。

例 雖《モ》レ然《リト》、范増《ハ》者（范増は人名）高帝之所レ畏《ルル》也。然《ラバ》則《チ》如《いかニシテ》二之《ヲ》何一而可《ナルヤ》也。

【そうであっても、范増は、高帝（沛公が後に皇帝になったときの称号）が警戒している人物だ。それならば、これをどのように処置すればよいであろうか】

不《ンバ》レ然《ラ》（しからずんば） 上文をうけて「もしそうでなければ」と仮定の話へと議論を進めるときに使う。

(45) 反語について

反語について研究を始めることにしよう。なにしろ、漢文では反語という、相撲で言うウッチャリがあるので、これによく注意しなくてはならん。

例えば、「有」という一字。もちろん、「あり」と読んで、存在するという意味。しかし、この「有」を「ありや」と反語に読んで読めないことはない。すると、「あるだろうか」という反語は、「ない」ということになるから、なんと、同じ「有」一字で、意味がまったく反対となってしまう。まことにメチャクチャな話である。

と言うと、さっそく優等生から質問が出るだろう。反語のときは、句末に「邪」とか「乎」とかなんとか、反語を表す助字がくるんじゃないですか、と。さすが、優等生らしく、オーソドックスな質問ではある。

もちろんそうだ。というよりも、それがオーソドックスな文法だ。しかし、ことばはそういつもオーソドックスな文法となっているわけではない。実際、われわれの日常会話でもそうだ。「行く」ということばでも、すこし尻をあげて言えば、「行く？」という気持ちを表すことになる。そういう実際場面のことは切りすてて、ただ文章の上においての文字の使いかたをあれこれ言っているのが、ふつうの文法の考えかたである。

だから、文法重視ということは、たいへんけっこうなことではあるが、それはあくまでも、原則中の原則の重視ということと理解しておくべきだ。そんなこと、アッタリマエのことなのだが、意外と受験生の頭はカタクテ、オーソドックス以外の考えかたを拒絶する傾向が強いので、あえて言っておきたいのだ。そういう気持ちを私が持つのは、うるさい反語の研究という項目だからである。

前に書いたように、反語の助字がなくて、ただ前後の文脈から類推して、ここはどうしても反語に読まなくてはならない、という文に出くわすことがたびたびあって、苦しんできた経験が私にある。そこで、あえて諸君に言うのだ、反語というのは、ウッチャリの力を秘めている、と。意味の逆転というのはコワイ。慎重に反語について注意してくれたまえ。まずここが肝腎。

反語の代表選手――「豈」から検討を始めよう。この「豈」を「あに……ならんや」と読むことなど、諸君はとっくに知っている。というわけで、この「豈」が出てくれば、ほとんど機械的に、反語に訳すであろう。それはそれで結構。オーソドックスでよろしい。

しかし、次の文の傍線部分の場合は、果たしてどうであろうか。

王羲之《わうぎし》之《の》書ハ、晩《のち》ニシテ乃チ善シ。則チ其ノ所レモ能《よ》クスル、蓋シ亦タ以テ二精力ヲ一自ラ致《いた》セシ者《ニシテ》、非ニ《ザルナリ》天成一《ニ》也。然《レドモ》後世未《ダ》《ルハ》レ有ニ《ラ》能《ク》及《ブ》者一、豈其学不如彼邪。

この文を「大書道家王羲之の筆跡は、晩年になって初めてみごとなものとなった。とすると、王羲之の名筆というのも、おそらく、努力に努力を重ねて自力でもたらしたものであって、生まれつきの力によるものではない。ところが、王羲之以後、彼に及ぶものはまだ出てないのは」と訳してきて、最後の「豈其学不如彼邪」という句にくる。

この最後の句は、

豈其《ノ》学《ブヤ》不レ《ラン》如レ《カ》彼《ニ》邪。（あにその学ぶや、彼にしかざらん）

と読み、「彼にしかざらんや」と反語に読まないのである。

もし「彼にしかざらんや」と反語に読むと「彼（王羲之）に及ばないであろうか、いや及んでいる」という意味となってしまう。とすると、その前の句の「後世、いまだよく（彼に）及ぶ者あらず」ということとつながらなくなってしまう。だから、前で「後世で、まだ王羲之に及ぶものがない」と言う以上、最後の「豈……邪」を、反語に読むわけにはゆかない。

ではどうするか。意味上から言えば「（後世の人たちの）勉強（其学）が、王羲之に及ばないためだろうなあ」ということになる。すると、この場合の「豈」は、反語を表すのではなくて、推量とか、やんわり遠まわしに想像するという感じを表すという感嘆になるだろう。こうした用法の「豈」はそう珍しいものではなく、ちょくちょく出てくる。

だから、「豈」とは反語を表す、というような機械的な覚えかたでは、とてもさきほどの引用文を訳しとげることはできない。

そこで、こう言っておこう。「豈」には二つの使いかたがある、と。一つは、諸君得意の反語の用法である。これについてはいまさら説明する必要もないだろう。

さていま一つは、前の引用文に示すような感嘆の場合である。もっともこの場合は、たまたま推量という気持ちを表わす例であったが、いつもいつも推量であるとはかぎらない。そこで、こう覚えたまえ。だいたい「**其**（それ）」という感じであると。

「豈」の音は「キ」である。「其」の音も「キ」である。つまり、この両者は、相互に発音が通じあうわけで、古代では、同じような意味で使われていたのである。例えば、諸君は、

何不……（なんぞ……せざらん）

の「何不《かふ》」すなわち「かふ」の音と通じるとして「盍《かふ》」という字が、充字《あて》に使われ、訓読では「盍」を「なんぞ……ざる」と読む、と習ったことがあるだろう。このように、見た目に

は、まったく別の漢字であっても、音が相互に通じあう（これを「音通」という）ことから、用法も同じようになるという例があるのだ。

「豈」と「其」との関係がそうである。「キ」という音通から、助字としての用法に共通するものが出てきたのである。例えば、長いので前後の文を省略しておくが、「豈不可」という句を「それ可ならず」と読む例がある。もちろん「あに可ならず」と読んでもよいが、そう読むと、「あに可ならずや」という反語の場合とゴッチャになりやすいから、「豈」をはっきりと「それ」と読んでよい。

とすると、前の例、

豈其学不レ如レ彼邪。

も「それその学ぶや、彼にしかざらん」と読んだほうが、よりすっきりすると言えよう。

では「其」とはどういう意味か、ということになる。となると、この説明をまた詳しくせねばならず大変だ。そこで、江戸時代の人はどう訳していたかと見てみると、こういう「其」の意味のときは、「いかさま」と読んでいる。うまいねえ、この読みかた。オット、いんちきという意味の「いかさま」とは違うよ。今で言えば、「なんとまあ」とか「なるほど」とか、とにかく、強い気持ちをこめた「其」ということばの感じで、それを訳出している、と言えよう。

「盍」の日本語における音は「こう」である。しかし、「こう」というのは、現代かなづかいによる書きかたであり、歴史的かなづかいでは「かふ」である。この「かふ」は、前述したように「何」と「不」とを合わせたもので「何不」という二字の発音「かふ」を一字の「盍」で表したわけである。いわば「充字《あて》」である。

さて、この「盍」の用法であるが、右のような事情から反語（どうして……しないことがあろうか）として理解されている。もちろん、その考えかたは正しいし、基本的にはそのように理解すべきである。

しかし、否定形の反語という場合、例えば「盍……」の中の「……」部分は肯定となるという単なる論理的な解釈で終わってよいものであろうか。なにも否定形の反語などというようなまわりくどい言いかたをしないで、直接に「……」部分をそのまま言えばよさそうなものである。にもかかわらず、あえて否定形の反語というような形を使うというのは、単に「……」部分の主張ということに終わらず、なにかそこにプラスされているニュアンスがあるわけだ。

そのニュアンスであるが、こういう否定形の反語という形は、やはり気持ちが強くこもっていると言えるわけで、「……」部分のようでありたいという「勧める」気持ちがある。

そこで参考までに英訳をみてみると、「何不」を、いちおう文字どおりに訳して、“Why

not”としてはいるが、別訳に“had not better”とある。この後者の訳はなかなかよくできている。例えば、

汝何不レ往二美国一。（汝、なんぞ美国〔アメリカ〕に往かざる）

という場合、“Had you not better go to America?”と訳している。この「何不《かふ》」・「盍《かふ》」は「なんぞ……ざる」と読み、あまり「……ざらんや」とは読まない。

もう一例を挙げると、

汝何不下以二自己計画一進行上。（汝、なんぞ自己の計画をもつて進行せざる）

“Had you not better proceed with your own program?”と訳している。こういう訳のしかたもあるということを知っておけば、文意をより的確に捉えることができるであろう。

以上のように「豈」だの「盍」だのという、一見して反語の構造ですよということを予告してくれる文字であるときは、ありがたい。しかし、いつもそうであるとはかぎらない。そこで、反語であると判断できるサインを研究してみよう。

その代表は、反語形の句の末尾にくっつけられている助字である。例えば**乎**・**与**（**與**）・

歟である。これらの助字は、反語の句の末尾に付け足されてしょっちゅう使われる。例えば、

悪成レ名乎。（いづくに名を成さん）

ところが、この助字類は、強調するときに場所が変わる。いまの「悪成名乎」の例で言えば、「乎」が移動して「悪乎成名」となる。この場合、読みかたや送りがな・返り点は変わらない。

右の例は、反語を表す「悪」の字の下に移動したわけであるが、上にくるときもある。例えば、

於レ予テ与ニ何ゾ誅セメン。

という句がある。「予」は「宰予」という人名、「誅」は「責む」の意。この句は、

於レ予何誅乎。（予においてなんぞ誅《せ》めん）

というのが原形である。しかし、おそらく語調をととのえるために「乎」を「与」に替え、そして強調するために「何」の上に移動したわけである。

もうすこし複雑な例を挙げてみる。例えば、

(彼は才能があるので) 於《テ》レ従《フニ》レ政《ニ》乎何《ゾ》有《ラン》。(政に従ふにおいて何ぞあらん)

という場合、これはもともと、

於《テ》レ従《フニ》レ政《ニ》、何《ゾ》難《キコト》之《レ》有《ラン》乎。(政に従ふにおいて、何ぞ難きことこれあらん)

という意味である。しかし、強調するために「乎」を「何」の上に持ってきた結果、もう「難（かたきこと）」といった説明的なことばが不要となり、「難之」を省略してしまったと思われる。「(彼は才能があるので) 政治を行うのに、どうして難しいことがあろうか」を「政治をするのにさ、あるんかね、何か（問題が）」といった感じに言いかえたわけだ。

或いは、

も、

何《ゾ》辞《スルコト》之与有《ラン》。(何ぞ辞することこれあらん)

何辞之有乎。

という句であったのが、語調のために「乎」を「与」にかえ、さらに移動して「有」の上にきたと考えられる。

こういうふうに、末尾にくるのがふつうの「乎・与」などが、奇妙な場所に置かれており、また「何・悪」などがあるときは、強調の反語の場合であると考えてよい。

さて反語のとき、「いづくんぞ」と読む助字がある。「焉・安・悪」である。もっとも「焉」は「何」と同じ意味に使われるときがあり、そのときは「なんぞ」と読むのが習慣である。

この三者に共通している用法は、場所的なことを指すということである。特に「安」はそうである。例えば、

安《クンゾ》見《ン》二方六七十如《もしクハ》五六十里《ニシテ》非《ザル》レ邦《ニ》者《ヲ》一。（いづくんぞ方六七十もしくは五六十里にして邦にあらざるものを見ん）

がそれである。だから、はっきりと「いづくにか」と読んだほうがよいときがある。例えば、曹操は、

固《ヨリ》一世之英雄《ナリ》也。而《シテ》今安《クニカ》在《ル》哉。（もとより一世の英雄なり。しかして今いづくにか在る）

がそれである。

同じく「悪」も場所的な場合に用いられる。

学、悪《ニ》乎始《マリ》、悪《クニ》乎終《ル》。（学、いづくに始まり、いづくに終はる）

がその例である。もっとも、「悪」は、ときとして「とがめる」感じに使われるときがあ

る。さきに引用した「悪成名乎」（いづくに名を成さん）がその例。「焉」も同じ用法だが、「安」に比べると、もうすこし強い調子であるし、また意味的にも、もうすこし広く一般的な反語の意味として使われるようである。例えば、

焉之（いづくにゆく）

は Where are you going?　というふうに訳されているが、

焉知（いづくんぞ知らん）

は How could one know?

焉能……（いづくんぞよく……せん）

は How can it be done?

焉敢……（いづくんぞ敢て……せん）

は How dare? とそれぞれ訳されているように、むしろ "How" の用法のほうがよく使われていると言えよう。

しかし、正直のところ、疑問と反語との区別は困難である。或ることがらに対して疑問を抱くということは、心理的に言ってそれを否定しようという気持ちであり、それが反語となるからである。だから、反語は、むしろ疑問の一種と考えておくほうがよいと思う。

以上で反語の説明を終わるが、注意を一つ。反語に読むとき、その書き下し文の場合、最後に「や」という助詞をつけてよいのかどうか迷うことがある。そこで、「や」をつける場合について研究しておこう。もっとも、この話、チト退屈かもわからんので、飛ばして、次の**第(46)節**に入ってもいい。

原則として、反語の場合、その漢文の句の末尾に「**乎・与・邪・哉・耶**」というような助字がある。この助字類の気持ちを訳して、日本語の「や」をつけるわけである。

……乎《ヤ》（……や）

可《ケンヤ》ニ……一与《ス》（……すべけんや）

可レ不《ケンヤ》ニ《ル》……一乎《セ》（……せざるべけんや）

などがその例である。この原則を覚えておく。

しかし、句の初めに「誰」とか「何」などという、ほんらいの疑問詞のことばがくるときは注意しなければならない。ふつう、

誰《カ》……《セン》（たれか……せん）

孰《カ》……《セン》（いづれか……せん）

というふうに「や」をつけないのが習慣である。だから「誰……乎」というように「乎」があっても「たれか……せん」と読む。三八七〜三九三ページに引いた例文はそのように読んできた。

ところが、同じ「誰」を使っても、次のようなときは、

誰《カ》……《スル》者《ゾ》（たれか……する者ぞ）

誰《カ》不《ランヤ》……《セ》乎（たれか……せざらんや）

と助詞「ぞ・や」をつけて読む習慣もある。つける、つけない、二つの習慣がある！

「何」の場合はもっと複雑である。例えば「何……」という場合、習慣として、

(1)　何《ゾ》……《センヤ》（なんぞ……せんや）

(2)　何《ヲカ》……《セン》（なにをか……せん）

という二つの読みかたがある。意味は同じ。

さて助字がつくとき、原則的には「何《ゾ》……《センヤ》乎」（なんぞ……せんや）、「焉《ンゾ》……《ンヤ》乎」（いづくんぞ……せんや・なんぞ……せんや）と読むのだが、

(1)　何《ノ》――《アリテカ》……《セン》（なんの――ありてか……せん）

(2) 何《ノ》……之《カ》レ有《ラン》（なんの……か、これあらん）

というように、助字をつけない場合もある。

「何不」・「盍」については三八四～三八六ページに説明ずみ。

以上の読みかたは、長い間の習慣で定まってきたものである。これという規則はない。自分であれこれ心得る以外、方法はないなあ。すまん。

さらに、助詞の付けかたを補足しておこう。次の第㊻節「如何・奈何などの疑問」とも関係があるので、注意してくれたまえ。ふつう次のような三つの形となって現れる。

1　何為《なんすれゾ》……《セン》（なんすれぞ……せん）

2　何《ゾ》……《スルヲ》為《サン》（なんぞ……するをなさん）

3　……何《ヲカ》為《サン》（……なにをかなさん）

例　死而何為。（死してなにをかなさん）　死んでどうしようか。

意味としては、ほとんど同じである。この「何為」の場合、末尾に助詞「や」をつけない習慣となっている。

「**何以**」の場合、「何《ヲ》以《テ》……《センヤ》」（なにをもって……せんや）と助詞「や」をつけて読むのが習慣である。

以上で反語の形式の主なものについての「や」の問題はつきる。

そこで、反語形と深い関係がある疑問形の場合について触れておこう。疑問の場合、例えば疑問詞をつけた場合、助詞をつけて読まないのを原則とする。

(1) 何《クニ》……（いづくに……）

例 何《クニ》之《ク》。（いづくにゆく）

(2) ……如何（……いかん）

例 朋友之際《ハ》何如。（朋友の際はいかん）

(3) 如二……《ヲ》一何《セン》（……をいかんせん／……をいかん）

(4) 孰《レカ》……（いづれか）

例 孰《レカ》為《ス》レ大《ト》。（いづれか大となす）

(5) 何《ゾ》不《ル》二……《セ》一（なんぞ……せざる）

しかし、次のようなときは「や」や「ぞ」をつける。

(1) 何《ゾ》……《ヤ》也（なんぞ……や）

例 何《ゾ》取《レルヤ》二於水《ニ》一也。（なんぞ水に取れるや）

(2) ……《ハ》何《ゾヤ》也（……はなんぞや）

(3) 誰《カ》……《スル》者《ゾ》（たれか……する者ぞ）

(4) ……《ハ》者何《ゾ》（……はなんぞ）

或いは、次のようなとき「か」をつける。

(1) ……《カ》乎（……か）

例 可《キカ》レ得レ聞《クコトヲ》乎。（聞くことを得べきか）

(2)　……邪《カ》——邪《カ》（……か——か）

例　其《レ》知《ルカ》邪、其《レ》不《ルカ》レ知《ラ》邪。（それ知るか、それ知らざるか）

以上の型は一般的なものであり、もちろん、この他に複雑なものがあるが諸君に必要なものではない。だからここであげた例をよく注意して読み習熟すれば、それで十分すぎるくらいである。ただし型式が多すぎるので、理屈でなくて口調（例えば「なんぞ……せざる」）でゆっくりと覚えるのが一番いい。この節は、ちょっと難しかった。御苦労。

⑷⑹　如何・奈何などの疑問形

如何・奈何という疑問詞の場合、ときどき、「如」・「奈」と「何」との間に、他のことばがとびこんでくるときがある。諸君が必ず学習する『史記』項羽本紀の有名な箇所、項羽が劉邦に追いつめられ、四面楚歌の中で、「力、山を抜き……」と歌う箇所に、その例がある。

虞兮、虞兮、奈若何。（虞《ぐ》や、虞や、若《なんぢ》をいかんせん）

この場合、返り点としては「奈二若何一」というふうにつけることになっていて、そのつけかたは妙な例外となっている。もっとも、「奈レ若何」というふうな返り点をつけて処理する人もいる。それはともかく、こういう句はどのように考えるとわかりやすいか。それを教えよう。

まず、この句から、中間の部分をそっくり抜き出して、それに「対于」という語句を加えるとよい。この例で言えば、まず「若」を抜き出してそれに「対于」を加えると、「対于若、奈何」となる。訓点を付けると、こうなる。

対シテ二于若ニ一、奈何《いかん》セン。

こういうふうにすると文意がよくわかる。「虞よ、虞よ、お前に対して、なんとしようぞ」と訳してよい。練習してみよう。

孟子曰ク、士師（監獄長）不ンバレ能ハレ治ムルレ士ヲ、則チ如レ之ヲ何セント。王曰ク、已《や》メシメントレ之ヲ。

〔孟子〕曰《ク》、四境之内（国土）不《ンバ》レ治《メ》、則《チ》如レ之《ヲ》何《セント》。王顧《ミテ》二左右《ヲ》一而言《フ》レ他《ヲ》。

この文の場合、二例出ているが、ともに「対二于之一」すなわち「対レ之」（これに対して）と考えると、なんでもない文となる。ついでに言っておくと、「顧みて他を言ふ」（返答しないで、臣下と他の話をしてごまかす）ということわざはこの文に基づく。ただし、現在の用法では「自分の誤りや欠点を指摘されたとき、謝ったり、反省したりしないで、他人における同じ誤りや欠点を挙げてそれを非難し、自己弁護しようとする」というふうに使われている。原意とずれがある。

さて「如……何」には、反語の用法もある。例えば、

如之何……也（これをいかんぞ……せんや）

と読み、「……をどうしようか、どうすることもできないなあ」と訳す場合もあるので注意しよう。

そこで、参考までに、英訳ではどういうふうに訳しているかということを見てみよう。

『論語』に次のような文がある。

子曰《ク》、人《ニシテ》而不仁《ナラバ》、如レ礼《ヲ》何《セン》、人《ニシテ》而不仁《ナラバ》、如レ楽何《セント》。

これをジェームス・レッグはこう訳している。The Master said, "If a man be without the virtues proper to humanity, what has he to do with the rites of propriety? If a man be without the virtues proper to humanity, what has he to do with music?"

この英訳は、訓読の「礼をいかんせん」（礼をどのようにしようか）、「楽をいかんせん」という「どうしようか」という処置としての解釈に従っている。もちろんこれでよい。

現代中国人は、「把」（日本語の「を」に相当するが、中国語では前置詞）という語をあてて、

把礼、怎様辦。（礼を怎様《どのよう》に辦《べん》ずるか〔行うか〕）

というふうに訳している。

現代中国語訳・英訳ともに、「如……何」の「……」を直接目的語として解している。訓読もそういう理解と同じである。だから「如礼何」は「如二何礼一」とあると最もわかりや

すいわけであるが、そうなっていないので、自分で文構造を組み立てるほかはない。
楊樹達という有名な近代の文法家がいるが、この人は、「如」という語自身に「処置」とか「対付（あしらう）」という意味が含まれている、と大胆に解釈しているが、これは文意全体からみての解釈であろう。

さて、最後にこの「**如**……**何**」・「**奈**……**何**」・「**若**……**何**」（みな同じ用法）という奇妙な構造の語気がどういうものであるかということを記しておこう。劉淇《りゅうき》という清朝の文法家は、緩やかな語気、と解している。そう言えば、項羽の「虞兮、虞兮、奈若何（虞《ぐ》や、虞や、若《なんぢ》をいかんせん）」という歌は、長いためいきとともに歌われている感じである。

さらに調子の強い疑問文について研究してみよう。その代表は「**孰与**」と「**孰若**」とである。

ふつう「孰与」・「孰若」は次のような構文として理解されている。

(A)　――ハ、孰二与レゾ……ニ一（――は……にいづれぞ）

(B)　――ハ、孰二若レゾ（乎）……ニ一（――は……にいづれぞ）

(A)・(B)ともに読みかたは同じであるが、意味はほんのすこし異なる。(A)は「――と……とどちらがよかろうか。もちろん……がましだ」の感じであり、(B)はずばりそのまま「――よりは……のほうがましだ」の感じである。すなわち、(A)のほうが、一呼吸おいていると言えよう。しかし、そんな区別に神経質になる必要はない。「不如……」・「不若……」の場合と同じく、下の「……」のほうがましということを、しっかり頭に入れておくことで十分。

さて、どうして(A)や(B)のような読みかたになったのだろうか。もともとは、どういう意味であったのだろうか。「孰与」は、もともと、

――《ハ》、孰《カ》与《ともニセン》㆓……《ト》㆒（――は、たれか……とともにせん）

という意味なのである。「――は、……と同じであるとだれが考えようか」という感じなのである。

同じく「孰若」は、

――《ハ》、孰《カ》若《しカン》㆓……《ニ》㆒（――は、たれか……にしかん）

すなわち「――が、……に及ぶとだれが考えようか」ということだ。

その意味をつづめて「――は……にいづれぞ」という訓読が定まったというわけである。

さて、そうなると、この形はもう疑問形と言うよりも、比較形と言うほうがふさわしい。ということで、いまでは比較形として扱うのがふつうである。たしかに意味上から言って比較形と言うほうがわかりやすい。

すると、比較形ということになると、(A)・(B)の「――」が、もっとはっきりとした比較を示すということが出てくる。それを説明することにしよう。なお、この句形の場合、書き下し文にするとき、「いづれぞ」と全部ひらがなにしておくのがよい。

疑問形として出てきた「孰与」・「孰若」をはっきりとした比較形と考えるには次のような構文がある。

(C)　与《リハ》二其《ノ》――《セン》一、孰二与《レゾ》……《スルニ》一　（その――せんよりは、……するにいづれぞ）

(D)　与《リハ》二其《ノ》――《セン》一、孰二若《レゾ》……《スルニ》一　（その――せんよりは、……するにいづれぞ）

意味は、もちろん「――よりも……のほうがよい」ということである。「与其」（その――よりは）という、比較であることをはっきりと示すことばがあるので明快である。

さて、この比較と疑問とを含む(C)・(D)をもとにして次のような展開がある。

比較形というところから、(C)・(D)が「与其――、不若……」・「与其――、不如……」（その——よりは、……にしかず)、「与其——、寧……」(その——よりは、むしろ……せん)という形に接近するわけである。

また疑問形というところから、(C)・(D)が「与其——、何如……」(その——よりは、……するいかん。その——よりは、なんぞ……にしかんや)という形に接近する。

こうなると、見た形は異なっていても、内容は大同小異ということになるわけだ。出てきたのを全部並べてみると、

(与其)——、孰与……。

(与其)——、孰若……。

(与其)——、不若……。

(与其)——、不如……。

(与其)——、寧……。

(与其)——、何如……。

意味としては、

〔——よりも〕、……がましだ。

ということに尽きる。これを比較形と言おうと、疑問形と言おうと、選択形と言おうと、そんなことはどうでもよいことだ。要は「上のことよりも、下のほうがましなのだ」ということを、しっかりと頭に入れることに尽きる。諸君の最も注意すべきところだ。

なお、比較ということが中心にあるので、「……」の末尾に、形容詞的な語句が来る場合が圧倒的であることをつけ加えておこう。

(47) 否定形

最後に、これまですでにいろいろな形で出てきてはいたが、**否定形**という大物について正面から研究してみよう。まず最初は、一番よく使われる「**不**」についてだ。

『周礼』（「しゅらい」と読むならわし。「しゅうらい」とは読まない）という古典があるが、その中に「服不氏」という官職が出てくる。「服不」というのは、その注によると、

服㆓不㆑服之獣㆒。（服せざるの獣を服す）

すなわち、服従しない獣を服従させる、ということで、そういう役目をする官職のことである。さて、すると、「服不」の「不」は「しない」ということを表す動詞のような感じを与える。それは、もともと「不」の下の「服」を省略したものなのであるが、省略したということがあまり意識されないで、「不」だけで独立した感じともなる。そこで、例えば、

有レ変乎、不乎。

という場合、「変ずるあるか、しからずか」と読み、「変化があるだろうか、そうでないだろうか」という意味となる。この場合、「不乎」はもともと「不レ変乎」（変ぜざるか）の省略なのである。しかし、「不乎」だけで、十分意味が通じる。

しかし、こういうふうにも考えることができる。

有レ変乎。（変ずるあるか）

の反対語であるから、

無レ変乎。（変ずるなきか）

という意味であるというふうに。とすると、「不乎」は「無乎」すなわち「なきか」と読んでもかまわないということになるだろう。

このように「不」には、「……しない」という助動詞「ない」の意味で使われる一方、「……はない」という、形容詞「ない」と同じように使われることがあると言えよう。

また、例えば、

顕矣。（あきらかなり）

と肯定形で言うとき、それは、一人が断定するということであるが、仮に、

不レ顕。（あきらかならざらんや）

と反語に読むとすると、この場合は、自分一人の断定ではなくて、多くの人にたずねる、答を求める、という感じになり、「顕矣」という肯定形よりも強い感じを与えることになる。

言ってみれば、相手に問い質《ただ》すということである。だから、そういう強めの気持ちを表すときに、否定形を使っての反語という形をとるということがある。このことは記憶しておいて損でない。

さて、否定形の二番目として研究に値するのは、「**未**」である。これは、「まだ……でない」（やがて……であろう）という意味である。対比的に言えば、「已（すでに）」の反対語である。国文法の活用形に、未然形、已然形というのがあるが、その命名は、「未」や「已」の意味をなかなかよく取っていると言えよう。「未ㇾ然形」とは「未《いま》だ然《しか》らざる形」と読み「まだそうなっていない形」ということである。

だから、例えば、「書く」という動詞の場合、未然形は「書か」である。これは「まだそうなっていない形」の具体的な場合として、例えば「書かない」という否定形ともなることもできるし、「書かば」という仮定形となることもできる。或いは、文語なら「書かむ」と、意志を表す形にするということもできる。そういうふうに、未然形は、いくつかの「まだそうなっていない」状態を表現できる。その「まだそうなっていない」ということを表すのが、この「未」という助字なのである。なお「已然形」は「已《すで》に然《しか》る形」ということであり「もうそうなっている形」のこと。

また、いま「まだ……でない」と記したように、「未」は、再読文字の一つとしても重要なことばである。「未然」を「いまだしからざる」すなわち「いまだ……ざる」という形に読んでいるのは、実は再読文字という用法に従っての読みかたである。

　注意を一つ。この「未」は現代日本語の中に続いて生きている。やや古めかしい言いかただが、例えば「いまだ到着していない」と言う。これは「いまだ……ず」が現代日本語では「いまだ……ない」となっていることを示す。ところが最近、「今だに知らん顔をしている」(末尾が否定形でないことに注意)という文を「未だに知らん顔をしている」と書く人が増えてきている。これは誤り。「未」は必ず文末に否定語が必要。同音の「いまだに」であるため、「今だに」と「未だに」とをごっちゃにしている。

　ところで、この「未」という否定を表す語は、「不」とどんな関係にあるのだろうか。「不」と言うと、とにかくピシャリと否定するのであるから、あまり愛想がよくない。まさに否定。しかし、その否定を遠まわしに、婉曲に言いたいときに、この「未」を使うのである。そこで、「未」は「不」の婉曲な言いまわしというふうに理解しておくのがよろしかろうと思う。

　さて、ついでに記しておくと、「**弗**」(ふつう「ふつ」と読むが「ほつ」が正しい)という否定語もときおり使われる。この「弗」は「不」と同じ意味と考えてよい。だから、読むときにも、「不」と同じく、「ず」という助動詞の読みかた、活用のしかたに従っておいて十分である。

否定形の三番手としては、「**非**」がある。この「非」というのは、もともと「是」の反対語なのである。「是」というのは、そうだそうだ、と決める肯定形であるから、その反対となると、そうでない、という感じである。

だから、「是」や「非」は、単に助字としてだけでなくて、それだけで独立して使われることがある。例えば、ずっと議論を続けてきたり、或いは、他人の意見を引用した最後に、以上のことに賛成だ、というとき、「是也（ぜなり）」ということばをつけ加える。反対に、不賛成だ、というときは、「非也（ひなり）」ということばをつけ加えるわけである。

そこから、「是非（ぜひ）」ということばも生まれてくる。「事の正・不正」といったような意味である。「是是非非（ぜぜひひ）」というようなことばもある。これは「是《ぜ》を是《ぜ》とし、非《ひ》を非《ひ》とす」という意味である。すなわち、一つ一つのことについて、そのときそのときに考えて、賛成するものには賛成し、賛成しないものには賛成しない、という意味である。

さて、元にもどってみると、「非」と「不」とは、どんな相違があるだろうか。

例えば、

無㆑不㆑鳥。（鳥ならざるなし）

と言う場合、「どれを見ても、鳥でないものはない」という、全体を指して言っている感じである。しかしながら、もし、

無レ非レ鳥。（鳥にあらざるはなし）

と言うときは、相手を一つ一つ詳しく見てみると、鳥でないものはない、という感じである。だから、「非」のほうが、「不」よりも重い感じであると言うことができよう。

さて否定形の代表は「**無・非・不・未**」である。そのうち注意すべきものは「非」である。と言うのは、「非」の下には、よく体言がくるからである。「無・不・未」が助動詞の否定として使われるとき、その下に体言はこない。まずここのところをしっかりと頭に入れておくことだ。特別なものとして「微」がある。この語が出てくるときは、たいていふりがなをふってくれていることと思うが、念のために説明すると、

微《な》カリセバ二……一（……なかりせば）

と読み、「……でなかったら」と、仮定の打ち消しとして使われる。

ここで禁止を表す「**毋・勿**」について説明しておこう。この二つとも「……するなかれ」と命令形の否定形で読む。この「毋」は「母」という字と字形は異なる。しかし、「母」字

の中の「⺀」は乳房であり、「毋」は、女の乳房を露出することを禁じるという意味からきている。「勿」は旗の形からきた字で、兵隊を統制するという意味である。そこで、「毋」の場合は、いつも禁止しているということ、「勿」は、そのときそのときにおいて禁止すること、というように、すこしニュアンスが異なっていたのだが、今は、両方とも同じ意味となってしまっている。

否定形として次に重要なことは、全否定と部分否定との区別である。「いつもきっと……ではない」というのが全否定で、「いつも……とは限らない、そうでない場合もある」というのが部分否定である。意味が異なるので注意。この全否定や部分否定を漢文ではどう表すかと言うと、語順でキメルわけである。すなわち、次に示すように、副詞が上、否定語が下の場合の(A)は全否定、副詞が下、否定語が上の場合の(B)は部分否定となる。

(A) 常ニ不二……一
(B) 不二常ニハ……一

(A) 必ズ不二……一
(B) 不二必ズシモ……一

(A) 倶《とも》ニ不二……一
(B) 不二倶ニハ……一

(A) 皆不㆓……㆒
(B) 不㆓皆《ハ》……㆒

(A) 再《ビ》難《がたシ》㆓……㆒
(B) 難《シ》㆓再《ビハ》……㆒

(A) 甚《はなはダシク》不㆓……㆒
(B) 不㆓甚《ダシクハ》……㆒

ところで、右の全否定・部分否定の関係と、見た目にはよく似ていて実は違っているものがある。それは次の二形式の場合である。

(C) 復《タ》不㆓……《セ》㆒
不㆓復《タ》……《セ》㆒

(D) 敢《あヘテ》不㆓……《セ》㆒《ランヤ》(乎)
不㆓敢《テ》……《セ》㆒

(C)の場合、両方とも読みかたが「復《ま》た……ず」と同じであることに注意。「復」は同じことのくりかえしを意味するので、「復不……」とあると、「二度とも……しない」「全然……しない」ということ。だから、「復不言」は、前回にも言わなかったし、今回も言わない、つまり「全然言わない」という意味。しかし「不復……」となると、「くりかえし……することをしない」ということになり、「二度と……しない」「もう……しない」という意味になる（三三二・三三三ページ参照）。

(D)の場合、「敢不……（乎）」は反語に使われることが多く、「どうして……せずにおられようか」の意。しかし「不敢……」は「けっして……しない」の意（二九二ページ参照）。

次に、特殊な慣用句について述べておこう。

①　不㆓独《ひとり》……而已《のみ》ナラ㆒（ひとり……のみならず）

これは、「ただ……だけでない」という意味。この場合、「独」の代わりに「唯《た》だ・特《ひと》り・但《た》だ・徒《た》だ」が使われたり、或いは「而已」の代わりに「耳・爾」が使われたりする（**第二部第⑽節**参照のこと）。しかし、意味は変わらない。

②　未㆔ダ嘗テ不㆓ンバアラ……セ㆒（いまだかつて……せずんばあらず）

これは「まだ……しなかったことはない」（常に必ず……した）の意味。見てわかるように「未」と「不」との二つの否定を重ねている二重否定だから、強い肯定という感じになってくる。「嘗」の代わりに「始メヨリ」や「必ズシモ」という副詞が使われることもある。

③ 不《ンバ》二……一、不二——一（……ずんば、——ず）

これは「……でなければ、——でない」の意味。上の句は、下の句の仮定条件となっている。ときには、「無《クンバ》二……一、不二——一」（……なくんば、——ず）という形になっていることもある。

④ 無《シ》三……《トシテ》不《ル》二——《セ》一（……として——せざるなし）

これは非常に強い肯定を表している。「どんな……でも——でないものはない」の意味。

⑤ 非《ズ》レ不《ルニ》二……《セ》一（……せざるにあらず）

いわゆる二重否定であり、強い肯定を表す。これと似た形のもので、よく出てくるものとして、「無《シ》レ不《ル》二……《セ》一」（……せざるなし）、「莫《なシ》レ不《ル》二……《セ》一」（……せざるなし）がある。

⑥ (A) ……《モ》亦《まタ》不二——一（……もまた——ず）

(B)　不ヤ二亦タ――一乎（また――ずや）

(A)は、「……もまた――でない」の意味で、他のものを打ち消したあと、ここ（……）も打ち消すという用法である。(B)は、「なんと……ではないか」の意味で、反語形であって詠嘆的な肯定を表す。

⑦　不者《しからず》ンバ（しからずんば）

　　不《しからず》ンバ則チ（しからずんばすなはち）

これは、否定の助動詞が独立して使われている奇妙なことばであるが、もとをたどると、「不ンバレ然《しから》ラ者」とか、「不ンバレ然ラ、則チ」の「然」が脱落していったものと思われる。しかし、「然」はなくなったものの、読みかたは残ったであろう。そこで、「不者」や「不則」から、さらに、「否《しからず》ンバ者」とか「否ンバ則チ」というようなものも出てくるようになった。

この節では、型がいろいろ出てきて、それをずらずらと並べてしまった。退屈だったろうと思う。しかし、それを細かく覚えろとは言わない。出てきた型を①論理的に理解すること、②教科書や問題文で複雑な否定形が出てきたときは、その型を、必ず右の文章に示している型とつきあわせて理解すること。それは、やたらと文法に詳しくなるためではなくて、漢文の文章の正確な理解、感受という最も大切な目的に近づくためである。

(48) 漢字の注意点

助字とは直接関係ないのだが、知っていると便利であるから、サービスして漢字について説明しておこう。

(ア) 仮借

「仮借《かしゃ》」なんて、難しげなことばの感じであるが、なんのことはない、要するに「充字《あてじ》」のことである。江戸時代の人の文章なんか見ていると、しょっちゅう、充字を使っている。例えば、「……したまふ」と言うとき、漢字を充《あ》てるとすると「……し給ふ」というのがふつうだろう。どういうわけで、「給」字が使われたのか知らないが、なにも絶対的なものではない。荻生徂徠・伊藤仁斎といった一級の儒者たちは、「……し玉ふ」と「玉」字を使っている。すなわち「……たまふ」の「たま」と「玉」の訓とが、同じ音であるから、充字に使ったまでである。これは別に誤りでもなんでもない。

しかし、現代文では、共通語を教えるということが原則であるから、充字を禁止している。例えば、「御免《ごめん》下さい」と言うとき、「御面下さい」と書くとアカンわけである。だから、「玉《たま》」という発音があるからといって、やたらと使ってくれては困る。まして「金銀珠《きんぎんしゅ》玉《ぎょく》」をまちがって読んで、「金玉」なんて、アカンヨ。

さて、漢文の場合、これはもうものすごい充字がでてくる。というのは、日本語と違って、中国語では同じ発音の字が多いので、どうしてもそういう傾向に流れやすいからである。例えば、「倍」と「背」という両漢字の場合、共用される。しかし、「倍（ばい）」と「背（はい）」とだから、「ば」と「は」とは発音が違うんじゃないですか、と言う人がいるかもしれない。たしかに、現代日本語ではそのとおりである。現代中国語でも「倍《ペイ》」、「背《ペイ》」とやはり違っている。しかし、ずっとずっと昔では、「べ」と「ぺ」と、「ば」と「ぱ」と、そして「ふぁ」「は」、すなわち、b・p・f（さらにはm）という音は、相互にそう区別されていなかった。だから、その発音はしょっちゅう共用されていたのである。

そこで、発音が同じ感じという気分で「背《そむく》」の意味で、「倍」を「そむく」として使う、などということが平気で行われたのである。同じく「はん」という共通発音から、「叛《そむく》」の意味で、「畔」を「そむく」として使い、ついには、「背叛」の代わりに「倍畔」（「倍畔《ばいはん》」とは読まない）なんていう、見たところわけのわからない「そむく」という意味の熟語が作り出された。

諸侯皆有リ二倍畔《はいはん》ノ之意一。(諸侯はみなそむく気持ちを持っていた)

がその例である。もともと「倍」や「畔」に「そむく」なんて意味があるわけじゃない。

もう一例挙げてみよう。例えば、「罷」と「疲」とは「ひ」という同じ発音である。そこで、この「罷」が使われる。次の文の「罷」はそれを応用して読めばよい。

楚兵罷、食盡《つ》(尽)ク。

当然、「罷」を「つかれ」と読むことができ、送りがなとしては「レ」を「罷」字の右下につけておけばよい。このように、音が同じ、または近い字を借りて用いるのを「仮借(かしゃ)」と言う。

しかし、安心したまえ。こういうのは専門的なことだから、仮に「仮借」の字が出てきても、必ず注がある。心配無用。ただし、次のような場合だけは、確実に知っていなくてはならない。すなわち、再読文字中の「盍」の読みかたが、なぜ「なんぞ……せざる」となるか、ということである。

実は、これも仮借の例なのである。すなわち、「盍」は「こう」と読むが、それは現代かなづかいによる書きかただ。歴史的かなづかいで書くと「かふ」である。この「かふ」は、実は「何不《かふ》」のことなのである。すなわち「何不《かふ》」という音の充字に「盍《かふ》」を使ったのである。だから、「何不……」の「なんぞ……せざる」という読みかたをそのまま使うこととなったのである（三八四〜三八六ページ参照）。

もう一例、念を押して言っておこう。「諸《しょ》」が、「之於《しお》」の充字となって使われている。すなわち「諸」と「之於」とは等しいのである（一八五・一八六ページ参照）。例えば、

彼譲諸人

とあるとき、「彼、諸人（しょじん。もろもろの人）に譲る」なんて読んではいけない。これは次のようになる。

彼譲ル二諸ヲ人ニ一。

この文は、「彼譲ル二之ヲ於人ニ一。」と同じで、「彼　諸《これ》を人に譲る」と読むのである。

（イ）文字の繁省《はんしょう》

よく問題になるのが、小学生の漢字学習である。例えば、「木」という字を書くとき、たて線の下のところは、左へはねたらまちがいで、はねずにとめておく、とかなんとかいうツマラヌことである。

だいたい、漢字の形などというのは、フワフワとしていて、よく変わってきたのである。現在の字体はあくまでも今さしあたりこれでいこうというだけのことである。例えば「区」という漢字の本字は「區」ということになっているけれども、その歴史を調べてみると、いろいろあるんだなあ。ま、ざっと次のようなぐあいに。

區・𠥱・區・𠥔・叵

こうなると、もうどう書いたってかまわない感じであるが、しだいに一つにまとめられてきて區となり、そしてさらに「区」となっただけのことである。

こういうわけで、中国人は、漢字にプラス（繁・繁雑）したり、マイナス（省・省略）したりしてきて、平気だったのである。例えば、「然」という字の場合、「夕」は「肉」、「犬」は「犬」、「灬」は「火」のことで、要するに「犬の肉を焼く」といった意味。もっとも、これは神に捧《ささ》げる犠牲の意味であったのだが、「然」だけでは、なんとなく「やく・もえる」という感じが弱いというわけで、のちにさらに「火」を加えて「燃」としたわけである。或いは「莫」という字の場合、「艹（艹）」と「大」はともに草の意味で、そこに「日」が落ちるということで、「莫」はもともと「くれる・くれ」ということだったのだが、なんだかものたりない、というわけで、のちに「日」をさらに加えて、「暮」という字が生まれたのである。同じく、「孰」はもともと「生《なま》」の反対の「たく」（関東では「煮《に》る」）の意味であったのだが、のちに「火」を加えて「熟」ができた。「生《なま》」の反対の「成熟」は、そういうところからできた熟語だ。このように、漢字の中には繁雑になったものが多い。だから、古い時代の文章の中には、逆にもとの形をそのままに使っている場合がある。

願《ハクハ》将軍孰二計《センコトヲ》之一《ヲ》。（「孰」は「熟」。すなわち「孰計《じゆくけい》」）

右の例文の「孰」を「たれか」という疑問の助字とかんちがいして、無理やり、

願《ハクハ》将軍孰《カ》計《ランヤ》レ之《ヲ》。

なんて読んでくれては困るよ。

さて、繁雑の逆に省略もある。例えば、「擒」は「とりこ（捕虜）」の意であるが、手へんを省略して、「禽」一字で「とりこにす・とりこ」という意味に使ったり、「恭」を省略して

「共」だけで「つつしむ」という意味に使ったりする。例えば、

無《キナリ》レ或二乎《フ》王之不智《ヲ》一也。（或↓惑↓疑↓うたがう）

「或」を「うたがう」と読むなんて、これはとても難しい文だが、こういうときは、まあ、注がついていて「或」字の説明があるだろうから安心したまえ。

その他の例を挙げると、例えば「圓（円）」の場合、まわりの四周の線を除いて、「員」で「円」の代わりをすることがある。だから「方圓（ほうえん・四角と円）」を「方員」と表現するのである。

（ウ）双声《そうせい》・畳韻《じょういん》

日本語というのは、実はなかなか便利なことばである。どんな発音であっても、正確ではないまでもだいたい写しとることができる。

それというのも、ひらがな・カタカナという表音（音を表す）文字があるからである。だから、現実の音、例えば「ドタン・バタン」「キッキーッ」なんてのを写しとることができる。のみならず、状態を表すさまざまなことばを表現できる。「のんびり」「びくびく」「ひやひや」「どっしり」「すくっ」といった調子である。

しかし、そういうことばは、なにも日本語だけにあるわけではない。どの国のことばでも、それをなんとか表している。当然、漢文だってあるわけだ。

ところが、ご存じのように、漢文には、ひらがな・カタカナに当たるような便利なものがないから、漢字でそれを表現するのである。それを説明しておこう。

（a）最もふつうの形

いちばんてっとりばやいのは、同じ漢字を並べることである。日本語でもそうだ。さきほどの「びくびく」「ひやひや」がそれだ。漢文では、例えば、「洋洋」「悠悠」「堂堂」がそれにあたる。

これらのことばは、もう今は日本語の中に吸収されてしまっており、修飾的に使われる場合が多い。「洋洋たる前途」なんて言うが、実は、言いなおしてみると本当は「ひろびろ前途」という感じなんだなあ。「悠悠と歩く」も「ゆったりゆったり歩く」、「堂堂と行く」も「どっしりどっしり行く」という感じなんだ。漢字が二つ並んでいると、なんだかありがたみがあるような気がするが、なーに、もとを洗ってみれば、要するに「ドッタンバッタン」と同じ発想さ。

その次に多いのは、特定の漢字「然・焉・乎・爾・如」などを下につけて作る熟語である。例えば「卒然《そつぜん》」。これは急に思いもかけない、という感じで、日本語でいえばいろいろあらあな。例えば「つと」「プイと」「すっと」かな。同じく「茫然《ぼうぜん》」もそうだ。「ぼやーっと」といった感じ。

もともと「然」というのは、「しかる」すなわち「そのようだ」ということだから、「卒然」は「卒」（これは「倉卒」すなわち「あわてて」の感じ）という字に「然」という状態をつけて表現したものである。

さらに例をあげると「忽焉《こつえん》」がある。「忽」というのは、「たちまち」という気持ちだから、「忽焉と消える」なら「ドロンドロンと消える」だ。逆に「忽然と現る」なら「パッと現れる」だ。「忽然」なんて難しい字が並んでいるからといって、別に難しいわけでもなんでもないのである。

次に例をあげると「確乎《かっこ》」「欝乎《うっこ》」「飄飄乎《ひょうひょうこ》」などがある。「確乎」は「しっか」、「欝乎」は「こんもり」、「飄飄」はそのまま「ひょうひょう」と言えよう。

さらに言えば、「莞爾《かんじ》」は「にっこり」と笑うとき、「卓爾《たくじ》」は「高々」とぬきんでている感じである。

或いは「躍如《やくじょ》」は「そっくりそのまま」、「突如《とつじょ》」は「突然」と同じと言えよう。

以上のような熟語が、最もふつうの形式であるが、やはり依然として、例えば「卒然」には「卒」の、「確乎」には「確」の、もとの漢字の意味がどうしても眼につき、音や動作や状態の漢字をその漢字自身の持っているイメージから受けとりがちである。そこで、さらにいっそう音の感じを強めたものとして、次に示す「双声・畳韻」形式がある。

（b）双声

これは、ローマ字で書いてみるとよくわかる。例えば「恍惚」をローマ字で書くと、Ko kotsu（こうこつ）となる。このように、その熟語（たいてい二字）の各漢字の最初の子音（この場合ならk）をそろえるものを双声と言う。

「声」は、音声ということばがあるように音（おん）と同じことである。それを二つ、すなわち「双」、並べるということである。そのようにして生まれた熟語は、音声を表すという気持ちが強いのである。

だから「恍惚《こうこつ》」と言うと、日本語で言えば、「ぼ」を二回使っての「ぼんやり　ぼーっと」という感じなのであって、「うっとりと」なんていう意味あいは、あとから出てきたものなのである。

例えば、「磊落《らいらく》」もそうで、これは「ら」すなわち1音を二つ並べたもの。それを日本語の「が」を使うと、「ががらっ」という感じなのである。同じく「彷彿《ほうふつ》」も、「そ」とか「ま」とかを重ねた感じで表せば、「そっくりそのまま」とか「まにまに」という感じなのである。別に意味深長なものでもなんでもない。

（c）畳韻

これは双声とは逆に、その熟語（二字）の各漢字最後にでてくる韻を同じもので重ねる。これもローマ字で書くとよくわかる。例えば「従容《しょうよう》」はSyoyoであって、yoが重なっている。いわば双声と同じく、語呂《ごろ》あわせみたいなものである。だから「従容」は「ゆったり、のったり」という感じにすぎない。「従容として死につく」なんていうと、なんだか重々しい感じになってしまうが、もとはと言えば、音声的な表現にすぎなかったのである。

他例を挙げてみよう。「逍遥《しょうよう》」は「ぶらぶら」、「彷徨《ほうこう》」は「うろうろ」、「望洋《ぼうよう》」は「ふわふわーっ」・「ぼやぼやーっ」といったところであろうか。「青春彷徨」なんて言うと、詩的だが、ありていに言えば、「にいちゃんねえちゃんぶらぶら」ということで、ムードぶちこわしということになる。

第三部　構文編

(1) 詩と音楽と

二畳庵先生が諸君と断絶を感じチャウのは、なんと言っても音楽なんだなァ。諸君は、音楽が得意で、オンプが読める！　オンプが読める、なんてのは、二畳庵先生にとっては驚異なのである。アメリカから言えばあの太平洋戦争、日本から言えば大東亜戦争中から敗戦後、小学生だったワレワレにとって音楽とは何であったか。半分こわれかけたオルガンをガタガタ鳴らせてウタなるものをドナッテいた日々！　毎日毎日、暗くなるまで三角ベースボールに明け暮れた日々！　すでに言い古されていることだが、ワレワレは、オンチである、ダンスができない！　できることは、無芸大食、出された料理を残さず食うことだけだ！

などといくらグチをこぼしてもしかたがない。ただ諸君を羨ましく思うことは、音楽が身についており、あのなんというのかなあ、長たらしい歌といっしょに、長たらしい歌詞を延々と覚えていることだ。あの記憶力を勉強のほうにまわせば、チットは成績が上がるかもしれないが、それはさておき、歌詞と歌曲と、言ってみれば、詩と音楽とが一体化されているというのは、なかなかいい。

人間の文化の始まりには、いろいろなものがあるが、音楽はその古いものの一つだ。それも、おそらくは呪術といっしょに演奏されたことだろうし、その呪術にはことばも伴っていた。詩と音楽とは切っても切れない関係にある。これは古今東西の変わらぬ真理だ。

中国の詩だってそうだ。もともとは、音楽とともに歌われていたのである。このことを忘れないでくれたまえ。日本語では、詩を読む、と言うけれども、中国人が古典詩を「読む」とき、すこし節《ふし》をつけて読むのである。もちろん、日本の詩吟のように、歌う「型」もあるが、別にそういう「型」を知らなくても、しぜんと調子をつけて読むようになってしまうのである。というそのわけは、中国語自身に音楽性に富んだ抑揚があるからである。

この点が日本語とすこし違う。日本語の場合、なるほどアナウンサーの話すことばをもって標準語としているようだけれども、厳密に言えば、あんなの、標準語でもなんでもない。日本全国でことばを通用させようと思えば簡単である。すなわち、できるだけできるだけ、抑揚のない、一本調子の日本語で話せばよい。「はし」ということばの「は」にアクセントを置こうが、「し」にアクセントを置こうが、そんなもん、ことばとして通ずるのにあまり関係がないのだから、初めからアクセントなしに、平板に「はし」と発音するほうが全国向きである。二畳庵先生も東京へ行ったときは、できるだけアクセントのない平板な日本語を使っとる。そういう本籍不明の日本語だから、ときには、東京育ちと思われるときがオマッセ。困ッチャウナア。

(2) 中国語の音楽性

中国語には音楽性がある。しかしこの話、かなりでたらめなところがある。例えば或る大学の先生が、どこかの随筆にこんなことを書いていた。「北京の空は青い。『青』の発音、〈チーン〉という澄みきった音のそのように美しい……」てな調子であった。ここを読んで思わず大笑いしたなあ。

「青」の中国語の発音はたしかに「チーン」という感じである。しかしそれは中国人がそう発音しているだけのことであって、別に「北京の空は青かった。チーン」となったわけではない。だいたい、「チーン」という音を聞いて「青いなあ、ホント」と感じる日本人なんているのかね。二畳庵先生の正常な感覚では「チーン」と言うと、まずお経を読むときに鳴らす鉦《かね》の音を感じる。連想としては鼻水を「チーン」とかむ感じね。「ナマンダー。チーン」、「鼻水たまっとる。チーン」というのが平均的日本人の「チーン」感覚ではないでしょうか。日本人として「中国の空は青かった。チーン」はないでしょう。

だから中国語の音楽性と言うとき、やたらに「チーン」「カーン」「ポコペン」というのを指すのは、やはりまちがいだなあ。だって君ィ、英語なら「ブルー」というじゃない。「チーン」が音楽的というなら、「ブルー」だってその権利あるわな。しかし「ロンドンの空は青かった。ブルー」なんて言うかよ。バーカ。

それでは中国語の音楽性というのは、いったい何かね、ということになる。それは音のひびき、すなわち「チーン、カーン」というようなものではなくて、抑揚がずっと続いていて、共通語の日本語のように平板でないというところにあると思うね。日本語だって、方言だと抑揚があるから、音楽性があると思うよ。方言を話すというのは、今の日本では、一種の外国語を話すみたいなもんだ。大阪弁でペラペラしゃべってみィ。漫才であると同時にこれはもう外国語よ。「ソヤカテソヤカテケーヘンイイハラヘンヤッタヤヤンカ」。これわかる？　電車中での女子高校生の会話である。これを一気にしゃべるわけだからヒヤリングができんかったらわかるわけない。共通語になおすと「でも（ソヤカテ）でも、来ない（ケーヘン）〔と〕おっしゃらなかった（イイハラヘンヤッタ）のと（ヤ）ちがうの（ヤンカ）」。これに大阪弁独特の抑揚をつけて話すわけだから、音楽性があると言えるなァ。

中国語も同じで、これはもう一語一語に抑揚があるわけだから、全体に調子がついているわけだ。それをわかりやすく言おうと思うと、テープか、目の前で発音するのが一番いい。紙面ではなかなか伝えにくい。しかし、ま、無理して伝えるとするか。

次のことばを発音したまえ。なーに、日本語だから難しいことはない。「天目茶碗《てんもくちゃわん》」。

実は、この四文字に中国語のイントネーションが全部入っているんだぞ。しかも日本語式で発音してよ。まず「天地」の「天」。この「天」は高くて一直線の感じ。このような抑揚を「一声《いっせい》」と言う。次は「茶」だ。「茶、くれ」と言うと、その「茶」は、低いところからすっと尻上がりの感じになるだろう。「おもちゃのチャチャチャ」の「チャ」は下へとさがるからダメ。この「茶」のような抑揚を「二声《にせい》」と言う。

その次は「碗」である。これは、やや高いところから音が出はじめて、続いて、いったんさがり、それからまた上昇する感じだよな。「ワン、ツー、スリー」の「ワン」とは違うだろう。そこでこの「碗」のような抑揚を「三声《さんせい》」と言う。

最後に「目」。これは高いところから、さっと落ちる感じ。この「目」のような抑揚を「四声《よんせい》」(第四番目の意味)と言う。

つまり、四種の抑揚があるということで、これを「四声《しせい》」(四種類の意味)と言う。そして、漢字の全部が、この四種の抑揚のどれかに属するわけだ。だから、どんな文の場合でも、しょっちゅうイントネーションがついてまわるということになるので、音楽性を感じる、ということになるわけさ。

もっとも、注意しなくてはならないことがある。この四声は現代中国語のイントネーションの話。ずっとその昔は、同じく四種のイントネーションがあったのだが、それとは違っているということ。これは頭にいれておけ。昔は「平声《へいせい》、上声《じょうせい》、去声《きょせい》、入声《にっせい》」(「声」を「しょう」と読む人もいる)という分類であったのだが、その内の入声というものの音は現在消えてしまって、その他もいろいろ入り乱れて、現在の四声になったのである。

だから、たとえば漢詩を読むとき、現代中国語で読まざるをえないが、実を言うと、「平・上・去・入」という昔のイントネーションとは、かなり違っているわけだ。そりゃ、しかたがない。日本語だって同じこと。万葉時代の発音で万葉の歌を読むわけでないから、実はムードもだいぶ違っているわけだ。例えば「笹の葉はみやまもさやにさやげども……」という歌の場合、「さ」音を多用し恋人と別れた寂しい気持ちを表現、なんて教える人がいるが、国語学の先生の話では、当時、こう発音していたらしいぞ。「サ」は「チャ」、「ハ」は「ファ」。するとこうなる。「チャチャャのファファ、みやまもチャやにチャやけとも……」。

そういうわけだから、漢詩は現代中国語で読まなければその美しさがわからない。なんていうのは、ウソだなあ。それどころか、むしろ、日本語の漢字の音《おん》のほうが、昔の中国語に近いところもある。例えば天目茶碗の「目」というのは、実は、もう今は消えてなくなっている入声の発音を今も残しているのである。すなわち「もく」のその最後の「く」というk音がその残影なのである。入声というのは、その発音の最後のところが、k、p、t音で終わっていたらしい。日本人は、その音をごていねいに記し残したのである。今でもそうだ、例えば、cutという英語の場合、「カッ」という感じで発音するのがふつうで、最後のt音は聞こえるか聞こえないかのきわどいところのはずだ。ところがそれが日本語になるとt音を入れて「カット」と書く。これと同じよ。古代日本人は「目」の発音を聞いて最後のk音を入れた。しかも日本語の場合、子音だけを記すことはできないからk音に母音のu音がくっついて「ku」つまり「く」となって「もく」という表記になったのである。因みに、現代中国語では「目」は四声《よんせい》のイントネーションで「ムー」と発音する。だから、中国人（と言っても北方系の人）は、この「目」がかつての入声であるということは、字書を引かなければわからないんだぞ。同じ中国人でも台湾とか南方系の人は、その方言の中に入声の発音が残っているのでわかる。日本語の漢字音も、昔の中国語の発音が残った一種の方言みたいなものだから、入声はイッパツでわかる。すなわち漢字音の最後の表記（歴史的かなづかい）が「フ・ツ・ク・チ・キ」となっているのが入声だ。例えば「集《しフ》・律《りツ》・服《ふク》・七《しチ》・石《せキ》」。

こういうふうに考えてくると、例えば唐詩を読むとき、なにも現代中国語で読まなくても、日本語の漢字音で読んだって、どちらがより原形に近いかわかったもんじゃない。杜甫の「春望」の詩の場合、どうだろう。「国破山河在　城春草木深」を現代中国語で「クオポッシャンホォツァイ、チェンチュンツァオムーシェン」、日本語漢字音で「コクハサンガザイ、ジョウシュンソウボクシン」と読むのとで、どこがどう違うのかねえ。だから、漢詩を読むと言っても、発音のことはあまり気にしない、気にしない。

(3)　平《ひょう》仄《そく》

はじめに漢詩の構文について説明することにしよう。もっとも漢詩と言っても、いろいろある。西暦前はるか昔のものから現代の自由詩に至るまで。しかし安心したまえ。学校で扱う漢詩の圧倒的大部分は、近体詩と言われるスタイルのものである。だから近体詩にしぼって話をすることにしよう。

と言っても、この近体詩、本当のところを話すとなるとなかなかてごわい。しかし、これも安心したまえ。高校課程で扱う近体詩は、近体詩全体の内の、ごく一部の規則についてのみ学習することになっているから、そんなに複雑なことは教えない。

まず初めに、「平仄《ひょうそく》」ということから話し始めよう。これは、前述の「中国語の音楽性」ということと深い関係にある。もっとも、この「平仄」は、高校の漢詩学習課程の中にはいっていないのだが、話のついでに聞いていて悪くはない。ま、気楽に聞きとばしてくれたまえ。

さきほど、昔、四声《しせい》というものがあったと説明したが、その内の「平声（へいせい・ひょうせい）」と「上声・去声・入声」との二つに大きく分ける。

この平声は「平《たひ》らかに言ひ、低昂《ていかう》〈あがりさがり〉することなし」とか、「〔感じが〕哀にして安《やす》し」とかといわれるイントネーションだ。「天」という音のまっすぐ高い感じがそれであり、これを「平《ひょう》」という。ところがその他の場合は、とにかくあがりさがりがあるものだから、いわば「傾いている」ということになる。そこでその傾きを指して「仄《そく》」ということにしたのである。

つまり、まっすぐの「平」と、傾きのある「仄」との二つに大きく分けてイントネーションを意識しようとするきまりができたわけだが、そうは言っても実は日本語ではそのイントネーションがつかみにくく、これだけの説明で平仄の区別ができるわけない。だから、ま、区別できるわけないとあきらめること。けれども、現代中国語を知らない諸君でも、わかることが二つあるのでそれを教えておこう。例の「フックチキ」で終わる漢字音は入声だから、「仄」であって「平」でないということが一つ。もう一つは、近体詩はもちろん歌うわけであるから、一句の最後の韻を押《ふ》むところは流暢でないとかっこうがつかない。そこで後述するが、韻を押むところは、「平」であって「仄」でない。ま、この二つだね、日本人にわかるのは。

では、どうしてこんな平仄などということをやかましく言うのかと言うと、詩は音楽とあわせて歌うものだから、実を言うと、メロディがまずあって、そこにことばをあてはめてゆくにすぎない。詩を作るといっても一種の替え歌を作るようなものなのだ。だから、そのメロディをあらかじめきめていたのである。その際、近体詩では、各字の置く場所を「平」か「仄」か、或いはどちらでもいいというふうに、チャンときめてしまっているのである。なんのことはない、どこに「平」を入れ、どこを「仄」にするか、ということが先にきめられているのである。だからしぜんと、先にメロディがもうできあがっているようなものである。詩人は、そのメロディ（パターンは何種類かある）を頭に入れておいて、それにあわせて漢字を選んで作詩するわけだ。てっとりばやく言えば、替え歌作りよ。「ひとつ、でたほいの、よさほいのほい、……」と同じことさ。近体詩、七言律詩、なんて、むつかしく考えるほうがまちがっとるわけだ。もっと気楽に考えればよい。俳句の五七五形式と同じと考えてもいいのだ。落語にあるじゃないか。俳句をつくらされるときの最後のテは、上の五字だけ自分で考えて、あとは「根岸《ねぎし》の里のわびずまい」と付ければよいとね。例えば「秋風や、根岸の里のわびずまい」「桜散る、根岸の里のわびずまい」……。

短歌なら五七五七七の七七は「それにつけても金《かね》の欲しさよ」にする。例えば「秋来《き》ぬと目にはさやかに見えねども、それにつけても金《かね》の欲しさよ」「ほととぎす鳴きつるかたをながむれば、それにつけても金の欲しさよ」。

近体詩の「平仄」の規則はきちんときまっている。もちろん変格もあるけれども、だいたいにおいて規則どおりに作るというのがオーソドックス。しかし残念ながら、高校生諸君は、訓読で漢詩を読むことになっているから、この平仄の規則とは縁がない。だから、まあ平仄なんてのがある、ということぐらいの理解でいいさ。

(4) 押《おう》韻《いん》

韻を押《ふ》むというのが、たいていの国の詩の条件である。例えば、抒情詩人として有名なシエレーの“A Son”という詩を見てみよう。明治時代の上田《うえだ》敏《びん》の訳も並べておく。

A widow bird sate mourning for her Love
　Upon a wintry bough;
The frozen wind crept on above,
　The freezing stream below.
There was no leaf upon the forest bare!
　No flower upon the ground,
And little motion in the air,
　Except the mill-wheel’s sound.

寡婦《やもめ》鳥、亡夫を悼《いた》み
　冬の樹の枯枝に止《とま》りし
凍《い》てつく風、その上を吹き
　氷《こほ》る小川、その下を流る
木の葉、すべて落ちし森は幹《みき》と枝のみ
　地にはなし　一輪の花も

静けき空に聞こゆるは
　ただめぐる水車の響《ひびき》

英詩の各句末を見てみたまえ。Love と above と、bough と below と、bare と air と、ground と sound とそれぞれがひびきを同じくしている。これが韻を押《ふ》む、すなわち押韻《おういん》ということである。漢詩の場合も同じことである。ただし現代中国語の発音を知っていないと、ほんとうの感じはわからないが。

さて日本ではどうか。残念ながら、日本語では、押韻はほとんど問題とされない。と言うのは、日本語は各語の末尾がａｉｕｅｏという母音とｎという一つの子音、計六個の音で終わるのがふつうであるから、韻を押むと言ったって、いろいろと変化をつけることができない。たった六つでは、どうひっかきまわしても、きまりきった調子で終わり、単調になってしまう。だから押韻は絶対的条件とはならなかったのである。もっとも、多少は押韻したものがある。例えば、

①伊勢は津でもつ
　津は伊勢でもつ
尾張《おはり》名古屋は

城でもつ

②坂は照る照る
鈴鹿《すずか》は曇《くも》る
間《あひ》の土山《つちやま》
雨が降る

③思ふて通へば
千里も一里
逢はで帰れば
また千里

①は「つ」、②は「る」、③は「ば」と「り」とが韻を押《ふ》んでいる。しかし厳密に言えば、これらは、歌うときに全体の調子をとっておもしろく聞こえるようにしただけのことであって「韻をふむ」という意識があるわけではない。しかも、これらは、いわゆる俗謡である。日本の詩の本流は、なんと言っても和歌であり、俳句であった。その和歌や俳句において押韻は絶対的条件とはなっていない。

さて、こういうわれわれ日本人が漢詩に接する場合、押韻をどう考えればよいか、ということになる。安心したまえ。ふつう使っている日本語の読みかたでほとんど解決ができる。

例えば、どの教科書にも載っている有名な詩を例にとってみよう。

(イ)　朝《あした》ニ辞ス白帝彩雲ノ間《かん》、
　千里ノ江陵一日ニシテ還《かへ》ル。
　両岸ノ猿声啼《な》イテ不ルニレ住《や》マ、
　軽舟已ニ過グ万重《ばんちよう》ノ山。

(ロ)　月落チ烏《からす》啼イテ霜満ツレ天ニ、
　江楓《かうふう》ノ漁火対ス二愁眠《しうみん》ニ一。
　姑蘇《こそ》城外寒山寺、
　夜半《やはん》ノ鐘声到ル二客船《かくせん》ニ一。

(イ)の場合、「間・還・山」を、(ロ)の場合、「天・眠・船」を日本語の音で読めばよい。すると、すべてn音で終わっていることがわかる。つまりこのn音が共通の韻なのである。念のために現代中国語の発音をカタカナで示しておくから、それとくらべてみよう。「間↓かん（チエン）」「還↓かん（ホァン）」「山↓さん（シャン）」「天↓てん（ティエン）」「眠↓みん（ミン）」「船↓せん（チュワン）」となる。なんのことはない、現代中国語でも「ン」が共通の韻となっている。もちろん、こまかいことを言えば、いろいろもっと補足して説明しなければならないが、そんなことは諸君の学習範囲を越えている。だから、堂々と日本語による漢字音の読みかたで韻を考えておけばよろしい。

さて、その場合の最小限の規則を記しておこう。

①韻をきめると、必ずその一つの韻を共通の韻とすること。②絶句（四句でできている）の場合、第二句、第四句の句末が韻をふむ。ただし、七言絶句の場合は、第一句も韻をふむ。注意を一つ。この句末というのは、見た目の句末のことであって、訓読しての句末ではないよ。前引の(ロ)の詩の場合、「天に満つ」の「満」や、「愁眠に対す」の「対」や、「客船に到る」の「到」を句末と考えてはアウト。これらは、訓読した（すなわち日本語で読んだ）結果の句末であるから、押韻とはなんの関係もない。あくまでも、元の詩の一句中に並んでいる漢字を目で見て形式的に一番あとにきているものが句末である。③律詩（八句でできている）の場合、偶数句すなわち第二句、第四句、第六句、第八句の句末が韻をふむ。以上である。こんな単純なこと、だれでも覚えられるわな。

(5) 絶句の構造

漢詩学習の基本は近体詩（絶句・律詩）である。この近体詩では、律詩よりも絶句を研究するのがよろしい。律詩は絶句の延長線みたいなものだから。さてその絶句の内、五言（一句が五文字）絶句よりも、七言（一句が七文字）絶句を研究すべきである。ちょっと考えると七言絶句よりも五言絶句のほうが字数が少なくてわかりやすいようにみえるが、実はそうではない。文字数が少ないということは、省略があり、ぎゅっと内容が圧縮されているということである。だから、かなり想像力を働かせて省略されたことばや、圧縮された内容をときほぐさねばならない。例えば、

江水三千里、
家書十五行《ぎやう》。
行《ぎやう》行《ぎやう》無シ㆓他語㆒、
唯《た》ダ道《い》フ早ク還《かへ》レト㆑郷ニ。

第一句は長江の遠く長いさまを歌うと同時に、実は故郷から遠く離れており、望郷の思いがあることを示している。第二句は、受けとった手紙（家書）というところに、万感の望郷の思いがあふれている。しかも手紙はたった十五行なのだが、三千里の距離を一気に縮めるという気持ちを表している、といった調子なのである。

そうだなあ、喩《たと》えて言ってみれば、五言絶句は俳句であり、七言絶句は短歌に当たると言っていいだろう。俳句のあの省略体よりも短歌のほうが、より説明的でわかりやすい。そういう意味で七言絶句のほうがとっつきやすい。ついでに言えば、漢詩を作る練習も七言絶句を作ることから始めるのがオーソドックス。

さて絶句は五言・七言ともに四句でできている。この四句の間にどういう関係があるだろうか。

おそらく全国の諸君は、こういう例で教えられるだろう。四句は「起・承・転・結」で成り立っている。例えば次のような歌のように、と。

（起）大阪本町《ほんまち》、糸屋の娘
（承）姉は十八、妹《いもと》は二八《にはち》（十六歳のこと）
（転）諸国諸大名は弓矢で殺す

（結）糸屋の娘は（美人なので）目で殺す

この「転」が大切で、前の二句をひっかけて、「結」で結ばれる、と。こういう説明を聞くと、みんなフーンと感心する。

しかし、この説明、実はよくない。伝説によると、『日本外史』の著者として有名な頼山陽に、詩作の初心者が、どういうふうにしたら詩をうまく作れますか、とたずねたとき、山陽が当意即妙に糸屋の娘の歌を作ってコツを教えてやったという。つまり、初心者用の例であった。初心者使用の例、というのは、多少の厳密さには目をつぶっていちおうその場はよくわかるような具体的なものにするのがふつうである。二畳庵先生の子どもが、幼稚園児のころ、「お父さん、死ぬってどういうこと?」と、はなはだ哲学的質問をあびせたことがある。人生の初心者の質問である。しかし子ねこに「死とは脳波の停止」なんて言ったってわかるわけない。そこで二畳庵先生はこう答えた。「おいしいものが食べられんようになること。サッちゃん、卵が食べられんようになるぞ」「エッ? そんなんいやや」。

頼山陽も、この小僧には、こう言ったらわかるだろう、と思いつきで例を作ったことであろう。「起承転結」と習うと便利だが、絶句を読むとそう簡単に「転」じているわけでない。例えば、唐詩の代表者の一人である李白の有名な「越中懐古」を読んでみよう。

越王句践《こうせん》破《ツテ》レ呉《ヲ》帰《ル》。
義士還《ルヤ》レ家《ニ》尽《ことごとく》錦衣。
宮女如《ク》レ花《ノ》満《テリ》二春殿《ニ》一。
只今《ただいま》惟《ダ》有《ルノミ》二鷓鴣《しゃこ》《ノ》飛《ブ》一。

註「句践」は、人名。越の王。呉国と越国とは宿命のライバル。「鷓鴣」は、鳥の名。

この詩の前三句は、はるかその昔、呉・越の戦いの情景を李白が想像して描いており、最後の一句が現在の荒れ果てた情景を述べている。この第三句「宮女……」が、いわゆる「転換」を起こしているだろうか。そんなことはない。第一句、第二句そして第三句としだいに高まっていっている感じで、前三句には一貫した流れがある。

もう一例、唐詩から王昌齢の「西宮春怨」を見てみよう。

西宮《さいぐう》夜静《カニシテ》百花香《かをル》。

欲シテレ捲《ま》カントニ珠簾《しゅれん》ヲ一春恨《しゅんこん》長シ。
斜メニ抱キテニ雲和《うんくわ》ヲ一深ク見レバレ月ヲ、
朧朧《ろうろう》タル樹色隠スニ昭陽ヲ一。

註「珠簾」は、珠のすだれ。「雲和」は、瑟《しつ》（楽器）の名。
「朧朧」は、おぼろげにかすむ様子。「昭陽」は、宮殿名。

この詩は、西宮（宮殿名）にいた女性の、天子の寵愛が衰え天子が訪れないようになったあとの淋しいつらい気持ちを歌ったものである。この詩の場合も、ずっと初めから終わりまで気持ちが一貫しているのであって、第三句の転句は、感情の盛りあがりであり、いわゆる転換の意味を持っていない。

このように、絶句の本当の味は、一気貫通、とでも言うような、ざっと一気に歌いあげ、三句目（転句）のところで盛り上がるようにするところにある。だから「転句」ということばの「転」という漢字の感じに引きずられないように注意しよう。

さて、その次に説明したいのは、各句をどのように区切って読むか、ということである。まず五言の場合。これはふつう二字・三字に切って読む。例えば杜甫の五言律詩「春夜、雨を喜ぶ」を例に見てみよう。

好雨知㆓時節㆒　　好雨、時節を知り、
当㆑春乃発生　　春に当つて、乃ち発生す。
随㆑風潜入㆑夜　　風に随ひて、潜《ひそ》かに夜に入り、
潤㆑物細無㆑声　　物を潤《うる》ほし、細にして声《せい》なし。
野径雲倶黒　　野《や》径《けい》、雲、倶《とも》に黒く、
江船火独明　　江船、火、独り明らかなり。

註「好雨」は、よい雨。「野径」は、野の小道。「江船」は、長江に漁に出ている船。

以上、初めから六句までは、二字・三字で切って意味が通じる。そこで次に示す最後の二句を見てみると、すこしようすが異なっている。まず、じっと詩の原文を見てみたまえ。

暁看紅湿処

花重錦官城

「紅湿処」と言うのは「花が雨露のために赤くしめって咲いているところ」であり、「錦官城」は「四川省の中心地である成都」のことで、ともに場所を表している。だから本来なら「暁《あかつき》に紅湿《こうしつ》の処《ところ》を看《み》ば、花は〔雨を含んで〕錦官城に重からん」と読むのが自然である。しかし、このようなときでも、二字・三字という切りかたの読みで読んでゆくとよい。すると「暁に看る、紅湿の処、花は重からん、錦官城に」となる。

五言の場合、まとまりとしては二字・三字と考えるのが読解のコツである。王維の有名な五言絶句「竹里館（竹林の中にあるすまい）」を見てみよう。

独坐幽篁裏　　独り坐す、幽篁《いうくわう》の裏《うち》。

弾レ琴復長嘯　　琴《きん》を弾じて、復た長嘯《ちやうせう》す。

深林人不レ知　　深林、人知らず、

明月来相照　　明月、来《きた》りて相ひ照らす。

註「幽篁」は、静かな竹林。「長嘯」は、口をすぼめ声を長く引いてうそぶく。

この五絶（五言絶句のこと）は、典型的な切りかたができた例であるが、同じく王維の次の「鹿柴《ろくさい》」の場合も、読みかたに工夫をすればよい。

空山不レ見レ人　　空山、人を見ず。
但聞人語響　　ただ聞く、人語の響きを。
（但聞ニ人語響一）　（ただ人語の響くを聞く。）
返景入ニ深林一　　返景《へんえい》（夕日）、深林に入り、
復照青苔上　　復た照らす、青苔《せいたい》の上を。
（復照ニ青苔上一）　（復た青苔の上を照らす。）

註「景」は「影」なのでこの場合は「えい」と読む。

ついで七言の場合。これは、二字・三字という五言の上に二字がつけ加えられたものと考えてよい。だから、原則的には、二字・二字・三字という切りかたでよい。しかし、実際には二字・二字がくっついて四字という感じが多い。そこで四字（二字・二字）・三字という感じで読んでゆくのがよろしかろう。

例えば許渾《きょこん》の「秋思」を読んでみよう。

琪樹西風枕簟秋
楚雲湘水憶㆓同遊㆒
高歌一曲掩㆓明鏡㆒
昨日少年今白頭

註「琪樹《きじゅ》」は、珠のように美しい樹。「枕簟《ちんてん》」は、枕と竹で編んだ蓆（ござ）。「楚《そ》・湘《しょう》」は、ともに地名・川名。「同遊」は、いっしょに遊んだ友人。「掩明鏡」は、鏡に対して今の老いた我が身を見、すぐに覆ってしまう。

この詩を定型的に、つまり四字（気持ちの上では二字・二字）・三字で切って読むと「琪樹の西風、枕簟の秋。楚雲・湘水、同遊を憶《おも》ふ。高歌一曲して、明鏡を掩《おほ》ふ。昨日は少年、今は白頭」となる。しかし、こういうふうな定型的なものばかりとは限らないので、臨機応変に工夫しなければならないことは言うまでもない。例えば晁沖之《ちょうちゅうし》の「暁行」がそうだ。

老去功名意転疎
独騎㆓瘦馬㆒取㆓長途㆒
孤村到㆑暁猶燈火
知㆑有㆓人家夜読㆒㆑書

註「疎」は、心がうとく熱心でない。「長途」は、長い旅路。

この詩の意味をとることを中心にしてわかりやすく読むとこうなる。「老い去つて功名の意転《うた》た疎なり。独り瘦馬《そうば》に騎《の》りて、長途を取る。孤村〔に来てみると〕、暁《あかつき》に到《いた》つてなほ燈火あり。人家に、夜、書を読む〔人が〕あるを知る」。第一句は「老い去つて功名の意」と五字で一つのかたまりをなしている。しかし、本当は、これは「老い去つて、功名、意《こころ》に転た疎なり」（年をとってしまい、功名について、もう心にそのような気持ちがなくなった）という感じなのである。また、第四句も「知る、人家あり、夜、書を読むを」というふうに読みとってゆけばよいのである。

しかし、五言のときは二字・三字、七言のときは四字（二字・二字）・三字、という公式的な読みかたでむりやりにゴリ押しにするのはよろしくない。あくまでも、一つのコツにすぎないのであるから、このコツを知った上で読むように心がければよい。

以上で漢詩（近体詩）の構文の大筋についての説明を終わり、以下、漢文の構文について述べることにする。

(6)　-a＋bか　-(a＋b)　か

このごろの日本語は、なんと言うのかなあ、できるだけカンタンに、カンタンにということになってきている。志賀直哉の文が教科書で模範文とされて以来、だんだんとそうしたスタイルが定着した上、新聞・週刊誌の報道的な文がもうふつうのようになってきてしまっている。

ところがその反動で、すこし長い文や、骨格のある文に出会うと、なかなか理解しにくいようだ。まして、漢文調の文など、すっと頭に、はいらない。例えば「……せざるをえざるべけんや」と言われても、そんなもん、なんのことかワカラヘン。どこがわからんかと言うと、複雑な否定形や反語表現がピンとこないようだ。漢文の構文を考えるとき、イの一番に問題になるのが、この二つ。そこで、西村尚俊『誤解せられ易き漢文特殊語法の研究』(昭和六年刊で絶版)などに依りながら研究してみよう。

例えば『論語』雍也《ようや》篇に次のような文がある。

子曰、不有祝鮀《しゅくだ》之佞《ねい》而有宋朝之美、難乎、免於今之世矣。

なんだか難しい字がずらずらと並んでいてヤンナルが、そうあわてなさんな。祝鮀・宋朝ともに人名で、祝鮀は弁舌さわやか(佞)、宋朝はプレイボーイということの代表的人物。そこで、この文の前半をグッとにらんでみる。すると「不有……而有――」という骨格が見えてこないか。どうだ。見えてこんかったら、まず君の造形感覚はアカンナァ。漢文は読む前に見ることが大切。パズルなんだから。パッと見る、そしてフィーリングと言うか、造形的センスと言うか、そこに美的な配列があることを見とってほしい。そこからパズルゲームが始まる。

昔の漢文の先生は、対句《ついく》に注意せよ、と教えたようだ。もちろん、そういう公式で行くのもいい、しかし、対句というのは、バラエティに富んでいて、そう口で言うほど簡単でない。例えば「赤」の対句は何か、というと、答はさまざま。幼稚園児なら、青の信号で渡ります。赤のときは止まります、とくる。小、中学生だと、白、勝て、赤、勝て、だ。高校生ぐらいだと『赤と黒』かな。

というわけで、実を言うと、対句、対句と言うのは、漢文を読んだ経験の少ない諸君に対してムリな話なんだ。もっとつっこんで言うと、対句というのは、単に意味上の対比だけでなくて、中国語特有の声調の対比までも含んでいるんだ。中国語の発音のポコペンという声調を知らんもんが、なんで対句がわかろうか、と言いたい。

だから、二畳庵先生は、諸君の場合、対句を発見することよりも、全体の骨格を見るようにつとめてほしい、と言いたい。対句、もちろん重要だ。しかし、対句の発見よりも全体の骨格の発見のほうが、造形的にまだ楽なのである。右の例文で言えば、「祝鮀之佞」と「宋朝之美」とが対句である。けれども、これが対句であると見抜けるには、よほどの力量が必要である。しかし、力量がなくとも「不有……而有——」という骨格を目で見ることは可能でなかろうか。その一歩手前でもいい、「有……有——」という骨格を見ることは可能でなかろうか。

この「見る」という感覚はだれもが持っている。けっして特殊な才能を要さない。「読書百遍、意おのずから通ず」(何度も何度も読んでいるうちに、意味がしぜんとわかる) ということの第一段階は、この「見る」、骨格を「見る」ということだ。けっして、ただダラダラと何度もくりかえし読むということではない。

さて、仮に「有……有――」という骨格を見た、見ることができたとする。すると、次に問題になるのが「不」という否定語だ。なぜか。それは諸君がよく承知のはず。というのは、数学で言えば、「不」はマイナス記号であるから、それがどこまでかかるのかということは、実に重大事。

そこで、「有……」をa、「有――」をbとしてみよう。すると、ごくすなおに考えて、①-a+bというケース、或いは、ひねって考えて、②-(a+b)というケースの二種類が考えられる。このどちらがよいか。それを考えるには、後半の部分「難乎、免於今之世矣」がどういう意味であるかということを先に片づけておこう。

さて、どうするか。コリャ、きまってるじゃないか。「見る」、じっと「見る」。すると「乎・矣」というのが眼にはいる。しかも二つもあるじゃないか。「乎」は強い気持ちだから、「難乎」は「難しいなあ」という意味であることは明瞭だ。訓読すれば、「カタイカナ」。もちろん、「カタシ」と読んだってかまわない。すると当然、なにが難しいのか、ということになる。その目的語に当たるものが「免於今之世矣」である。この句を見てみると、まず「免」であるが、「マヌガレル」(訓読では「免」を「マヌカル」と「カ」を濁らずに読むのがふつう)である。すると「マヌガレルコトガムツカシイ」となる。では「何をマヌカル」のか。考えかたとしては二つある。一つは、「困難なこと」で、そのことばが省略されていると見る考え。このときは「於今之世」は補語みたいになり「今の世に」と読む。もう一つの考えは、「於今之世」を目的語とする。直訳すると「今の世の中を」ということだ。訓読すると「今の世をマヌカル」こと。この二つの考えかたのうち、ここでは前者を取り、「難いかな、今の世に免るること」と読んでおこう。訳してみると「今の世の中のおそろしさをくぐりぬけて生きてゆくことはむつかしい」ぐらいなところだろう。

そこで話をもとにもどしてみる。①の場合、すなわち−a＋bであると訳すと「弁舌はなくて、ハンサムというのは、あぶない（ハンサムの上に弁舌を兼ねそなえてこそ、はじめてやってゆける）」ということになる。②の場合、すなわち−(a＋b) であると「弁舌があり、その上にハンサムでないかぎり、やってゆけない」ということになる。どちらが正しいか。

実は、どちらでも意味が通じるのである。①のほうは、古注といって、伝統的な解釈であるが、②のほうは、新注といって、朱熹（朱子）の解釈なのである。訓点をつけると、

① 不シテレ有ラ二祝鮀之佞一、而モ有ラバ二宋朝之美一、難《かた》イカナ乎、免ルルコト二於今之世一ニ矣。

② 不ンバ下有リテ二祝鮀之佞一、而モ有ラ中宋朝之美上、難イカナ乎、免ルルコト二於今之世一ニ矣。

このように「不」が頭にきているときは、どこまでかかるのか、ということをじっくりと押さえてみることだ。いま挙げた例は、「不」が決定的にどこまでかかるということが定まらない場合であったが、どちらかはっきりとしている例は『孟子』滕文公《とうのぶんこう》上篇にある次のような場合だ。

墨家派の夷之《いし》が孟子に面会しようとしたときのことである。墨家が喪儀（葬は喪儀の中の一つの行為なので、「葬儀」と言うと狭い意味になる）を簡素にする（節葬と言う）ことを批判して孟子はこう述べた。

墨之治《ムルヤ》レ喪《ヲ》也、以《テ》レ薄《キヲ》為《ス》ニ其《ノ》道《ト》一也。夷子（夷之のこと）思《フ》三以《テ》易《か》《ヘント》ニ天下《ヲ》一。豈以為非是、而不貴也。

この傍線部をどう読むか、が問題である。「易天下」は「天下の風俗を変更する」の意。

さて、原漢文（返り点も送りがなもない原文）をじっくりと見る。すると浮かびあがってくるのは、「豈……非――不＝＝」という骨格だ。……部のところの「以為」は、ふつうなら「もつて……となす」と読み、要するに「おもう、おもえらく」と同じことだから、全体的にはさして重要なことばでない。夷之の意向を表すにすぎない。

　そこで代数でいこう。「是」をａ、「貴」をｂとする。「豈」はどうなるかというと、これは反語表現だからマイナスで表せる。すると、①－(－a)＋(－b)、②－(－a－b) の二つが考えられる。そこで括弧を解いてみよう。

　①の場合、a－bとなり、a・bにもとの意味を入れてみると「是、而不貴」である。訳してみると「(節喪を) よろしいとかんがえるが、(節喪を) 尊重しない」というわけのわからないことになってしまって、アウト。

　②の場合、－(－a－b)＝a＋bとなるから「是、而貴」となる。訳してみると「(節喪を) よろしいと考え、尊重している」となって、墨家の夷之の立場をはっきりと示すことになる。だから、この文の場合、必ず②のように、「豈」(反語表現だから結局は「不」) が全体にかからねばならないことになる。訓点をつけると、次のようになる。

　豈《あ》ニ以テ為シテレ非ズトレ是《ぜ》ニ、而シテ不ランヤレ貴バ也。(また、豈《あ》ニ以《お》二為《も》ヒテ非ズトレ是《ぜ》ニ、而不ランヤレ貴バ也。)

このように、否定形や反語形のときは、その否定語や反語を表す語がどこまでかかっているかということを見きわめねばならない。そのとき、諸君はさきほどのような初等数学の代入する式を立ててみることだ。言うまでもなく、二重否定、例えば、

① 不三……不《ず》ンバアラ二――一セ

② 未《ず》ダ三……不ンバアラ二――一セ

③ 莫《な》シ三……不《ざ》ルハ二――一セ

④ 無シ三……トシテ不《ざ》ルハ二――一セ

⑤ 莫シレ不《ざ》ルハ二……一セ

⑥ 未ダ三嘗《かつ》テ不ンバアラ二……一セ

と言うとき、(－a)(－b)＝a・bと理解してよい。もちろん、ことばは生きものであるから、わざわざ二重否定を使うということは、やや強い調子だということを頭に入れておけ。

(7) 飛んでる構文——主語の場合(1)

世の中には天才が必ずいる。人間がどのようにして言語を作り出してきたのか、いまだに説明しきれないが、おもしろいことに、古い時代の言語ほど、意外と完全体系的なのである。ちょっと考えてみると、これは奇妙だ。例えば子どもの話すことばは、文法的にムチャクチャなのが多い。だからと言って、それを古代人にあてはめて、おそらく古代人の言語も幼稚なものだったのだろう、なんて考えるのは大まちがい。例えば、インドの古代語であるサンスクリット語を勉強してみたまえ、その文法規則の厳密なことに参ってしまう。古代ギリシア語やラテン語もそうだ。

ところが、時代が下ってくると、文章家の天才が現れ、ふつうの言いかたをわざとくずして、破格の用法を使って、新しい文体を創り出してくる。それが広がって、ついには、われわれ凡人もどんどん珍語を作り出したり、トンデル言いかたをするようになる。例えば「タバコする」などと言う。名詞を動詞化したわけである。さらにひどくなるとトンデル書きかたになるよ。例えば「学校、卒業したら嫁ぎまくるわ」（稼《かせ》ぐの誤り。これでは「とつぎまくる」。妙なことになる）、「お金を貸すの、無利よ」（理の誤り、これでは無利子になる）なんてね。

さて、漢文の場合はどうか。もちろん、同じことが言える。漢文にも一定の文法規則があるのだが、それをわざとくずすのだ。そのくずしたものの中で、いちばん多いタイプは、語順を変えて強めを表す場合である。すなわち、飛びだしてくる場合である。それを研究してみよう。例えば次の文である。

鳥吾知其能飛。

この文を一読了解できたら相当の実力の持主だ。ワカランかったらどうするか。もちろん、何度も言ってきたように「見る」。徹底的に「見る」。すると、第一に気づくのは、最初にある「鳥」という字が落ちつかない。と言うのは、圧倒的大部分の文章では、まず主語が初めにくるというのが常識だ。すると、「鳥」が主語かなあ、と思ってその次を見ると「吾」がきている。「鳥」と「吾」との間に特に関係はない。これが逆になっていて「吾鳥」だったら、まあ無理して読めば「吾が鳥」ということにでもなるだろうが、残念ながら、ここではそういう語順になっていないから、やはり「鳥吾」でゆくよりしかたがない。ということは、「鳥」と「吾」との間には、直接的つながりがないということだ。そこで「鳥」をひとまず置いておいて、次を見てみると「知」である。「知ル」であるから、この動詞の主語は、常識的に言って「吾」ということになろう。すなわち「吾知（われ、しる）」である。こういうとき、カンのいい人は、英語の文を思い出さないか。「吾、知る」――→I know that ……の構文だ。

続いて下の句を見てみると「其能飛」とある。まっさきにわかるのは「能飛」だ。なぜなら「能」は下の動詞の「飛」を受けている場合と考えられるから can の意味だ。「飛」はもちろん fly である。これで「能飛」の意味がわかった。すると最後に残ったのが「其」である。これは、代名詞・連体詞・感動詞として出てくる助字だ。そのうちのどれにあてはまるかということになる。すると、意味から押さえるとすると、「能《よ》く飛ぶ」ことができるのは、人間の「吾」ではなくて、文中の語で言えば「鳥」じゃないか。もし、すなおに「其」の箇所に「鳥」があると、「吾知鳥能飛」となって、I know that a bird can fly. となるではないか。

これでわかった。もともと「鳥」は「能」の上にあったのに、飛びだして、先頭にきてしまった。そこで、飛びだして抜けたあとを補うために、主語を仮設する必要が生まれたので「其」をもってきたのである。だから、

吾《ハ》知《ル》二鳥《ノ》能《よク》飛《ブコトヲ》一。――→鳥、吾知《ル》二其《ノ》能《ク》飛《ブコトヲ》一。

というふうに変形されたものであることがわかる。これを、諸君得意の英文法の用語で言え

ば「従属節の主語が主節の主語の前に置かれた強意の構文」てなことになろう。

こういう「飛んでる構文」を押さえることがなぜ必要かと言うと、詩の場合によく出てくるからである。散文の場合は、前後の文脈で論理的にツメテユクことが可能だが、詩の場合は、論理ではなくて、直観で「見る」以外にテがない場合が多い。例えば、唐代の高適《こうてき》の「除夜の作」と題する次のような詩がある。

旅館ノ　寒燈独リ　不レ眠ラ　　旅館の寒燈　独り眠らず
客心《かくしん》何事《なにごと》ゾ　転《うた》タ　凄然《せいぜん》　　客心　何事ぞ　転た凄然
故郷今夜思フ二　千里ヲ一　　故郷　今夜　千里を思ふ
霜鬢《さうびん》明朝《みやうてう》又タ　一年　　霜鬢　明朝（明日の朝）又た一年

この第三句の「故郷」が「千里」の下にくるとわかりやすい。「千里の故郷」だ。すなわち、十二月三十一日の除夜、旅行先で「千里も遠い故郷を思う」ということ。しかし七言絶句のとき、第一句・第二句・第四句の句末すなわち「眠・然・年」は韻を踏んでおり、平仄《ひょうそく》で言えば平《ひょう》。第三句の句末は必ず仄《そく》の音にならなければならない。ところが「郷」は平の音であるからだめ。そこで「里」という仄の字を入れ、さらには旅愁の思いから、「故郷」ということばが強められて、前に飛びだしてきている。こういう例は無数だ。

そこで、そういうケースのときにあわてないように、散文で「飛んでる構文」を研究しておくことが必要なのである。もっとも詩の場合は、フィーリングだから、「飛びだす」と言うよりも、ことばをただ並べて、あとは気分でつないでゆけ、という調子もなくはない。「ヨコハマ、たそがれ、ホテルの小部屋……」これでもなんとなくわかるではないか。

さて、話を元にもどすと、こういう破格の構文は例外的なものだから、あまり気にしなくてもいいのではありませんか、という質問がでてきそうだ。もっともな話。破格というのは、あくまでも本格に対する例外なのだから。ところが、矛盾した話であるが「あまり出てこない例外がよく出てくる」のでコマッチャウンダナァ。

例えば、さきほど例にあげた「従属節の主語の飛びだし」など、ちょくちょくお目にかかる。例えば『荘子』の有名な一節、

鯤《こん》之大《おほいサ》、不レ知《ラ》二其《ノ》幾千里《ナルヲ》一也。（「鯤」は無限大の比喩としての魚の名）

がそれだ。「不知」の上に「吾」をつけてみよ。「鳥吾知其能飛」（『史記』老荘伝）の型とまったく同じではないか。この場合「幾千里」は名詞であるが述語となっている。或いは韓愈

の『獲麟解《くわくりんのかい》』の次の例もそうだ。

角《つのアル》者《ハ》、吾知《ル》㆓其《ノ》為《たルコトヲ》㆑牛。鬣《たてがみアル》者《ハ》、吾知《ル》㆓其《ノ》為《ルコトヲ》㆑馬。

これは本来次のような文であったはずだ。

吾《ハ》知《ル》㆓角《アル》者《ノ》為《ルヲ》㆑牛。吾《ハ》知《ル》㆓鬣《アル》者《ノ》為《ルヲ》㆑馬。

こういうわけであるから、以下「飛んでる構文」について研究してゆくことにしよう。

(8) 飛んでる構文——主語の場合(2)

飛んでるということは、言いなおせば、強めを表すために語順が変則的になることだ。もちろん、文章表現では正則であるべきなのが本当なのであって、変則ということ自体が例外的と言えば言える。だから、そんな例外的なものより、正則をしっかり教えてほしい、という気持ち、ワカル。君の言うとおりだ。二畳庵先生もたびたび例外みたいなものより正則をしっかりと身につけよと言い続けてきた。

しかし、しかしであるぞ。漢文の構文の中には、変則と見るべきもので、実は、正則に近い形で、しょっちゅう出てくるのがあるんだ。こういうのは、もはや、変則的正則、いや正則的変則、どっちでもいいが、とにかく、ふつうの形と言ってよい。ヤムヲエンなあ、こういう飛んでる構文。

そういう変則的正則的変則の正則の代表として、「有」・「未有」・「多」・「少」がある。とくに「有」ということばは、「……がある」を表す重要なことばで、必ず一度は出てくる。この「有」が飛んでる構文の例であったとは知らへんかったやろ。ざまあみろ。

と悪口を言ったとたん、アタマのいい君のこと、ピーンときて思い出すに違いない。英語のbe動詞のことを。二畳庵先生も中学校一年生ではじめて英語を習ったころのことを思い出す。This is a pen. のとき、なんの抵抗も感じなかったのに、There is a pen. という文を習ったとき、ケタイ（ケッタイより強い）な文やなあ、と子ども心に思ったもんだ。A pen there is. だったら、「ペンがここにある」と日本語的ですんなり頭にはいったであろうになあ。しかし英語のことは専門家にまかせておこう。どうして、There is a pen. という構文になるかはそっちのほうの説明を聞いてくれたまえ。問題は漢文の「有」だ。どうしてこれが主語より先に来るのか。

結論を先に言えば、残念ながらいまのところ説明できうる有力な説はない。けれども二畳庵先生つらつら考えてみるに、こう思うんだ。中国人の考えかたや感覚から来ているんじゃないか、と。それをまず説明しよう。

中国人と話していてわかることは、知っていても日本流にケンソンして、「いやあ、私にはわかりません」てなことを言うと、コイツ無学なヤツとストレートに受けとられてしまうことだ。とにかく単純明快、ストレート、ストレートなんだなあ。北京放送を聞いていると、ときどき、各種大会の録音が流される。日本人だったら、開会のとき、ゴテゴテとことばを並べて大会宣言をする。大きな会ほどその程度がはげしい。高校野球大会の開会式のあの長いこと。クソオモシロクもない話を延々と荘重にやっている。閉会式もそうだ。ところが中国式はどうかというと、初めも終わりもたった二文字なんだ。すなわち、開会のときは「開会（カイホイ）」だけ。熱気にみちた大会の終わりに、なんと言うと思う？　ただ一語「散会（サンホイ）」だけよ。アッケナイというか、ものたりんというか、明快というか、なんと言ったらいいのかなあ、断絶感を感じるなあ、中国人とは。

日本人だったら、「考えときまっさ」と言って、O・Kするような言いかたをして遠まわしに断る。もちろん、中国人にもそういう言いかたはある。「考慮、考慮（カオリュイ、カオリュイ）」と言って。けれども一般的に言って、中国人はイエス・ノーをはっきりとさせる。「……という感触をえた」なんていうわけのわからんことばでなんとなく納得するわれわれ日本人とはちがう。

だから「ある」か「ない」か、ということについて、はっきりさせる意識が強い。例えば、出席をとるとき、日本では「田中君」「はい」である。しかし、「はい」てのは存在の有無を表現することばではない。「はい、出席して存在しています」の省略でもあるし、或いは応答のときの習慣語である。中国ではどうか。先生が「毛沢東」と呼ぶ。応答の習慣語でいいというなら「好（ハオ）」でも「オウ」でも「アイヨ」でもいいはずだが、そんなことは言わない。出席しているか、どうか、という存在を問うているのであるから「在（ツァイ）」すなわち「在り」と返答するのである。敬語もクソもない。ただ一語「在」というのである。これほど明快なことがあろうか。日本で先生が出席をとるとき「おります」なんて返事しようものなら、ドッとみなが笑うか、シラケてしまうか、どっちかだなあ。

こういう感覚の持主が中国人であるから、物の存在を表現するとき、「物」よりも「存在する」かどうかの点のほうに関心が向く。感覚上「存在しない」ものには、関心を持たないのである。中国にインドから仏教が入り、「この世は仮の世界である」などと言っても民衆からは失笑を買うだけだったのである。インテリ先生たちはショックを受けたのだが。中国人は、目に見え、耳に聞こえ、触れて堅さを感じるものを信じる。「あの世」の話などしても、「アホかいな」と思われるのがオチだ。それくらい徹底的に感覚信奉の現実主義者なのである。

こういうところからきたのだろう、「有・未有」ということばは主語よりも前にきて、まず何よりも存在の有無をはっきりさせる。例えば『論語』の有名なことば「有朋自遠方来、不亦楽乎」という場合、次の二つの読みかたがある。

① 有リ㆑朋自リ㆓遠方㆒来ル。

② 有リ㆘朋自リ㆓遠方㆒来㆖ル。

どちらの読みかたが正しいなどということは言えないが、①と②とでは、やはり意識の差がある。①だったら、「有」は「朋」だけにかかる。友人がいる、ということを先に言い、後で、その友人が遠くからきた、という感じだ。だから、無理に切って読めば「有朋（ヨウポン）、自遠方来（ツーユアンファンライ）」となろう。②だったら、以下のようなできごとがあった、と、事件の存在を先に言い、その後、事件すなわち友人が遠くからやってきたことを言うことになる。無理に切って読めば「有（ヨウ）、朋自遠方来（ポンツーユアンファンライ）」となろう。

だから、「有」が出てきたら、それがどこまでかかるのか、ということを考えることが重要。その際、どこまでかかるのか、を考えるてがかりとしては、「有」すなわち何が存在するのか、物か、事件か、といった、存在者が何であるかということを判定することである。例えば『孟子』中の「未有仁而遺其親者也」（「遺」は「わする」の意）の場合、どう考えるか。考えられるケースは次の二つ。

① 未《ダ》レ有《ラ》レ仁《シテ》而遺《わすルル》二其《ノ》親《ヲ》一者《ものナリ》也。

② 未《ダ》レ有《ラ》下仁《ニシテ》而遺《ル》二其《ノ》親《ヲ》一者上也。

①の場合、「未有」は「仁」だけにかかり、仁（愛情）の気持ちがなくて、父母に対する孝養を行わないヤツだ、ということになる。すなわち、特定の或る親不孝者に対する罵倒のことばとなる。②の場合、「未有」は「仁」以下全部にかかる。すると、仁の気持ちがあって父母に孝養しないというようなことはない、ということになる。すなわち一般的な道徳論のことばとなる。このどちらが正しいか、ということは、この短い文だけでは定まらない。前後の文脈で決める以外にない。『孟子』の原文の文脈から言えば②の意味となる。

さて、「有」は主語の前に飛んでくる語であるが、その「有」を含む文の主語がさらにその前に飛んで出てくるという場合、いったいどうなるか。例えば、

有《リ》下臣《ニシテ》弑《しいスル》二其《ノ》君《ヲ》一者上。

という場合、主語は「臣弑二其君一者」（臣下であって君主を殺すような連中）である。この主語が強められて前に飛んでくると、「有」の下には文字がなにもなくなり、かわいそうに、「有」はハダカ姿となる。こんな品のないかっこうは落ちつかないから、急いでパンツをはかせよう。パンツにもいろいろあるので、まずオーソドックススタイルにさせてみよう。すると③になる。いちばんいいのは、抜けた主語の代わりを持ってくることだ。すなわち形式主語の「之」を置く。すると③になる。その次は、ちょっとデザインつきのパンツをはかせてみよう。すると④になる。

③　臣《ニシテ》弑《スル》二其《ノ》君《ヲ》一者、有《リ》レ之。

④　臣《ニシテ》弑《スル》二其《ノ》君《ヲ》一者、有《ルカナ》矣夫。

『孟子』の原文では③になっているが、④であって悪いということはない。以上のような場合は、いちおう、理屈のうえで納得のゆく変形であるが、これらの変形をさらに変形させる剛腕ピッチャーが出てくる。諸君が英語でも悩まされているヤツだ。すなわち疑問や反語を表すことば「何」の登場である。この「何」は、英語の場合と同じく、一番前に飛んでくる特権を持っている。

例えば、

有㆓常師㆒。（常師あり）

という文があるとする。もちろん、「常師有」というのが本来の姿なんだが、「有」が飛びだして「有常師」となる。これらの否定形はもちろん、

不㆑有㆓常師㆒。（常師あらず）

だ。

これに「何」を入れて同じ意味を表すことにしよう。すなわち、否定形の代わりに反語表現にすることである。すると、

何有㆓常師㆒。（なんぞ常師あらん）

となる。この文から、主語の常師を飛ばしてみよう。するとまず、

常師何有。（常師、なんぞあらん）

となろう。こういう句作りがないということはない。例えば、

於レ従レ政乎何有。（政に従はしむにおいて、なんぞあらん）

というふうに。しかし、ごく一般的に言えば、飛んできた主語も「何」の手前で落下するのがふつうである。すると「常師何有」よりも「何常師有」となるということだ。

おっと、「有」の下にはなにもない。なにも身につけていない。さあ、そこで思い出せ、この「有」のハダカ姿の恥ずかしさを。急いで下にパンツとして「之」をはかせると、

⑤　何常師有レ之。（なんぞ常師これあらん）

となって、メデタシ、メデタシ。

ところが世の中ままならぬ。これでよいはずなのに、「何」の強さにひっぱられて、「何」が使われているときに限り、「有レ之」というパンツが裏がえしにされて、「之有」となる習

慣があり、結局、「何……之有」という型になってしまうのである。つまり、

⑥　何常師之有。(なんぞ常師これあらん)

となるんだなあ。

整理してみると「何＋主語（名詞または名詞化したもの）＋之＋有」となる。だから、「何」の下にくるものは、名詞的に読む。すなわち動詞や形容詞だったら、それを名詞化すればよい。例えば、次の⑦・⑧の場合、

⑦　何実（動詞）之有。

⑧　何難（形容詞）之有。

「実」「難」ともに名詞化すると、⑦「なんぞ実りしこと、これあらん」、⑧「なんぞ難《かた》きこと、これあらん」。或いは「なんの実りしことか、これあらん」「なんの難きことか、これあらん」と読むことになる。

(9) 飛んでる構文——主語の場合(3)

文にはもちろん順番というものがある。ふつう、主語がトップバッターだが、感動詞の「嗚呼（ああ）」などは、文句なしにそのまま前にくる。これは問題がない。しかし、文が文章になると、文と文とをつなぐ接続詞が、当然、主語より前にくる。それはそうだ。「しかし、私は……」というところを「私は、しかし……」というと、ふつうなら会話体の感じになり、整った文ではないと思われる。

ところが、飛んでる場合は、遠慮なく接続詞の上も飛びこすのである。例えば、

其ノ子趨《はし》リテ而往キテ視レバレ之ヲ、則チ苗《なへ》稿《か》レタリ矣。

というごくふつうの文でも、「苗が枯（稿）れた」というできごとを強調したいために、「苗」という主語が、「則」という接続詞を飛びこして前に出てきて、

苗則稿矣。（苗はすなはち稿《か》れたり）

となるのである。類例を挙げよう。(a)(c)(e)はもともとの文、(b)(d)(f)はその飛んだ場合。

(a) 伯夷《はくい》・叔斉《しゅくせい》（ともに清潔な人物であった兄弟）不レ念《おも》ハ二旧悪一ヲ、是《ここ》ヲ以《もつ》テ希《まれ》ナリレ怨《うらみ》。

(b) 怨《うらみ》是《ここ》ヲ以テ希ナリ。

(c) 先《ま》ヅ行《おこな》ヒ、而ル後従フ二其ノ言一ニ。

(d) 先ヅ行ヒ、其ノ言而ル後従レフ之ニ。（先ヅ行二ヒ其ノ言一ヲ、而後従レフ之ニ。という読みかたもある）

(e) 然ル後予《よ》浩然《こうぜん》トシテ有リ二帰志一。

(f) 予然ル後浩然トシテ有リ二帰志一。

右のように接続詞よりも前に飛んでくるというのは、非常な強めを表すことになるが、その逆に、最後すなわち文の末尾に飛ぶというのもまた非常な強めとなる。最後のことばを聞かないと文意がわからないとなると、緊張して聞くということになり、最後が大切ということになる。英文法では、この効果をprinciple of suspenseというのだそうだ。

それはそうだ、話を聞かせる場合、「この難問を解く方法はこれしかない」といって、グルリと聴衆を見まわすと、みなは、それが何かと身をのりだしてくるではないか。そこでおもむろに「それは飛んでる構文の理解だ」と言うと、頭に入るという寸法。例えば、次のような文。

① 子曰ク、語《つ》ゲテレ之ニ而不ルレ惰《おこた》ラ者ハ、其レ回《くわい》（顔回という人物）ナルカ也与。

② 子曰ク、無為《むゐ》ニシテ而治ムル者ハ、其レ舜《しゅん》ナルカ也与。

①は言い換えてみると、例えば「回聴レ教不レ惰（回は教を聴きて惰らず）」、②は「舜無為而治（舜は無為にして治む）」ということにすぎない。それを強調した結果、派手に「也与」というような詠嘆の助字を下に付けるようになったのである。なおここでの「与」は、感動詞の「歟」の代わりに使われている。

つぎに、飛んでる構文ではないが、主語を強めている例をついでに示しておこう。例えば、次のような場合だ。

礼ハ之《こ》レ用《もつ》テレ和ヲ為スレ貴シト。先王之道ハ斯《こ》レ為《た》レドモレ美……。

この「之」は「礼」を、「斯」は「先王之道」を強めている。もちろん、「礼・先王之道」は主語である。ただし、この読みかたは伊藤仁斎の説による。宋代の朱子は「礼之用、和為レ貴」（礼の用は、和を貴しとなす）と読んでいるから、解釈が異なってくる。同じような、主語を強めている例を挙げておこう。『論語』の中の文だ。

③　子曰ク、天生ズ二徳ヲ於予《われ》ニ一。桓魋《くわんたい》（人名）其《そ》レ如《いかん》センレ予《われ》ヲ何。

④　子畏《おそ》ル二於匡《きやう》ニ一（地名）、……匡人《きやうひと》其レ如センレ予ヲ何。

桓魋《かんたい》・匡人《きようひと》が主語であることは言うまでもない。その強めとして「其」が使われている。なお「如レ予何（予をいかんせん）」は、もともと「如二何予一」なのであるが、目的語が代名詞であるときは、それを包みこんで「如予何」となる慣用がある。慣用だからしかたがないので、「如レ予何」というふうに返り点をつけ、前記のように読むことになっている。送りがなのつけかたも二種類あり、次のどちらでもよい。

代名詞ならなんでもこれに当てられるから、「如レ之何（これをいかんせん）」、「如レ汝何（なんぢをいかんせん）」というふうに出てくる。また、「如何」の代わりに「奈何」が使われることもある。この用法としては、手段ならびに反語を表すということに限られているようだ。

(A) 如《セン》レ予《ヲ》何。

(B) 如レ予《ヲ》何《セン》。

最後に、『荘子』に出ている奇妙な飛んでる主語の例をあげておこう。狂屈は人名。

吾問《フ》二狂屈《ニ》一。狂屈中《なかごろ》欲《シテ》レ告《ゲント》レ我《ニ》而不二我《ニ》告《ゲ》一。

ふつうなら、最後のところは、「不レ告レ我（われにつげず）」というところだ。しかし、その前に「告我」と言っており、ここで同じく「告我」とすると、「告我」が続くので単調平板となる。それを避け、変化をつけたのだろう。『論語』にも、

居則曰、不㆓吾知㆒也。(居〔平生〕には則ち曰く、吾を知らざるなり、と)

とある。ムチャクチャよ。

⑽ 飛んでる構文――述語の場合

漢文を習い始めるとき、文にはこういう場合がある、と言ってきまりきってモノモノシク教えられるんだなあ。すなわち、㈠主語と述語、㈡主語と述語と目的語、㈢主語と……てなグアイ。

こういう形式で分類するということは、文理解の共通基本原則としてすでに一般化されているからである。国語の時間で小学校一年生から学び続けてきている。そういう基本ができあがってから、英語を習う。そして同じ調子で漢文を習うわけだ。

しかし、いったい「主語と述語」等々という形式が漢文において本当にピシャピシャとあてはまるのかね。例えば次の『論語』の文(A)を見たまえ。この文をどう読むか。

(A)　子曰、甚矣吾衰也。

(B)　子曰《ク》、甚《はなはダシ》 矣吾《ガ》 衰《おとろヘタルコト》 也。

いちおう(B)のように読むことになるだろう。なぜそうなるかと言うと、もともとは「子曰、吾衰也甚矣」という語順であったと解釈するからである。

けれども、一歩つっこんで考えてみると、いろいろと疑問なんだなあ。おそらく「吾衰也」全体が主語で、「甚矣」が述語であると考えたところからそういう解釈が生まれたんだろう。なるほどわかりやすい。しかし、もともとの文は「子曰、吾甚衰也（吾 甚だ衰ふなり）」であったと言っても、だれが誤りだと言えよう。これでもおかしくない。とすると、「吾甚衰也」の場合、「吾」が主語、「甚」は「衰」にかかる副詞、「衰」は述語となり、「甚」が強められて前にとびだしてきた「飛んでる構文」だということになる。「矣」は強められたためにくっつけられた助字にすぎない。

いや、こういう人もいるだろう。(A)の文はもともとがそうだったんだ、と。すなわち、最初の「甚矣」というのは、「アーア」とか、「ウーン」「アリャリャ」「ガックリ」と同じ感嘆語にすぎない、とする。つまり感動詞的なものと決めつけて、飛んでる構文ではない、とすることもできるんだ。

てな調子でつっつきまわしていると、なにが主語、なにが述語、というようなレッテル貼りに精を出しても、なにやらムナシイ感じがしてくるんだなあ。

そんなレッテル貼りよりも、すなおにすなおに、順番に出てくる漢字を一つずつ了解してゆくほうがはるかに明快である。ヤッテミヨウゼ。「子」とくる。『論語』の話だから、まず百パーセント、コーシ先生のこと。ウン「孔子先生」だな、ととる。次は？「曰」。これ「しゃべっちゃった」ということだわ。「甚」、ホホー、なんか「スッゲェ」という話け。「矣」？ こりゃなんぞね。言いきりのことすか。「甚矣」やから「たいへんどすえ」ですやろ。「えらいことでっせ。死に死にだ」とはおおげさな。「吾」は「わし」のことぞな。ほじやけん、「衰」は「もう年《とし》」、ばってん、「也」はおす（し）まいのしるし……と、全国各地の諸君が得意とする方言を使いながら、すなおにすなおに出てくる順に意味をとってゆくのが一番いい。

しかし、それができるようになるには、実は、相当のハードトレーニングを経ないと難しい。文の読解のコツは、どこまでやさしく自分のもっとも習熟したことば（方言が最高）でかみくだきうるか、であり、それに加えての諸種の国語力という総合戦力となってきて、適切な指導者が必要であるから、諸君に無理をおしつけない。

ではどうするか、ということになる。そこで、結局、すまないがふりだしにもどってもらいたいのだ。二畳庵先生は、大阪弁という外国語を自由にあやつれるから、もし高校生に漢文の授業をするなら、徹底的に大阪弁に翻訳して教えることになる。しかし、一般論では、そういうマンツーマン的教育は不可能だから、やむをえず、便宜上、あくまでも便宜上、㈠

主語と述語、㈡主語と述語と目的語、㈢主語……という構文分類を利用して説明せざるをえないのだ。あくまでも説明技術上の便利さにすぎない。お願いしたいことは、漢文において「主語」だの「述語」だのというレッテル貼りは正しいのか、という疑問を抱く知的好奇心を失わないで、しっかりと主語や述語のレッテル貼りをする、という矛盾にみちた考えかたの持主であってほしいということである。

つまり、㈠主語と述語、㈡……という構文分類を、便宜上の記号として受けとる余裕シャクシャクたるゲーム遊びの立場で漢文を見ようぜ、ということだ。このことを心得た上で「飛んでる構文」を見てほしい。

さて、前置きが長くなったが、「飛んでる構文」の一つとして「述語の場合」を考えてみよう。さきほど引用した(A)の文がその例となる。この(A)文を(B)のように読むのは、（必ずしも正しいとは言えないが）「甚矣」を述語と解釈するからである。

この場合のように、述語が前に飛ぶとき、だいたいにおいてその下になにか強めの助字がつく。例えば、

子曰、巧言令色、鮮矣仁。（子曰く、巧言令色、鮮《すく》なし仁）

がそうだ。これは「仁、鮮」の「鮮」が上へ飛んだものと言えよう。「矣」は「仁、鮮矣」

というふうに、初めから付いていたのかもしれないが、やはり、感じとしては、上に飛んだので「鮮」に強めの「矣」が付いたと考えたい。

さて、述語はなにも形容詞や動詞とはかぎらない。名詞も述語となる！　例えば日本語では「私は学生です」がオーソドックスな文であり、「学生です」全体が述語である。そこには「です」という助動詞が含まれ、助動詞には「動いたり、様子《ようす》を表す」補助的イメージがあるから、述語（ごくふつうでは動詞や形容詞）と言っても安定感が生まれる。しかし「私は学生」と言うと変則的であり、「私、学生」と言うに至っては、なんだか落ちつかない、そこで、補語などということばを作りだし、「私は」を主語、「です」を述語！「学生」を補語として、「私イコール学生」と説明する人が出てくる。

そこで、漢文の先生までこの補語という考えかたを使いたがったりする。以前、NHKの中国語講座を担当していた中国語のヘタクソな先生なんかその代表者である。なーに、補語なんてうれしそうに言う必要なんかないさ。漢文法では述語となりうるものの一つとして名詞も加えておけば、より簡単となって覚えることが少なくてすむ。例えば次の文。

子曰、君子哉若人。

おっと「若人」を「わこうど」なんて読まないでくれたまえ。夏の甲子園大会歌とやらに

「若人《わこうど》よ……」なんてでてくるが。この場合は「若レ是人」すなわち「かくのごとき人」と読む。この文の場合、

若人君子。（かくのごとき人、君子なり）

がもともとの文だったのが飛んだわけであり、同時に「哉」がくっついたのである。だから読みかたも変化して、

君子哉若人。（君子なるかな、かくのごとき人）

となる。この場合「君子」は名詞だけれども、レッキとした述語であるぞ！

さて、「飛ぶ」場合、なんと言ったって前に飛ぶのがオーソドックスだ。そりゃあそうだ。「わしが」「わしが」といった調子で前に出てくる自己顕示が強めの最たるもんだ。だから、文頭に出てきたヤツをマークすれば、どこが飛んでるかがわかる。例えば、

①　大《ナルカナ》哉言矣。

②　大哉《ナルカナ》　堯之為《たルコト》レ　君也。（「堯（尭）」は名君）

③　宜《むべナリ》　乎賢者《ハ》　益《スルコト》二　於国《ニ》一　也。

この「大哉」「宜乎（もっともだ）」は、もともと述語で文のあとにあったものだ。ところが、前に飛ぶというオーソドックスを破って、後へ飛ぶのがいる。これも強めの一つの方法である。時代劇のチャンバラで、はじめはバッタバッタとチンピラが斬られ、一番最後にノッソリと一人強そうなのがでてくるあのパターンだ。次の文を見たまえ。

天之亡《ほろボス》レ　我《ヲ》、我何《ゾ》　渡《ルコトヲ》　為《サン》。

この「為」が問題だ。もともと、

我何渡。（我、なんぞ渡らん）

ですんだ。ところが、戦いに敗れて、郷里へと向かうためにこの川を渡ろうとする手前で、とても故郷へ帰れない、すなわち川を渡れない、と大見得をきった箇所である。だから強め

て、わざわざ「為（to do）」を加えて、

我何為レ渡。（我、なんぞ渡ることを為さん）

と来たのである。これで十分に強めを表したことになる。ところがさらにそれを強めようとすると、「為」を前に飛ばすことになる。

で、飛ばしてみると「為何渡」となる。しかし、残念ながら、まずこういう文は成り立ちにくい。と言うのは、「何」はいわゆる疑問・反語を表す助字で、こいつの特権は大したもん。その前に他のことばがくることをユルサナイッ。そこで、ああ、やむをえず、後へ飛んだのである。

しかし、もうちょっとつっこんで考えてみよう。「為」が強められて後へ飛んだと考える以外、まったく別の考えかたがある。それは「為」を代動詞と考える考えかたである。すなわち、同一動詞をくりかえし言わないで、その代わりに使われている、すなわち代動詞という考えかたである。

「我何渡為」という場合、「私はどうして川を渡れましょうか、そうする（渡）ことができましょうか」という意味にとるわけだ。大阪弁だと「わいがなんで川わたれるんや、そやろ？」の「そやろ」の感じだ。まあ言ってみれば、「我何渡為」は「我何渡渡（我、なんぞ

渡るや、渡るや)」と考えてもいいということである。同じような例を挙げてみよう。

④ 何ゾ辞《じ》スルコトヲ為サン。(「辞」は「ことわる」)

⑤ 何ゾ乃チ汚《けが》スコトヲレ王ヲ為サンヤ乎。

これらの例を見てもわかるように、どうも述語が後へ飛ぶ場合は、「何」など疑問・反語の助字が前にある場合に限られているようである。他の用例があまりない。さて、述語の強めというとき、飛ぶばかりではない。同じことばをくりかえすという方法がある。これは現代日本語でも同じこと。昔からある方法だ。例えば『論語』に、

子曰ク、沽《う》ランカナ之哉、沽ランカナ之哉、我ハ待ツレ賈《か(かふ)》(買い手)ヲ者也。

とある。これなどその適例である。ちょっと注意しておくと、「沽之」は、ふつうなら「沽レ之(これをう〔売〕らんかな)」と読むところだ。もちろんそうしてもよい。しかし、この場合、「沽」の意識が強く、かと言って、「う(売)る」という他動詞であるから、目的語を置く必要があり、形式的に「之」という目的語を置いたのである。だから、こういう場合

は、「沽㆑之」としないで「沽之」のままにしておいてよいのである。この「之」は、形式目的語の典型である。

⑾ 飛んでる構文――目的語などの場合⑴

飛んでる構文で一番多いケースが、目的語の場合だ。ちょいとお古いが明治憲法を見てみよう。現在の憲法の第一条は「天皇は、日本国の象徴であり……」とふつうの文章だが、明治憲法の第一条は「大日本帝国ハ万世一系ノ天皇之《これ》ヲ統治ス」である。この文の場合、「大日本帝国ハ」は主語でない。主語は「(万世一系の)天皇」である。すなわち、もともとは「万世一系ノ天皇ハ大日本帝国ヲ統治ス」である。ところが「大日本帝国」を強調して前に飛ばしたので、「統治ス」の目的語が抜けてしまった。そこで、その抜けたあとを補うために形式目的語「之」が置かれたのである。だから「大日本帝国ハ」の「ハ」は主語を表すのでもなんでもなく、強めの、区別の意識を表しているにすぎない。或いは、先に示した「大日本帝国について言えば」の感じ。

このパターン、すなわち、目的語が前に飛んで、送りがなとして「は」をつけ、抜けた目的語のあとに形式目的語（「之」の場合が最も多い）を置く、という型が、実によく出てくるんだなあ。以下の例を見てくれたまえ。

①　夏《か》ノ（国名）礼ハ、吾能ク言レフ之ヲ。

②　軍旅（軍事）之事ハ、吾未ダ二之ヲ学バ一也。

③　五十ニシテ而慕フ〔レ親ヲ〕者ハ、予《わレ》於テ二大舜ニ一見レル之ヲ矣。（「舜」は名君）

右の三例の「之」は、すべて、前にある「……は」の代用品である。もっとも主語の「吾」が省略されることが多い。②の「吾」は、実は原文にはない。さて次の場合はどうか。

子曰ク、聖人ハ吾不二得テ而見一レ之ヲ矣。

「得而」というのは、漢文独特の口調から来たもので、「而」は削って考えてよい。すなわち「不レ得レ見レ之（これを見るを得ず）」と同じことだ。すると、これも前の三例と同じパターンであることがわかる。しかし、形式目的語が省略されるということもよくある。そこで、括弧で補って示しておくので、次の例文をじっくり読んで研究してほしい。

④　夫子《ふうし》（孔子）之文章ハ、〔吾〕可二得シテ而聞ク一〔レ之ヲ〕也。夫子之言フ(コト)ハ三性ト

与《と》ニ天道《ヲ》一、〔吾〕不レ可《カラ》ニ得《テ》而聞《ク》一〔レ之《ヲ》〕也已矣。

⑤ 己《ノ》所《ハ》レ不《ル》レ欲《セ》、〔汝《なんぢ》〕勿《なかレ》レ施《スコト》ニ〔之《ヲ》〕於人《ニ》一。

さて、それでは応用といこう。次の漢文をどう読み、どう解釈するか。

⑥ 子曰、老者安之、朋友信之、少者（少年）懐之。

ちょっと見ると、「老人（老者）は、これ（之。なにを指すかは別として）を安んじ」という調子で解釈してゆきやすい。そいつがあぶない。これも目的語が飛び、そのあとに形式目的語が来た例なんだぜ。すなわち、

〔吾《ハ》〕安《ンジ》ニ老者《ヲ》一、〔吾《ハ》〕信《ジ》ニ朋友《ヲ》一、〔吾《ハ》〕懐《なつケシメン》ニ少者《ヲ》一。

だから⑥「子曰……」は、いちおう、

老者《ハ》安《ンジ》レ之《ヲ》、朋友《ハ》信《ジ》レ之《ヲ》、少者《ハ》懐《なつケシメン》レ之《ヲ》。

というふうに読むことは読むのだが、その「老者・朋友・少者」は、けっして主語ではなくて、目的語だということだ。同じく、

子貢（弟子の名）問レ政。子曰、足レ食、足レ兵、民信レ之矣。

という場合、「民信レ之」においてもそのことが言える。

もっとも、古来、いろいろな立場があり、

(A)　民《ヲシテ》信《ゼシム》レ之《ヲ》（政府）。

(B)　民（主語）、信《ズ》レ之《ヲ》（政府）。

というふうな解釈が可能ではある。しかし、右の例文のあとのところに、

民無レ信不レ立。（民、信なくば立たず）

という文がある。これは、「信（道徳教育）」がしっかりしていなければだめだ、ということであるから、そういう意味にとりたい。すると、「民信レ之（民は、之を信にす）」すなわち「民に対して信というような道徳教育をする」という解釈がしぜんだと思う。実は、これは我が国の伊藤仁斎の解釈であり、この仁斎説に従えば、「民信之」も目的語の飛んだ構文の例ということになろう。

⑿ 飛んでる構文——目的語などの場合⑵

飛ぶ——それだけで十分に強めの意味を表すことになる。ところが、ことばなんてのは、絶えずエスカレートする傾向にあるから、もっと強められはせんかと考えるんだなあ。その結果、飛ばした目的語の下に、さらに強めの助字「之」を入れるようになる。

例えば、

王其用レ徳、祈二天永命一。（王、其れ徳を用ひて、天の永命を祈れ）

という文がある。この前半句の目的語「徳」が飛んで、「王其徳用（王、其れ徳を用ひて）」となる。これで十分なのであるが、「徳」をさらに強めて、下に「之」を置くのだ。すなわち、

王其徳之用、（王、其れ徳を之《これ》用ひて）

となる。この場合、「之」は強めを表すにすぎないから読まずに省略。すなわち「王、其れ徳を用ひて」でもよい。しかし、この構文を「王、其れ徳の用ひて」というふうに、「之」を「の」と読む人がいる。例えば次のような場合だ。

古者、言之不レ出、恥二躬之不一レ逮也。

これを「いにしへ（古者）、言の出ださざりしは、躬《み》の逮《およ》ばざらん（こと）を恥づればなり」（昔のすぐれた人たちが軽々しくは発言しなかったのは、自分の躬〈行い〉が、ことば

と一致しない〈ことばが行いに及ばない〉のを恥じたからである）と読む人がいる。なるほどこれでも意味は十分通じる。しかし、この文もやはり述語が飛んで、さらに「之」字をつけた強めの文と解すほうが明快だ。すなわち次のように読む。

古者《いにしへ》、言《げん》ヲ之《こ》レ不リシハレ出《い》ダサ、恥ヅレバナリ二躬《み》（自分）之《の》不ランヲレ逮《およ》バ也。

このパターンを記憶していると、応用がきく。例えば次の文だ。送りがなのない傍線部をどう読むか。

子曰ク、①徳之不レ脩（修）、②学之不レ講、聞キテレ義ヲ不レ能ハレ徙《うつ》ル、③不善不レ能レ改、是レ吾ガ憂ヒナリ也。

まず③に着目する。もし「不善」が主語であるとすると、「不善がXを改めることができない」となってしまって、さっぱり意味が通じない。すると？　そうだ、この「不善」は、「改」の目的語で前に飛んだ形なのだ。すなわち、もともとは、

不㆑能㆑改㆓不善㆒。（不善を改むる能《あた》はず）

だったということがわかる。

次は①・②だ。これを「徳の脩《をさ》まらざる、学の講ぜざる」と読んで読めないことはない。しかし、「脩・講」ともに他動詞である。さきほどの「改」もそうである。傍線部でないところの「徙《うつル》」は自動詞である。とすると、①・②は、目的語があったのだが、それが前に飛んだと考えてよかろう。さ、そこで思いだせ、飛んだ目的語プラス「之」の形を。するとこうなる。

徳ヲ之レ不㆑脩メ、学ヲ之レ不㆑講ゼ……不善ヲ不㆑能ハ改ムル、

「徳の脩まらざる、学の講ぜざる」と読むよりも、「徳を脩めず（「之」を読むのを省略）、学を講ぜず」と読むほうがずっと明快であろう。もう一つ練習してみよう。

子曰ク、道ニ聴キテ而塗《みち》ニ説クハ、徳之棄也。

「道聴塗説《どうちょうとせつ》」とは、自分は深く考えず、人から聞いた話をすぐ他人に話すような軽薄な態度だ。うわさ話したり、デマを飛ばすなんてのはこういう種類に属す。さてこの文では、そういうことは「徳之棄也」と言う。これも「徳の棄《き》なり」でなくて、「徳を（これ）棄つるなり」と読むのがよかろう。

それでは応用問題といこう。傍線部をどう読むか。

孟子曰、人不レ可《カラ》ニ以《テ》無《カル》レ恥、無恥之恥、無《カラン》レ恥矣。

孟子は、まず第一句において、人間には恥じるようなことがないようであってはならない、と言い、そして傍線部の意見があり、最後を「恥じることがない」としめくくっている。とすると、もし傍線部は（無恥之恥）のようであれば「無レ恥矣」ということになるようだ。すなわち傍線部は「無レ恥矣」の条件となっていると言えよう。以上のような予備研究をしてから傍線部を研究してみよう。

まず最初は、いつもの調子で、そのまま読んでしまうと、「無恥の恥ならば」となる。「ムチのチ」って何？　て言いたいね。かのソクラテスのいう「無知の知」ならわかるがねえ。これはやはり飛んでる目的語といきたい。すなわち、もとの形にもどすと、

恥レ無レ恥（恥づるなきを恥づれば〔自分はもう恥ずるようなことのない人間だと、
おごった気持ちになるようなことを恥ずるのであれば〕）

である。これが飛んで「之」字が付いたと考えると、こうなる。

無《キヲ》レ恥《ヅル》之レ恥《ヅレバ》（または「恥チバ」）

さて、このパターンでも、やっぱり疑問や反語を表す「何」などには勝てない。飛んできた目的語の前にデーンと鎮座まします。次の例を見よ。

① 趙《す》且《まさニ》レ亡《ビント》、何《ゾ》秦《ヲ》之レ図《はかランヤ》也。

② 当時為《ス》レ是《これヲ》、何《ゾ》古《ニ》之レ法《のっとランヤ》乎。

すると、ついでに言えばこういうことが言える。「之謂」と「謂之」の違いもここにあるのではないか、と。『易経』の有名なことばとして「一陰一陽之謂道」がある。これも、一陰一陽ヲ之レ謂《い》フ㆑道ト。

と読める。では、原形はどうだったのかというと、以下である。

謂㆓一陰一陽道㆒。(一陰一陽を道と謂ふ)

すなわち、「述語＋目的語＋補語」のタイプであると言えよう。この「述語＋目的語＋補語」は、別に次のように変形することもある。

一陰一陽謂㆓フ之ヲ道㆒ト。

この場合は、目的語の「一陰一陽」が前に飛んで抜けたあとを補って、形式目的語の「之」がはいった形と考えることができよう。以上のように「之謂」と「謂之」との違いを考えておけばよいだろう。念のために記しておくが、両者の読みかたは異なる。すなわち訓読では「之謂」は「A之謂㆑B」すなわち「AをこれBと謂ふ」、「謂之」は「C謂㆓之D㆒」すなわち「C、これをDと謂ふ」と読むことになっている。注意しておこう。

すこしその例の有名なものをあげておこう。③は『中庸』、④は『易経』の文である。

③ 自《リ》レ誠《ナル》〔誠なる心〕明《ナル》〔道理を身につける〕謂《ヒ》二之《ヲ》〔天〕性《ト》一、自《リ》レ明〔なる道理〕誠《ナル》〔心を養なう〕謂《フ》二之《ヲ》教〔化〕《ト》一。

④ 形而上《ナル》者〔目に見えないもの〕謂《ヒ》二之《ヲ》道《ト》一、形而下《ナル》者〔目に見えるもの〕謂《フ》二之《ヲ》器《ト》一。

⒀ 飛んでる構文——目的語などの場合⑶

これが目的語ですよ、というしるしに、目的語の前に「於・于」というような助字を置くことがある。漢文の〔バカな〕先生が〔バカの一つおぼえみたいに〕こういう「於・于」があると、「ヲ・ニ・ト返るんじゃ」と諸君に教えたであろうあれである。念のために言っておくが、「於・于」がなくったって「ヲ・ニ・ト返る」から、こんな助字が「ヲ・ニ・ト返る」決定的要素でもなんでもありゃせん。目的語を表すときに、「於・于」が置かれることがある、という程度のもの。問題文を見て「於・于」を必死になって探し、なかったから「ヲ・ニ・ト返れません」と言って泣きべそなんかかくな。そんな便利のいい「於」さんや「于」さんなんか、もともとないものと思っておくがいい。「ヲ・ニ・ト返る」のは、こんな「於・于」があるからではなくて、文脈として目的語をつかみ、そしてはじめて「ヲ・ニ・ト」という送りがなをふることになるんだ。「於・于」とあるから、「ヲ・ニ・ト返る」なんていうツマラヌ公式なんか、実戦においてほとんど役に立ちゃせん。よいかな?

さて、その「於・于」のついている目的語が飛んだ場合どうなるか。つまり、「於・于」の下の目的語だけが飛ぶのか、それとも「於・于」もくっついていっしょに飛ぶのか、ということだ。答は、まずふつうの場合は、「於・于」もいっしょにくっついて飛ぶことになる。例えば、

君子無レ所レ苟ニ於其言一而已矣。(君子は其の言を苟《かりそめ》にする所なきのみ)

という場合、飛ぶとこうなる。

君子ハ於《おい》テ二其ノ言一ニ無キノミレ所レ苟ニスル而已矣。

この場合「於」は、「……に対して」という感じ。これを見たって、「ヲ・ニ・ト返る」式じゃだめだということがわかるだろう。「ヲ・ニ・ト返る」式だと、いったいどういう送りがなをつけるんだろ。

さて、右の飛んだ場合、抜けた元の場所に何も補わなかった。ところが、形式代名詞を補うときがある。例えば、

① 吾レ師《トス》二子思《ヲ》一矣。（子思は孔子の孫）

② 吾レ於《テハ》二子思《ニ》一、則《チ》師《トス》レ之《ヲ》矣。

①が原形（「於子思」という形であったとしてもよい）で、目的語の「子思」が飛ぶと、②のようになり、そのあとに坐りこんだのが、「子思」を表す形式代名詞の「之」である。もひとつオモロイ例を次にあげよう。易牙《えきが》は人名で料理の達人。

③ 天下期《ス》二味《ヲ》於易牙《ニ》一。

④ 至《リテハ》二於味《ニ》一、天下期《ス》二於易牙《ニ》一。

こういう③から④へ変わるようなときは、「ヲ・ニ・ト返る」式はどうなるんですか。アーン？

この③の「味」の場合、目的語を表す場合であるが、「於味」ではなくてただ「味」と記し、「於」がなくとも、飛んでしまうと、目的語であることをはっきり示すために④に示すようにコツゼンと「於」が現れてくるのである。もっとも、「至」字を補ったため、「至於」という熟語的な、慣用句的な語句がドカンときて、その後に「味」がきたというのが真相だろう。だが、それにしても、「味」という一字だけがポンと飛ぶわけにはゆかないということだ。

それでは現れてくるのは「於」だけかと言うとそうでない。「以」をつけて現れてくるときもある。例えば、次の場合で、

⑤　君子ハ存シ二仁ヲ於心ニ一、存ス二礼ヲ於心ニ一。

目的語の「仁」や「礼」が飛んだ場合、こうなる。

⑥　君子ハ以テレ仁ヲ存シ二於心ニ一、以テレ礼ヲ存ス二於心ニ一。

これは『孟子』の文だが、『孟子』の原文では、補語の「於心」の「於」を省略して、「君子以レ仁存レ心、以レ礼存レ心」となっている。読みかたは⑥と同じである。しかし、この『孟子』の原文をたどってみると⑤と同じになるなんてのがわかるのは、「ヲ・ニ・ト返る」式しか知らないカタイ頭ではムリ。

すこし練習してみよう。次の文を飛ばして変形せよ。管仲《かんちゅう》、晏子《あんし》、田忌《でんき》、孫子はいずれも人名。「覇」はリーダー。

⑦　管仲ハ使メ二其ノ君ヲシテ覇《は》タラ一、晏子ハ使ム二其ノ君ヲシテ顕《あら》ハ一。

⑧　為シ二田忌ヲ将ト一、而シテ為ス二孫子ヲ師ト一。

⑦はちょっと難しいかもしれない。しかし、「以」を使うということがわかっているのだから、それを使う。すなわち、目的語の前に「以」をつけて飛ばせ。⑧も同じことをすると次のようになる。

⑨ 管仲《ハ》以《テ》㆓其《ノ》君《ヲ》㆒覇《トシ》、（覇《トセシメ》）晏子《ハ》以《テ》㆓其《ノ》君《ヲ》㆒顕《ハス》。（顕《ハシム》）

⑩ 以《テ》㆓田忌《ヲ》㆒為《シ》㆑将《ト》、而《シテ》以《テ》㆓孫子《ヲ》㆒為《ス》㆑師《ト》。

（⑩の後半の場合、「以孫子」の「以」を省略して「孫子《ヲ》」すなわち「而孫子為師」という形にしてもよい。というのは、「以……為――」が続けて二度も出てきており、中国人にとってはくどいと感じられるからである）

⒁ 割れても末に会わむ型

飛んでる構文の中にもいくつか変形がある。その代表例として、ここに、「瀬を早み岩にせかるる滝川の割れても末に会はむとぞ思ふ」という歌のように、いったん割れて分かれても後に再び会うような、しかし、最後には深くかかわり合うような飛んで別れる型について研究してみよう。

さきほど述べたように、目的語が前に飛んだとき、疑問や反語を表す助字（例えば「何」）があるときは、一歩さがって、そのような助字の次に来る。これと同じようなことが否定形のときに起こるのダ！

例えば、

不レ知レ吾。（吾を知らず）

と言うとき、目的語の「吾」が飛ぶとする。すると、

吾不レ知。

となる。コレハイカン！「吾不レ知」は、だれがどう見ても「吾は知らず」となるではないか。すなわち、目的語の「吾」が、主語の「吾」と誤解されてしまう。「吾不レ知」を、これは目的語の飛んだ形と言っても、それはまあムリに近い。もっとも、

不レ知二大海一。（大海を知らず）

というときなら、目的語の「大海」が飛んで「大海不レ知」となっても「大海」を主語としないで、目的語と取ることができる。読みかたが「大海、知らず」であっても。そりゃそう

だ、海が知るとか知らんとかと考えたりするわけないからだ。

　ということは、目的語が人称代名詞のとき、注意せねばならんということだ。漢文では、主格も（所有格も）目的格も形が同じだから、このときばかりは語順にチトご注意。

　それではどうするか、というと、疑問や反語を表す助字に対するときと同じく、人称代名詞は、否定形のとき、飛んでも否定形の前には飛べず、後へ落下する。すなわち「不レ知吾」の「吾」は、前へ飛ぼうとしても「不」があるので「不」の後までしか飛べない。すなわち「不吾知」であり、「不二吾知一（吾を知らず）」と読む。そこで、この型を「割れても末に会わむ型」と命名するゾ、ウン。つまーり、「不知」という「不」と「知」との間を割ってしまうが、やはり、またつながって最後の意味は同じというコト。もちろん、否定形は「不」だけでない。「莫」も「未」もある。以下、その例を示す。(a)は原形、(b)は「割れても末に会わむ型」。

①　(a)　子曰《ク》、莫《シ》レ知《ル》レ我《ヲ》。
　　(b)　子曰《ク》、莫《キカナ》二我《ヲ》知《ル》一也夫。
②　(a)　今《ヤ》也、父兄百官不レ足《レリトセ》レ我《ヲ》。

(b) 今《ヤ》也、父兄百官不㆓我《ヲ》足《レリトセ》㆒也。

③ (a) 隣国未《ダ》㆑親《したしマ》㆑吾《ニ》也。

(b) 隣国未《ダ》㆓吾《ニ》親《マ》㆒也。

この型は「如何」「奈何」という疑問や反語を表すことばがあるときにも現れてくる。(a)は原形。と言っても、実際には存在しないが。(b)が「割れても末に会わむ型」。

④ (a) 子曰《ク》、人《ニシテ》而不仁《ナラバ》、如㆓何《いかんセン》礼《ヲ》㆒。

(b) 人《ニシテ》而不仁《ナラバ》、如㆑礼《ヲ》何《セン》。（送りがなの「セン」は、ふつう「何」の右下につける。「如《セン》㆓礼《ヲ》何㆒。」のように、一二点をつけるときは「如」の右下に送りがな「セン」をつける）

⑤ (a) 不《レバ》㆑能《ハ》㆑正《ス》㆓其《ノ》身《ヲ》㆒、如何《いかんゾ》正《サン》㆑人《ヲ》。

(b) 不《レバ》㆑能《ハ》㆑正《ス》㆓其《ノ》身《ヲ》㆒、如㆑正《スヲ》㆑人《ヲ》何《セン》。（人を正すをいかんせん）

この⑤の場合、目的語の「人」だけが飛んだのではなくて、述語の「正」もいっしょに飛んだわけだ。だから、大きく割ってしまったのだが、それでも末には必ず会う。大きく割れる他の例をあげよう。

⑥　如セン㆓此ノ良夜ヲ何㆒。

この型の変形を研究してみよう。

⑦　子欲ス㆑居ラント㆓九夷ニ㆒。或ヒト曰ク、陋《ろう》如セン㆓之ヲ何㆒。

【孔子が東方の地（九夷）に住もうとしたところ、或る人がそんな野蛮なつまらんところ（陋）を、どうしますか、と言った】

さて、この⑦の文脈の場合、もともとは「如㆓何陋㆒」（陋をいかんせん）であるが、「陋」を強めて飛ばした。だから「如陋何」で十分なのである。しかし、しかし、しかし諸君、例外中の例外として、この「如陋何」の「陋」をさらに強めて、なんと、疑問や反語を表す「如何」の前に飛ばしたのである。許せ、この無法な例外を！　すると「陋如何」となるのだが、どうもこれは中国人の口調にはあわないらしい。「陋」の抜けたあとに、同格の形式代名詞「之」を置いて「陋如之何」となるのである。それが⑦の『論語』の文なのだが、これはもう極端な変形と考えよ。ただし、こういう変形がなぜ生まれてくるのか、ということを、よく研究しておいてほしいのだ。必ず君の応用力をつけるだろう。

⒂ 飛んでる構文——修飾語の場合(1)

修飾語のナンバーワンは、もちろん、形容詞だ。例えば「白き馬」すなわち「白馬」、その「白」。修飾語の大部分はこれ。だから、すなおに修飾する、すなわち被修飾語（このときは「馬」）の上にチョンと乗ってくれておれば問題ないのだが、この修飾語があれこれ飛ぶんだなあ。

例えば、次の『論語』の文を見よ。

① 子曰ク、由ヤ也、千乗之国、可シレ使ムレ治メ二其ノ賦《ふ》ヲ一也。

「由」は孔子の弟子の子路のこと。「乗」は「台」で、「千乗之国」は兵車千台を出すべき国で、諸侯（大名）クラス。天子は一万台出す。だから天子のことを「万乗の君」などとも言う。さて、この文のどこが飛んでいるかわかるかね。飛んでいるのは、なんと「千乗之国」なんだ。「千乗之国」は、「賦（税金）」にかかっている修飾語なのである。由（子路）は国政の担当もできるすごい男だからということで、もともとは、

可レ使レ治二千乗之国賦一。（千乗の国の賦を治めしむべし）

ということだったのだが、「千乗之国」が飛んで抜けた。そこで抜けた穴を補って「其」という、形容詞の代わりをする助字が入ったのである。これが、修飾語の飛んだ例である。

この文、もうすこしつっこんで研究してみよう。実を言うと、「由也」というのも飛んだことばなのである。もとの形へ押しこんでみるとこうなる。

可レ使三由治二千乗之国賦一。（由をして千乗の国の賦を治めしむべし）

すなわち、「由」は目的語で、それが飛んで、強めの感じから「也」がついたまでなのである。

では、応用問題といこう。次の『論語』の文をもとの形に押しこんでみよ。「求」は冉有《ぜんゆう》という孔子の弟子。「千室之邑」は「千戸もある大きな邑《むら》」、「百乗之家」は「兵車百台を出

す大夫《たいふ》（重臣）の家」のこと。「宰《さい》」は長官の意だ。

② 子曰《ク》、求也《きうや》、千室之邑《いふ》、百乗之家、可レ使《シム》ニ之《ガ》宰《タラ》一也。

前の①文と比べてみたまえ。「求也」は「由也」、「千室之邑、百乗之家」は「千乗之国」に相当する。違うところは、「使」の下の「其」と「之」だけだが、それは問題でなかろう。解答は、次のようになる。

③ 子曰《ク》、可レ使《シム》ニ求《ヲシテ》千室之邑百乗之家《ノ》宰《タラ》一也。

そこで、②と③とを比べてみたまえ。③の「求をして千室の邑・百乗の家の宰たらしむべし」という文。なんとまあ、役所で採用されるときにもらう辞令の文章みたいに、なんとなく長たらしくて生き生きとしていない。それにくらべて②はどうだ、生き生きとしているではないか。「求はね、大きな村のね、村長ぐらいにさせるといいよ」といった調子である。だから、意識して文をくずして飛ばすわけだ。文法的に正確であっても単調で眠たくなるような文では、人に対する説得力が弱い。

さらに次の『論語』の文を見てみよう。「三軍の多数の兵がいたとしても、そのリーダー

（帥《すい》）を奪い捕らえることができる。しかし、一人のボンクラ（匹夫《ひっぷ》）といえども、志を堅《かた》く持っていたとしたならば、それを奪うことはできない」という意だ。

④　子曰《ク》、三軍《モ》可《キ》レ奪《フ》レ帥《すゐヲ》也。匹夫《モ》不《ル》レ可《カラ》レ奪《フ》レ志《ヲ》也。

この文、「三軍」「匹夫」はけっして主語ではなくて、それぞれ「帥」「志」への修飾語であって、もとは次のようになる。

⑤　子曰《ク》、可《キ》レ奪《フ》二三軍《ノ》帥《ヲ》一也。不《ル》レ可《カラ》レ奪《フ》二匹夫《ノ》志《ヲ》一也。

最後に難問を置いてみよう。まず次の文を読みたまえ。

⑥　夫《そレ》寒之於《ケルヤ》レ衣《ニ》、不レ待《タ》二軽煖《だんヲ》一。饑《うゑ》之於《ケルヤ》レ食《ニ》、不レ待《タ》二甘旨《かんしヲ》一。

意味はだいたいわかるだろう。直訳してゆくと「いったい、寒いときの衣については、軽くて暖かいのをと言っておられない。どんな着物でもいい。腹が減っているときの食べものについては、うまいもの（甘旨）をと言っておられない。どんなものでも満腹さえすればよい」という感じだ。

さ、そうすると、「衣」は「軽煖」に、「食」は「甘旨」にかかることがわかろう。すくなくとも「不レ待二衣之軽煖一」「不レ待二食之甘旨一」ということはわかるだろう。とすると、「寒之於衣」、「饑之於食」のうち、「衣」と「食」とが抜けてしまうとガタガタになるから、句そのものを作りかえればよい。すなわち「不レ待二衣之軽煖一」は、「寒くなれば」の結果であり、「不レ待二食之甘旨一」は「腹が減れば」の結果であるという話のすじみちをつければそれでよい。すると、例えば一案として、次のように書き換えることができよう。

⑦　夫レ寒ケレバ則チ不レ待タ二衣之軽煖ヲ一。饑《う》ウレバ則チ不レ待タ二食之甘旨ヲ一。

⒃ 飛んでる構文――修飾語の場合⑵

国文法流に言えば、名詞の修飾語としては形容詞が最もふつうであり、用言の修飾語としては副詞が最もふつうということになる。このアイデアを借りることにしよう。すると、次に研究すべき飛んでる修飾語は副詞ということになる。

おっと先に注意をしておこう。副詞と言うとき、もともとが副詞だけの働きのもの、例えば日本語で言えば「ただちに」とか、「よろしく」というようなことばは、漢文の場合、ほとんどが助字としてあつかわれている。そしてオモロイことに、こういう助字類は、まず飛ばないのである。副詞的助字というのは、ドッシリと安定しているんだなあ。

とすると、飛ぶ副詞って何ですか、ということになる。そこでだ、厳密に言うとこうなる。副詞と言うよりも副詞的に働く語の場合に飛ぶことがある、と。副詞的に働く語というのは、いろいろあるよ。例えば、名詞（「五歳」とか「三日」とか）、形容詞（「多く」とか「久しく」とか）などの場合だ。

さっそく実戦にまいろう。例えば、次の①、②の文を比較したまえ。

① 多《ク》歴《ヘ》レ年《ヲ》、久《シク》施《ス》二沢《ヲ》於民《ニ》一。（「沢」は「恩恵・恩沢」の意）

② 歴《ふルコト》レ年《ヲ》多《ク》、施《スコト》二沢《たくヲ》於民《ニ》一久《シ》。

①の文はごくふつうの文である。「多く」・「久しく」が副詞として働いている。この副詞が後へ飛んで②となったわけである。口調としても①より②のほうがいいようだ。

もっとも、こう考えることもできる。②の場合、「歴年」全体をまとまったもの、英文法流に言えば名詞節（ナウンクローズ）と考え、同時にそれを主語と考え、その述語としての

「多」である、と。下の句の「施沢於民」と「久」との関係もそのように考える。

次の例を研究せよ。④・⑥が飛んだ形で、③・⑤が元の文である。

③ 五歳長《ズ》二於兄《ヨリ》一。

④ 長《ズルコト》二於兄《ヨリ》一五歳。

⑤ 三日不レ食《くらハ》矣。

⑥ 不《ルコト》レ食《ハ》三日矣。

これらの副詞の場合、後へ飛んでいるが、後へ飛ぶことによって、強められている。「にいちゃんより年上やで、五つも」、「なにも食べてへんのや、三日も」という調子。

⒄ 飛んでる構文――前置詞か後置詞か

さて、飛んでる構文のキワメツケといこう。だいたい「飛んでる」（「翔《と》んでる女」なんていう流行語があったなあ）と言うのは、ちぃーとマトモでないが、ちぃーとカッコヨクという意味がこもっている。文章の場合で言えば、凡人の平凡な言いかたを、非凡人が非凡な形に破る場合ダァ。それがきわまると、なにが正常なのかわからなくなってくる。

前置詞の場合がそうだ。だいたい（英文法を拝借して言えば）「前置詞」というのは、文字どおり、「前に置く詞」のことだ。たとえば The sun rises in the east. という文の場合、in が the east の前にあるからこそ、文意をつかめる。もし、The sun rises the east in. なんて書くと、英語の先生にドナリツケラレル。程度、低い、とね。ところが、こういう「程度、低い」ことが漢文にはあるんだなあ。

日居《や》月諸《や》、東方自《より》出《いヅ》。（この場合の「居・諸」は特殊中の特殊な古代の語法だから忘れること）

がそうだ。これは『詩経』中の一句だが、どう考えてもムリよね。「自㆓東方㆒出」がもとの文だったのだろうが、後へ飛んでしまったのである。これはもうムチャクチャである。だから、「自」のこういう例は非常に少ない。ああ、それなら安心だ、と思ってくれては困る。なるほど、前置詞の大部分はおとなしく本来の用法を守って前に坐ってくれているんだが、ただ一つ、がんばって後へ飛びたがってしかたがないヤツがいる。しかもそれがしょっちゅうなんだから困る。それは「以」という前置詞、助字である。

他の前置詞のことは考えなくともまあよいが、この「以」だけは、徹底的にマーク！ 例えば次の文。意味は「詩経三百篇、これを一言で表現すれば、『すがすがしい』（思無邪）であろう」くらいなところだ。

子曰ク、詩三百、一言《いちごん》以テ蔽《おほ》ヘバレ之ヲ、曰ク思ヒ無シレ邪《よこしま》。

この文の中ごろの句は、「以二一言一（一言を以て）」と言うべきであろう。だから、前置詞「以」の目的語「一言」のうち、目的語が前へ飛んだ例、と考えても、もちろんかまわない。しかし、「以」に限って言えば、その目的語が前に飛ぶことが、チト多すぎるんだなあ。そこで、「以」の場合は、目的語が前へ飛ぶと言うよりも、「以」が後へ飛び、後置詞となっている、と考えたほうがわかりやすい。その例を少し挙げてみよう。②と④とは「以」が後へ飛んだ場合。

① 以テ二月日ヲ一告シレ君ニ、以テ二斎戒ヲ一告ス二鬼神一ニ。（「斎戒《さいかい》」は身を清めること）

② 月日以テ告シレ君ニ、斎戒以テ告ス二鬼神一ニ。

③　以テ二江漢ヲ一濯《あら》ヒレ之ヲ、以テ二秋陽ヲ一暴《さら》スレ之ヲ。（「江漢」は揚子江や漢水のことで「多量の水で洗う」の意。「秋陽」は秋の強烈な太陽。旧暦では、秋は七月八月九月で、ほぼ今の八月九月十月にあたる）

④　江漢以テ濯ヒレ之ヲ、秋陽以テ暴スレ之ヲ。

そうすると、「是以」という接続詞の場合もそうではないのかという気がしてくる。「是以」は「ここをもつて」と読み、「以レ是」（これをもつて）と区別することになっている。すなわち、

是《ここヲ》以テ（上の文を受ける接続詞）

以テレ是ヲ（「以」は前置詞、助字で、「是」は代名詞で、なにか具体的なものを指す、と考える）

漢文法ではこういう区別をすることになっているが、どこまでがモットモなのかなあ。

「是以」が「以是」の変形、すなわち飛んでできたことにはまちがいないのだから。しかし、そういう議論以上のことは、専門的議論となるから、諸君には不要だろう。やはり、「是以」と「以レ是」との区別をしっかりと覚えることじゃ。読みかたの区別もな。

⒅ 省エネ型の構文(1)

まもなく世界から石油がなくなるという。石油がなくなるとどうなるか、わかっとるかの。まず最初は、ジェット機をはじめ飛行機が飛べなくなる。船も原子力船以外は動かない。オウ、交通手段がなくなり、世界中、土の上を歩くことになるのじゃ。第一、食糧の輸出入はなくなる。おう大変。だからこそ、省エネルギー、省資源が叫ばれている今日だ。漢文もこの恐怖のスタイルでいこうぜ。

漢文での省略には、残念ながら法則性がない。そこらの参考書には、麗々しく「省略法」などと言って説明してくれているが、困るなあ。そういう言いかた。もし、「なんとか法」と「法」の字をつけるなら、なんらかの規則を示すのが当然だ。もし「省略法」と称して、漢文における省略のしかたの一定規則を見出すことができたとしたら、博士学位論文としてりっぱにパスするよ。けれども、これまでそんな学位論文など聞いたことがない。と言うことは、省略の規則なんて研究のしようがないということだ。そうやたらに「なんとか法」なんて言ってくれては困るわな。

ホンナラ、ボクラ、ドナイシタラエエンデスカッ、と諸君がくってかかるのは当然だ。けれども、ないものはないんだから、しかたがない。あきらめろ。要するに、省略ということが行われ、その省略のしかたには規則性がないということだ。と言うと、絶望的な話になるが、なにもそこまでエスカレートすることはない。省略、省略、と言っても、全部が省略されるわけではない。或る部分が省略されるのだ。だから、省略されている箇所はどこか、という見当をつける、というのがコツである。しかし、率直に言って、どこがどう省略されるのか、バラエティに富んでいるから、ここでは、ただ例を挙げる以外に方法がない。その他のときは、諸君のほうで適当に考えることですなあ、ホンマ。

まず、わかりやすいのからいこう。よく出てくる例は、会話の場合である。例えば、日本語で書かれている小説でもそうじゃないか。太郎は言った。「花が咲いていますね」。花子が答えた。「ほんとですわ」。太郎は言った。「花が散ってますよ」。花子が答えた。「まあ、ほんとに」。太郎は言った。「春も終わりですねえ」。花子は答えた。「そうですわねえ……」てな調子の会話が続いたら君はどうするか。アホらしゅうて、そんなもん読めるかよ。なんべんもなんべんも「太郎」と「花子」ということばが出てくるわ、「言った」、「答えた」と言うわ、チンプな話が続くわ、これではつきあいきれんよ、と言うだろう。

当然「誰が言った」というような部分で、わかりきったものは省略される。すると、まず

「誰が」がまっさきに削られる。前後の文脈で話した人が誰であるかがわかっておれば、二度三度とくりかえす必要がない。そこで漢文では、例えば次のようになる。

曾晳《そうせき》曰『……』。子曰『――』。曰『……』。曰『――』。曰『……』……

「曾晳」と「(孔)子」との対話であることがはっきりしているからである。しかも、この対話がさらに続くと、「曰」も省略され「『……』。『――』。……」というふうになる。初めから、ずっと意味内容を追って話の筋がわかっておれば、こうした省略もこわくない。しかし、こういう形で、人名や「曰」という字が省略されてゆくということを知っていないと、話がわからなくなり、「恐怖の省エネ」となってしまう。

その次の例は、「況」という助字が使われるときだ。これは日本文でもそうだ。「ソーリ大臣でも、ヨッシャ、ヨッシャでんがな。ましてワイラみたいなもん、あたりまえでんがな」と言うとき、なにが「あたりまえ」かというと、「ヨッシャ、ヨッシャ、をすること」(収賄)である。その部分が省略されている。どうしてかと言うと、「まして」ということばがあるから、その対象となる部分を省略しても意味が通じるということに原因がある。

漢文で見てみよう。「蔓草」は、つる草などの雑草。「寵弟」は、寵愛している弟の意だ。

蔓草《まんさう》スラ猶ホ不レ可カラレ除ク。況《いは》ンヤ君之寵弟《ちようてい》ヲヤ乎。

この場合、後半句は、

況可レ除二君之寵弟一乎。（況んや君の寵弟を除くべけんや）

という形であったものが、「可除」の部分が省略されたわけである。意味は次のとおり。

決不レ可レ除二君之寵弟一。（決して君の寵弟を除くべからず）

同じような例を挙げよう。「匹夫・編戸之民」というのは、一般庶民のこと。

万家之侯・百家之君モ、尚ホ患《うれ》フレ貧ヲ。而ルヲ況ンヤ匹夫《ひつぷ》編戸《へんこ》之民ヲヤ乎。

この後半句は、

況ンヤ匹夫編戸之民不レランヤ患《うれへ》レ貧ヲ乎。

の省略であり、

匹夫編戸之民モ尚ホ且ツ患レフ貧ヲ。

の意である。

⒆ 省エネ型の構文⑵

省エネの構文は、よくよく考えないとひっかかってしまう。だいたい、省略する、なんてのは、おたがい事情がよくわかっていて初めてできることだ。

「君ィ、あれ?」「ウン、そう」「なら、こう?」「いやいや、これ」「フーン、そういうこと」……こんな会話を聞いたって、当人同士以外には、なんのことかさっぱりわからんわけである。

だから、会話体を写したような文章は、注意がことに必要だ。初めから文章のつもりで書かれたものなら、省略することは省略しても、必ず限界いっぱいの省略であって、わけのわからぬようになる省略はしない。問題は会話体をそのまま写しとったような文章だ。

そんな文章、漢文にあるんですか、と聞く人がいるだろう。もちろんある。特に、漢代より前の時代のものにそれが多い。それはそうだ。と言うのは、今みたいにノートや筆記用具が自由に手に入る時代ではなかった。授業といったって、先生と生徒とがマンツーマンで話をするわけだ。もちろん、生徒が数人ということもあるが。

そうした問答のなかで、これは大切だなあと思われるものを、弟子が記憶し、書きとめていった。そして、それがつもりつもって、例えば『論語』や『孟子』というような書物ができたのである。だから、実際のところを言うと『論語』や『孟子』の文章を理解するのは、なかなか難しい。すなわち、前後の文脈や、その話が行われたいきさつがはっきりしない場合が多いからである。もちろん、この場合、省略も行われている。いや、しょっちゅう行われている。言い換えてみると、『論語』や『孟子』は省エネ型文例の宝庫なのである。

さっそく『孟子』から例を引いてみよう。いちおう、ごくふつうの解釈の送りがなをつけておく。

① 至誠ニシテ而不ルレ動カサ者、未ダルニ之《こ》レ有一ラ也。不シテレ誠ナラ未ダルレ有ニ能《よ》ク動カス者一也。

これを訳すと「誠をつくすのであったら、相手を感動させないということはない。もし誠の気持ちが欠けていたならば、人を感動させることはとてもできない」とでもいうところ。
さて、この訳文を見てみたまえ。ちょっとごま化してある。わかるかね。そう、最初のところだ。「誠をつくすのであったら」とあるが、これは主語抜きである。なにが主語なのかこの訳ではよくわからない。この主語は、と言えば、「人」でもいいし、「己（自分）」でもいい。「人」であると「一般に」という感じになり「己《おのれ》」であると、限られた感じになる。また、場合によっては、「至誠」を述語ととらないで、「至誠の人」ととらえることだって可能なのである。

下の句の「不レ誠」もそうだ。この主語はいったい何なのか、「人」なのか「己」なのか、はっきりしないわけだ。

そこでさらにつっこんで研究してみよう。①の第一句において、この場合、「不動」を「動かさず」と読んでいる。と言うことは、「動」という述語の下に目的語があり、その目的語とは「人」である。目的語として「人（他人）」があるのに省略したということになる。すなわち、

② 至誠《ニシテ》而不《ル》レ動《カサ》レ人《ヲ》者、未《ダ》《ル》二之《レ》有《ラ》一也。

ということだ。そこでさきほどの訳をもう一度見てくれたまえ。「相手を感動させないということはない」と訳したのはそのためである。それと言うのも、初めの訓読における送りがながら「動」に「カサ」とつけ、「動」を他動詞の「動《うご》カス」として読んでいたからである。しかし、こういう他動詞「動かす」というふうにしか読めない、ということはない。もし次のように読むとどうなるであろうか。

③　至誠《ニシテ》而不《ル》レ動《カ》者、未《ダ》《ル》二之《レ》有《ラ》一也。不《シテ》レ誠《ナラ》未《ダ》《ル》レ有《ラ》二能《ク》動《ク》者一也。

「動カザルモノ」「動クモノ」と読んでいることは、「動」を「動く」という自動詞として読んでいることだ。とすると、こんどは逆に「不レ動」の上に、主語の「人（他人）」がくるのだが省略された形ということになる。すなわち、つぎのようになる。

至誠《ナラバ》而人《トシテ》不《ル》レ動《カ》者、未《ダ》《ル》二之《レ》有《ラ》一也。

訳も変化して「人不レ動」は「相手がこれ（誠）に対して感動しないはずはない」ということになるだろう。

それではどちらがいいのか、ということになるが、正解はない。昔から右のような二つの解釈があるわけで、どちらが正しいと言えないのである。そうなったのも、省略されたために（実は、何が省略されたのか、はっきりしないために）、文意がはっきりしなくなったからである。

こういう判断のつかないときは、ごまかしの訳でゆくよりほかはない。例えば「まごころをつくせば、感動が起こらないということはない」とでも訳すと、どうにでもとれるではないか。こういう工夫をせよ。そういうのを「出たとこ勝負」と言う。「出たとこ勝負に強い」人間が、生き残ってゆけるんだぞ。ただ知識を覚え、お定まりの問題しか解けない、お勉強ができるだけの人間ではアカン。諸君も二畳庵先生の弟子ならば、出たとこ勝負に強い人間になれ。

⒇　省エネ型の構文⑶

中国人はくりかえしをきらう。だから省略する、ということになるのだが、いくらなんでも、こんなおおざっぱな型では、型にならない。また、いくら中国人だってそうやたらに省略ばかりするわけでもない。省略するにも、やはり、すこしはきまりがある。

目的語を省略するような場合は、対句的な表現をとっていて、その後半において省略するようなケースが一種のきまりのようだ。例えば、『左氏伝』の文の、

① 臣聞《クモ》二以《テ》レ徳《ヲ》和《スルヲ》㆑民《ヲ》、不レ聞《カ》二以《テ》レ乱《ヲ》和《スルヲ》㆑民《ヲ》。

という場合、「聞」と「不聞」、「以徳」と「以乱」とが対句になっている。そして「和民」が重なって二回出てきている。これはくどい。こういうくりかえしを中国人はきらうのである。そこで、二回目に出てくる「和民」を省略してつぎのようにする。すなわち、

② 臣聞《クモ》二以《テ》レ徳《ヲ》和《スルヲ》㆑民《ヲ》、不レ聞《カ》レ以《テスルヲ》レ乱《ヲ》。

それでは、さっそく応用してみよう。次の『論語』の文においてどこが省略可能か。

③ 夷《い》狄《てき》之《ノ》有《ルハ》レ君、不《ルナリ》レ如《カ》二諸夏《ノ》之亡《キニ》㆑君也。

「夷狄」は、礼儀を知らぬ野蛮国、「諸夏」は、礼儀ある国、すなわち文明国の意。「野蛮国に君主があるよりも、文明国に君主がないほうがましだ」ぐらいの意。

「不如（しかず）」は、前半句と後半句との比較を表す語（後半句を上位とする）であるから、これは別として他の箇所を見てみよう。すると「夷狄」と「諸夏」と、「有君」と「亡

君」とが対句になっている。とすると、「君」が二度でてきて、くどいということになる。そこで省略の結果は、

④ 夷狄ノ之有ルハレ君、不レ如カ二諸夏ノ之亡《な》キニ一。

もう一つ応用問題といこう。今度は、何が省略されているかを探しあてることにする。『孟子』からの例文で、「湯」は殷王朝の始祖。伊尹《いいん》という男が、割烹《かっぽう》すなわち料理の腕前によって無名時代の湯に近づき、後に湯の宰相となって善政を行なったという伝説がある。その伝説を踏んだ文だ。「堯舜之道」は「道徳を説く正統な方法」ぐらいの意。

⑤ 吾聞クモ下其ノ以テ二堯舜ノ之道ヲ一要《もと》ムルヲ上レ湯ヲ、未ダルレ聞カレ以テスルヲ二割烹《かっぽう》ヲ一也。

さて、どうするか。まず対句を見てみよ。「聞」と「未聞」と、「以堯舜之道」と「以割烹」とが対句となっている。つっこんで言えば、「以割烹」は「以割烹之道」の省略形だろう。そこで無理に復元してみると、伊尹は料理人になるのが目的ではないから、後半句はこうなる。しっかりと一字一字比べて頭にタタキコメ。

⑥ 未ダルレ聞カ下以テ二割烹ノ之道ヲ一要ムルヲ上レ湯ヲ一也。

㉑ 省エネ型の構文⑷

漢文読解の際、頼りになる最大のものは助字である。助字のおかげで、文脈がつかめるし、また個々の文におけるニュアンスもつかめようというものだ。だから、漢文征服の順序としては、まず助字の理解だ。これができると、まずまず大丈夫。事実、入試問題の大半は、こうした助字の理解がどれだけできているかということを問うものである。

しかし、かといって助字学習ですべてが終わるというわけでない。と言うのは、本当の漢文の場合、いや、いわゆる漢文らしい漢文の場合は、実を言うと助字が少ないのである。そのいい例は漢詩だ。漢詩では、ほとんど助字を使わない。だから、助字をひとまず理解したその次は、漢詩をしっかりと読むのがいい。つまり、助字を知って、その次に助字を使わない漢文に触れるということだ。

どうしてこんなことを言うのかというと、漢文で、いちばん難しい、そして、こわい箇所は、助字がないのに、助字があるように読まねばならないところである。こういうところは、助字が省略されているところと考えてよかろう。助字が省略されていて、しかもその助字があるように読む！　これはエネルギー枯渇に匹敵する恐怖の省エネ型構文だ！　それを研究してみよう。

例えば、つぎの文を見よ。意味は「斉の国は、(別名として)太公望と呼ばれる呂尚《りよしよう》という人物に与えられた国である」の意。すなわち、周王が封建した(境を封《さだ》めて国を建てた)諸侯の国の一つが斉であり、その君主が呂尚というわけだ。

斉、太公望呂尚之所ㇾ封也

この文をどういうふうに読むか。

まず、「斉は」と読むのは文句なかろう。「斉という国は」の意だ。その下の「太公望呂尚之」までも問題なかろう。「太公望の呂尚が」の意である。問題は最後の「所ㇾ封也」である。これを文字どおり、そのまま読むとすると「封ずるところなり」である。これで意味が通じるか。

初めから訳してみると「斉の国は、太公望の呂尚が封じ(封建し)た国家である」となる。すなわち、呂尚が王の地位にあって封建した諸侯の一つが斉である、ということになってしまってナンセンス。意味は逆であって、呂尚が、周の王によって封建諸侯となった、ということでなくてはならない。

とすると、「所レ封也」は、「封ずるところなり」と能動形に読むのは誤りであって、その逆の受動形に読まねばならない。すなわち「封ぜらるるところなり」或いは「封ぜられしところなり」である。送りがなを付けてみるとこうなる。

斉《ハ》、太公望呂尚《ノ》之所レ封《ゼラルル》也。（所レ封《ゼラレシ》也）

無理に言ってみれば、例えば、

所レ被《らルル》レ封《ゼ》也。

とでも言うべきところである。ところが、受動形を表す「被」というような助字が省略されているのである。こういうのがこわい。文字づらからではなくて、文意から受動形であると読みとってゆくわけであるから、本当に大意がわかっていないと手も足も出ない。省エネ型の構文の極致であり漢文のむつかしさ、おもしろさの最高極点でもある。てなこと言って、二畳庵先生一人が喜んでいるわけにはゆかないから、すこし練習してみよう。

次の文は、蘇秦《そしん》という口の達者な男に、或る君主がおみやげを持たせて、趙という国に使いをやったという話。さて傍線部をどう読むか。「資」は「持たせて」、「帛《はく》」は絹織物。

於《おい》テレ是《ここ》ニ、資《し》シ二蘇秦ニ車馬《しゃば》金帛《きんぱく》ヲ一以テ至レ趙。

「至レ趙」を文字づらどおりに読むと、「趙に至る」である。これでもわからないことはないが問題がある。と言うのは、「資す」すなわち「与えた」行為の主語は、或る君主である。だから「至レ趙」を「趙に至る」と読むと、「至る」の主語は蘇秦となる。すると、こんな短い文において、主語がくるくると変わってしまうというのは、あまり自然ではない。やはり、「或る君主」を主語として統一しておいたほうが自然である。とすると「至レ趙」を「或る君主が蘇秦を趙に行かせた」と解するほうがよいことになる。そこで、そのような訳に従って送りがなをふると、

至ラシムレ趙ニ。

となる。すなわち、使役形に読むのである。あえて記すならば、

使レム至レラ趙ニ。

である。こうした使役を表す「使」という助字が省略されているのである。こういうのが本当にこわい。

しかし、こわい、こわい、と言っていたのではははじまらない。助字の省略はたしかにこわい。しかし、助字のなにもかもが省略されるというわけでない。省略される助字のビッグツーは、いま例にあげた二つ、すなわち受動形と使役形との場合である。この二つをマークしておれば、まずまず大丈夫。安心せよ。この受動形・使役形の助字は、日本文法で言えば助動詞と言ってよい。だから、言いなおすと、「助字のうち、助動詞的なものの場合、受動形や使役形を表す助字が省略されることがある」ということだな。

そこで、もうすこし研究してみよう。助字には、重要なものとして、助動詞的なもののほか、前置詞的なものがある。この前置詞的なもののうち、注意しなくてはならないものに「以」がある。この「以」がよく省略される。例えば次の『孟子』の文を見たまえ。括弧でくくってある箇所が省略されているところである。「梃」は、つえのこと。

殺《スニ》レ人《ヲ》以《テスルト》レ梃《ヲ》与レ〔以《テスル》レ〕刃《ヲ》、有《ルヤ》ニ以《テ》異《ナル》一乎。

「殺人のとき、つえを使うのと、刃を使うのとでは、違いがあるか」の意である。ところが、原文では、「刃」の上の「以」が省略されているので、「以レ梃（梃を以てすると）与レ刃（やいばもてすと）」と読まざるをえない。「以」字はないが、意味的にはあるとして、あえて「もてす」というふうに読む。「以」字があるときのような「もつてす」という読みかたはしない。だから、単純にこれを「以ニ梃与レ刃（梃と刃とをもつてす）」と読むのは、意味上、相違を問題にしているのであるから、正しくない。

(22) 省エネ型の構文(5)

漢文を読むときの注意としては、一般論をしているとき、その主語がよく省略されることである。すなわち、「人（人間）」というような場合である。道理を示すわけであるから、言わなくてもわかる。例えば、夫《レ》道《ハ》若《ごとク》二大路《ノ》一然《リ》。〔人〕豈《ニ》難《かたかランヤ》レ知《リ》矣。

また、会話のときも主語がよく省略される。例えば、

君問《フテ》曰《ク》、「汝得《えタルカト》レ人《ヲ》乎」。臣対《こたへテ》曰《ク》、「〔我〕得《タリト》二一人《ヲ》一焉」。

また、命令形のときも主語がよく省略される。例えば、

彼《モ》亦《タ》人《ノ》子也。〔汝〕可《シ》二善《ク》遇《ス》レ之《ヲ》。

述語の省略には、いろいろなタイプがあり、すでに述べてきたが、注意するものとして、「況……乎（いはんや……をや）」、すなわち、上の文を受けて、「まして……の場合は」と受けてくる形の場合である。例えば、

① 死馬《スラ》且《ツ》買《フ》レ之《ヲ》。況《ンヤ》生《ケル》者《ヲヤ》乎。

という文の場合、「況……乎」にはずいぶんと省略がなされているのである。まず、この文の意味を示すと、「死んでいる馬でさえも買う。ならば生きている馬をどうして買わないことがあろうか」である。この意味に従って、復元してみるとこうなるであろう。

② 死馬《スラ》　且《ツ》買《フ》レ之《ヲ》。況《ンヤ》　不《ランヤ》レ　買《ハ》ニ生《ケル》　者《ヲ》一乎。

だから、もし「況……乎」という構文が出てきたならば、この復元した文のようにして考えてみることだ。ⓐ上の句が肯定形なら、下の句は否定形の反語に、ⓑ上の句が否定形なら、下の句は肯定形の反語にしてみればよい。すると②がⓐの例、③がⓑの例。こうなる。

③ 生《ケル》　馬《スラ》　且《ツ》不レ買《ハ》レ之《ヲ》。況《ンヤ》　死馬《ヲヤ》　乎。(↓況《ンヤ》　買《ハンヤ》ニ　死馬《ヲ》一乎)

(23) 対語対句(1)

対語《ついご》なんてことば、おそらく聞いたことがないだろう。そ、それでいい。できるだけ公式めいたことばなんか知らないほうがいい。いまは、なんだか公式・定石すなわちマニュアルを教えることが勉強法みたいになっているが、そんなのウソだなあ。ひどいのになると、「試験にデル」とか「デナイ」とかとさわいでいる。馬鹿丸出しである。三流受験生にかぎって、そんなのにひっかかっているわな。一流受験生は、学問へつながる大道をしっかりと歩んでほしい。

例えば対句である。漢文の公式として、対句に注意せよ、と言う。こんなお説教を聞くと、二畳庵先生、思わず大笑いしてしまう。というのは、じゃ、対句って何ですか、と聞いてみたまえ。きちんと説明できる人なんていないからだ。つまり、対句の意味も知らないで、或いは説明できもしないで、対句に注意せよ、なんておっしゃるそんなムチャな話があるかね。

或る本は、対句をこう説明している。「対句とは、同性質の句か、異性質の句かが対立しているものをいう」と。こんなデタラメな説明があるかよ。同性質の句か異性質の句かが対立している、と言うと、要するに、相手は何でもいい、ということになるのとチャイマッカ？　アキマヘンナァ、この説明。てんで説明になってまへんがな。

だいたい対句というふうに「句」にこだわるのがいけない。句（短い文）だけでなく、語（単語）にまで広げて考えてみよう。この**対語対句**というのは、実は「ペアになっている」と言う以外、定義のしかたがないものである。下手に定義すると、さきほどのように、「同性質か異性質のものがならぶ」なんていう珍妙にしてナンセンスな、定義になっていない定義になってしまう。それではどうするかと言うと、用例で経験的に知る以外に方法がない。習うより慣れろ、である。てなことを言っても、諸君は忙しいからそんな時間がないだろう。そこで、二畳庵先生が用例を整理して並べるから、そこから対語対句とはどんなものかをハートで知ってほしい。特に詩においてよく用いられていることを心得よ。

その前に、対語対句の大原則（もちろん例外はある）を言っておこう。すなわち、同じ品詞がペアを組む、ということだ。名詞には名詞、動詞には動詞、形容詞には形容詞、数字には数字、というぐあいである。例えば「青山」というと「白水」である。この「青」と「白」とは形容詞、「山」と「水」とは名詞である。以下、「対《つい》」の話。

名詞対《つい》

これは最も基本的なものであり、一番よくでてくるのであるが、ペアになっていると判定するのが難しいものが多い。例えば、「春風・秋月」というようなものは、すぐわかる。春に対して秋、風に対して月であるからだ。しかし、「雲霞《うんか》・梅柳」はどうか。「雲霞」と「梅柳」とは直接には何のペアでもないように見える。それはそうだ。雲は梅に対するよりも、むしろ霞とペアを組んでいると言えようし、梅だって雲に対するよりも、むしろ柳とペアを組んでいると言えよう。しかし、待ってくれたまえ。これらのことばに共通するものがある。すなわち春の情景である。この、春を表すという了解があって「雲霞」と「梅柳」とはペアになっているのである。また「野店・山橋」の場合も、そこに背景を考えなくてはペアとなっていることがわかりにくい。人里離れたところに、人間の手の加わっていることを表す「店」と「橋」とがある、ということでペアになっているのだ。このように、名詞対は、よほど読みこなさないと、ピンとこない。

固有名詞対

固有名詞も名詞であるから、本来なら名詞対の中に入れるべきだが、比較的判断しやすいものであるから別項目としておこう。

例えば、人名の場合、「揚雄宅《やうゆう》（揚雄の宅）・向 秀園《しやうしう》（向秀の園）」がそれである。揚雄・向秀ともに有名な人物である。

例えば地名の場合、「楚山《そざん》・漢水」（「水」は川の意味）がそれである。楚は南方、漢は北方の意味も含んでいる。或いは「関西雨（関西の雨）・渭北風《ゐほく》（渭北の風）」、「雲夢沢《うんぼう》（雲夢の沢）・岳陽城（岳陽の城）」も同じである。

その地名でも、さらに数字のついているのをわざわざ読みこむという手のこんだものがある。五陵《ごりよう》・三晋《さんしん》は数字の織りこまれた地名。

樹隔《へだ》テテ二五陵ヲ一秋色遠ク、水連《つらなり》テ二三晋ニ一夕陽《せきやう》多シ。

右の詩の場合、「秋色遠」「夕陽多」も対句と言うべきであろう。

色彩対

これはとにかく色が対比されている場合で、相手の色が何色か、そんなことのきまりはない。例えば、「黄金・白玉」「黄梅・緑李」「黄絲《くわうし》・黒黍《こくしよ》」というふうに、黄に対して白・緑・黒が対となっている。もうすこし例を挙げると「白沙・青石」「白屋・朱門」「白塩・赤米」、「紅樹・青霜」「紅欄・緑浪」「紅穂・碧花」などである。

数字対

数字のついたものであるが、その数字間の関係には、別に数学上の関係はない。ただ数字の上での対というだけのことである。例えば「万里・百年」「五風・十雨」「一鉢・三衣」「千山・一島」である。例えば詩にこういう対が置かれる。

四五百竿《かん》ノ竹、二三千巻ノ書。

助字対

助字が詩に使われるのは比較的少ないのであるが、それでも使われるとき、わざわざ対にしていることがある。例えば「矣・哉」を踏んで、次のように歌う。

夫レ矣英雄ノ事、荒ナル哉割拠ノ心。（「割拠」は野心をもって独立の意）

小集団のリーダーになるほうが、大集団の一員になるよりましだ、という意味の、

寧《むし》ロ為《な》ルモ二鶏口一ト、勿《なか》レレ為ル二牛後一ト。

という場合も、「寧為・勿為」が助字対、「鶏口・牛後」が名詞対となっている。

音声対

これには二種類がある。一つは、双声対、いま一つは押韻対である。双声というのは、第

二部第(48)節で説明したように、或る熟語（例えば「流麗」）があるとすると、その各漢字（「流」と「麗」と）の発音の最初の子音（この場合なら、アルファベットで言えばl音）が共通しているものを言う。こういう双声熟語を使うとき、それにあわせて双声の熟語（両者の音は別でよい）をもち出して並べると双声対となる。例えば「山色」は双声（s音が共通）であるから、それにあわせて双声「水声」（偶然「山色」の場合と同じくs音が共通）をもち出すことにする。すなわち、

鳥去《リ》　鳥来《きたル》　山色《ノ》裡《うち》、人歌《ヒ》　人哭《こくス》　水声《ノ》　中。

この場合「鳥去鳥来」と「人歌人哭」とも対句になっていると言えよう。

いま一つの押韻対とは、双声の逆で、或る熟語（例えば水がさらさら流れるさまを形容する「潺湲《せんくわん》」）があるとすると、その各漢字（「潺」と「湲」と）の発音の最後、すなわち韻（この場合なら、アルファベットで言えばn音）が共通しているものを言う。こういう押韻の熟語を使うとき、それにあわせて押韻熟語（両者の韻は別でよい）をもち出して並べると押韻対となる。例えば、前引の「潺湲」を使うと、それにあわせて「照曜」（「曜」は「燿」と同じく、光りかがやく意。yo音が共通）をもち出すことにする。すなわち、

石浅《クシテ》水潺湲《タリ》、日落《チテ》山照曜《タリ》。

この双声や押韻（人によっては畳韻とも言う）対の発見は非常に難しいから、諸君は気にしなくてもよろしい。それではどうしてこんなヤヤコシイ音声対の話をするのか、と言うと、それには目的がある。

と言うのは、漢詩の場合、詩人たちがよくこの音声対を使う。それを理解するには、実は現代中国語の知識をかなり必要とする。この音声対は、対語対句中の花形であり、最も技巧がこらされている箇所だ。だから、こうした音声対がよくわかってこそ、初めて対語対句の理解ができるのだ。けれども、諸君は、あくまでも国語の古典としての漢文を学んでいるわけであるから、現代中国語と無関係であるのは当然。ということは、音声対のような対語対句のことは知らなくてもいいということでもある。すると、対句対句とやかましく言うことは、名詞対や固有名詞対や数字対に限られてくるということであって、対語対句の全体にはわたらないことになる。しかし、大切な音声対を抜きにして、ただワアワアと対句、対句、対句が大事と言う人は、実は対句のことがよくわかっていない、ということになろうか。だから二畳庵先生が批判するように、対句が公式、なんて言うのは、実はウスッペラな公式なんだ。本当の対句というのは、音声対までも含むべきで、そうなると対句というのは、実はたいへん難しいものとなる。
しかし、安心したまえ。高校での漢文は、音声対を含まない意味での対句重視だから、眼で見てわかる名詞対・色彩対・数字対などにしぼって考えればよろしい。

(24) 対語対句(2)

これまでは、いわゆる一般的な対語対句について説明してきたが、さらにその複雑なものについて研究してみよう。その材料を近体詩（絶句や律詩など）に求めることにする。それというのも、近体詩の場合、コンパクトであり、見やすいからである。この研究のあと、散文に応用、適用してゆけばよい。

句中対

ふつうは、二句を並列して、その各句間で比較をする。ところが、技巧がさらに上になると、前句は、後句に対して対句を持つのみならず、前句後句それぞれが自分の句の中においても対語対句をもちこむのである。例えば次の例を見よ。まず――部分が前句と後句との対になっている。すなわち①では「花桃」・「黄鳥」、②では「孤雲」・「万井《ばんせい》」。そして══部分は前句の中で、〰〰部分は後句の中でそれぞれ句中対となっている。

①花桃細《こまカニ》逐《おフテ》二楊花一落《ヲチ》、黄鳥時《ニ》兼《と》二白鳥一飛《ブ》。（「兼」は「与」と同じ）

②孤雲独鳥川光《せんくわう》暮《レ》、万井千山海気秋《タリ》。

連字対

これは、同じ字を連続して、すなわち「字を連ねる」対句である。この対句のときは、多用すると全体として軟弱となるが、効果的に用いると強い口調にもなる。なかなか技巧を要するようだ。ちょっと双字対のニュアンスもある。例えば次のような例である。

樹樹皆《ナ》秋色、山山唯《ダ》落暉《らくき》《ノミ》。（「暉」は「光」の意）

江天漠漠鳥飛《ビ》去《リ》、風雨時時龍一吟《ス》。

啼《てい》鳥歇《やム》時山《ときやま》寂寂、野花残《ル》処月《ところつき》蒼蒼。

倒置対

技巧がだんだん複雑になってくると、わざと位置をさかさまにするようになる。例えば、次の例①・③はふつうの表現のしかたで、意味もそのとおりなのであるが、それをあえて倒置したのが、②・④である。この②・④では、意味がちょっととりにくい。

① 薄暮低《た》レ二乱雲ヲ一、廻風《くわいふう》舞ハス二急雪ヲ一。

② 乱雲低《た》レ二薄暮ニ一、急雪舞フ二廻風ニ一。

③ 連夜ノ雨ハ打チ二‐残シ柳絮《りうじよ》ヲ一、五更ノ風ハ吹キ二‐散ズ桃花ヲ一。

④ 柳絮打チ残ス連夜ノ雨、桃花吹キ散ズ五更ノ風。

　　註「廻風」は強く吹く風。「柳絮」は柳の実の上に生じる白い毛状のもの。
　　「五更」は夜あけ。

重出対

対句作りが非常に上手になると、一種の遊びのような余裕がでてくる。ふつうだととてもそんな余裕はないのだが、余裕を見せて、わざと一句中に同一文字をくりかえしたりする。それが重出対である。この重出対とさきほどあげた連字対とは異なる。と言うのは、連字対のとき、同じ字を連ねるのは、形容のためのものであったからである。重出対は、同一文字が出てきても、たがいにその用法を異にする。次の例を見よ。

待《ツモ》レ月《ヲ》月未《ダ》レ出《デ》、望《メバ》レ江《ヲ》江自《ラ》流《ル》。

抽《ぬキテ》レ刀《ヲ》断《ツモ》レ水《ヲ》水更《さらニ》流《ル》、挙《ゲテ》レ杯《ヲ》銷《けサントスルヤ》レ愁《うれひヲ》愁再《ビ》愁《フ》。（「銷さんとするも」と読んでもいい。「水」は川のこと）

相互対

これは技巧をこらした極致のようなもので、一句の中、第一字と第四字、或いは第二字と第五字は同一の文字を使って、しかも二つの句に対句を残そうというものである。

奇峯出《いダシ》二奇雲《ヲ》一、秀木含《ム》二秀気《ヲ》一。

欲《シテ》レ去《ラント》不レ得レ去《ルヲ》、薄游《ノママ》成《ス》二久游《ヲ》一。（「薄游」は安い給料で働くこと）

とまあ、以上のようなことが、対語対句と言われるものの例だ。もちろん、以上の例は、私が適当に取りだして示しただけのこと。これ以外に、流水対の、なんのかんのといろいろあるよ。けれども、そういう「なんとか対」なんていうことばを覚えるのはやめたまえ。名詞対から始まって、相互対まで、いろいろ対語対句を分類したが、そんな分類の題目なんか、覚える必要なんてないね。

では、なんのために書いてきたかというと、言いたいことはただ一つ。対句、対句とそう簡単に言いなさんな、ということだ。それが対句であると見破れる力がつくのは、漢文読解の全体の力があがってからのことだ。漢文読解力とは無関係に、対句看破力だけがつく、なんてことは絶対にない。漢文を読んでいるとき、常に対句について注意し続けてゆくこと、それ以外に方法はない。

それを逆に言うことができる。読む側で対句がわかるのに苦労しているのであれば、作った側では、その何十倍も苦労しているということだ。中国の教養人は、作詩はもちろんのこと、作文においても、この対句づくりの練習で苦労してきたのである。諸君は、ただ見た目の漢字間における対語対句に注意すればよいだけであるが、作者側はそうはいかない。文字面だけでなくて、声調（アクセント）の上においても対になるよう工夫しなければならなかったし、さらには、用語も、できるだけ、古典のことばや、かつての天才的文人のことばを使って、それを踏むほうがよりすぐれているとされているのである。例えば、或る人が、山《ハ》如《ごとシ》二仁者《ノ》静《カナルガ》一。

という句を作ったとする。これは『論語』の、

子曰《ク》、知者《ちしゃハ》楽《このミ》レ水《ヲ》、仁者《じんしゃハ》楽《このム》レ山《ヲ》。知者《ハ》動《キ》、仁者《ハ》静《カナリ》。知者《ハ》楽《シミ》、仁者《ハ》寿《いのちながシ》。

という文を踏んで作ったわけである。すると右の句の次に受ける句は、当然、対応として、なにか古典を踏まなければ、バランスがとれない。そこで『孟子』の、

孟子曰《ク》、伯夷《はくいハ》(人名)、聖之清《ナル》者也。

君子之徳《ハ》、風也。

という二つの文を踏んで「風《ハ》似《タリ》二聖之清《ナルニ》一」と作る。すると、両句はこうなる。

山《ハ》如《ク》二仁者《ノ》静《カナルガ》一、風《ハ》似《タリ》二聖之清《ニ》一。

この二句を見ただけでは、別にどうということもないが、その対語対句の背景には、古典を踏んでいるという苦心があるのだ。その苦心を知り、踏んだ古典が何であるかということまでわかって始めて、その詩文の理解ができるのである。そういうことを知らないで、やれ対句に注意しろの、対句が公式の、なんて言うのは、文章の持つ重さを知らぬ軽薄な「試験ニデル」ことばかり考えている連中だ。

対異散同

こんなことばは初めて聞いただろう。しかし、深く漢文を読むとなると、こういうのを知っていると便利なんだ。対語対句の話をしてきたから、ついでに記すことにする。

まず、その意味はというと、このことばを書き下し文にしてみるとよくわかる。「対異散《たいいさん》同《どう》」であるから、そのまま読むと「対すれば異《こと》なり、散ずれば同じ」である。訳すと、「対(つい)になっているときは、意味が相異しており、分散して使われるとき(散用されるとき)、意味は同じでよい」となろう。

これは、いったい、ナンノコッチャ。まず、次の例文を読んでくれたまえ。

君子ハ和《わ》スレドモ而不レ同《どう》ぜ、小人ハ同ズレドモ而不レ和《わ》せ。

この文は、ふつう「君子は協調（和）をするが、なんでもすぐ同意したりしない。しかし、つまらん人間は、なんでも同意するが、（実のところは）けっして協調しない」というぐらいの意味である。すなわち、「和」と「同」とを意識して区別して使っている。「和」と「同」というのは、ふつう「和同・同和」というふうに、どちらも同じような意味として使われているが、この文のように、同一文中において対になって使われているとき、区別して使うのである。こういう構文を「対異」という。

ところが、もし対立を意識しないで用いるならば、すなわちどちらか一つを使ったり、あるいは合わせて熟語（連文）として使ったりするとき、つまり、「散用」するとき、意味は同じ。この例の場合であると、「和」も「同」も「意見行動を同じくする」という同じ意味になる。こういうときを「散用すれば同じ」すなわち「散同」と言う。次の例文を見てみたまえ。

天地和同シテ、万物萌動《はうどう》ス。（天地の運行の呼吸がぴったり一致して、万物が動き始める）

この「対異散同」は、対語対句構文のハイレベルな理解ということになろう。

(25) 魏晋六朝時代の文体

魏《ぎ》晋六朝《しんりくちょう》時代、と言ってわかるかね。魏というのは、三国時代のその三国の内の一つ、魏という国名だ。この魏と呉と蜀との三国が戦いあって、結局は魏が統一する。後漢の次の王朝である。この三国時代の歴史を書いたものが、いわゆる『三国志』である。その中に『魏志』(正しくは『魏書』だが)があり、そのまた中に、いわゆる「倭人伝」がある(本当は「東夷伝」の中の「倭人」の条)。すなわちヒミコが出てくる有名な『魏志倭人伝』だ。

これでだいたいいつごろのことかわかるだろう。この魏からあと、隋・唐の時代までを魏晋六朝時代とか、魏晋南北朝時代と言い、日本古代史と深い関わりがある時代だ。

さて、この時代の文章に一つの流行があった。四六駢儷体《しろくべんれいたい》という文体である。これはどういうものかと言うと、四字で一句、六字で一句、という書きかたをする。まずこれが基本である。「四六《しろく》」と言うのは、そこからきている。だから四六文《しろくぶん》と言ってかまわない。

この四六文は、実は古くからあった。『書経』は西暦前はるか前のころの文章を集めたものが中心であるが、もうすでに四字一句という形で出ている。しかし、四字一句というのは、実は、数字上の形式的問題だけというのではない。なにしろ今のように筆記用具が自由でなかったそのころのことである。口伝えの暗記に便利な口調からきたものらしい。

となると、諸君はピンとくるだろう、暗記のときには、覚えやすいようにする、というのがテである。二畳庵先生も経験があるなあ、高校生のころの年代暗記なんか。例えば、「火《ひ》縄《なわ》くすぶるバスチューユ」と覚えると、ひ＝一、な＝七、わ＝八、く＝九で、一七八九年フランス革命。バカみたいなことだけど、こうでもしなければね。

同じことが文章でも言える。覚えやすいようにするためには語調を整えるとか、語呂あわせするとか、対句にするとか、韻をふむとか、いろいろ工夫が必要だ。

そのうちの韻のことはしばらくおあずけにしておこう。なぜなら、韻の説明がわかるためには、現代中国語のことを知っていなければわかりにくいからである。

そこで、諸君でもわかるところを説明するとなると、前節で話した対語対句あたりだな。四六文は、同時に対語対句を重視する。むりやりにでもそうするというところがある。これはもう、修辞のための修辞という目的以外のなにものでもない。そこでそういう対語対句重視というところから、「駢儷体《べんれい》」ということばが付け加えられたのである。

「駢」と言うのは、二頭立ての馬、という意味で「ならぶ」ということだ。二頭の馬がならぶ、二者をならべる、つまり対句にする、ということである。

「儷」と言うのは、夫婦のことなんだなあ。今でも文語体めかしていうと、「伉儷《こうれい》」は夫婦のことで、「首相伉儷」と言うと、首相夫婦に対する敬語的表現となる。

と言うわけで、駢儷、なんていう難しい言葉は、実は対句と同じこと。四六駢儷文とは、要するに四六対句文のことだ。そしてこの文体が、だんだんと用いられるようになり、ついに六朝時代に全盛となったのである。

さて、どうして今回こんな四六駢儷文の話をもち出してきたのかというと、対語対句を手がかりにして、文章を考えるときに、非常に参考になるからである。ただし、四六駢儷文が万能ではない。美しい四六駢儷文を作るのには、大変な技巧を要したため、全盛期をすぎたころには、もはや文章としての迫力にかけ、なんだかもう技巧のための技巧に終わってしまうようになった。そこで、こんなことではいかん、文章は、もっと力強いものでなくてはならず、魏晋六朝時代よりも前の時代の、戦国時代や漢代のころのような簡潔な古文でなくてはならん、と言いだす連中が出てきて（例えば唐代の韓愈が代表）古文復興運動が起こる。フニャフニャの文ではダメだというわけである。

こうした古文の読解の場合は、対語対句ばかりに頼っていてはだめである。だから、これから話すことは、漢文の構文を考えるときの一つの手がかりにすぎないということを頭に入れておいてくれたまえ。対語対句がわかったら、漢文がなんでもわかるというふうに考えてはアカンゾ。

ところで四六駢儷文だが、詳しく言えばきりがない。その形式にもいろいろあって、タイクツきわまりない。そこで、非常にポピュラーなものを四つほどとりあげて話すこととしよう。材料は魏晋六朝時代のものとは限らない。

相関式

これは文字どおりだ。相関、すなわち同じ関係にある文字でできた句を、対応させながら並べてゆく方式である。返り点・送りがなを省いておくから、まずじっくり文字同士の対応を見てくれたまえ。見るだけでいい。読まなくていい。

同声相応、同気相求。水流湿、火就燥。雲従龍、風従虎。
4　4　6　6

こういうのが典型的な相関式文章だ。

同声相ヒ応ジ、同気相ヒ求ム。水ハ流レレ湿《しつ》ニ、火ハ就《つ》クレ燥《さう》ニ。雲ハ従ヒレ龍ニ、風ハ従フレ虎ニ。

こういう文章を読んで気がつくだろう。まことにタイクツ。形がきまりすぎていて、重々しい感じはあるが、おもしろさに欠ける。そこで、文才にあふれていて、こういう文章にあきたらない人は、わざと型を破る。いわゆる破格である。例えば、春《ハ》与レ猿吟《ジ》、秋《ハ》与レ鶴飛《ブ》。

というのが気に入らない。あまりにもこの二句は相関しすぎる。そこでわざわざ第二句目の順序を変えて「秋鶴与飛」にしている。もちろん、順序は変わっても「秋は鶴と飛ぶ」という読みかたも意味も変わらない。

類句式　相関式は、一対の句が対応していただけであるが、類句（同じ文字が含まれていることなどが特色）がいくつも重なっている場合がある。これを言う。言ってみれば、相関式を重ねたようなものだ。例えば、

愛《シテ》レ人《ヲ》不《レバ》レ親《マレ》、反《かへレ》二其《ノ》仁《ニ》一。治《メテ》レ人《ヲ》不《ンバ》レ治《マラ》、反《レ》二其《ノ》智《ニ》一。礼《シテ》レ人《ニ》不《ンバ》レ答《ヘラレ》、反《レ》二其《ノ》敬《ニ》一。

【人を愛しても、人が自分に親しまないのは、（自分の仁がまだ十分でないことだから）自分の仁をふりかえってみることだ。人民を治めても人民が自分の政治に従わないとき

は（自分の智が不十分であるから）自分の智を養うことだ。人に礼を施しても答礼されないのは（自分の敬がまだ十分でないことだから）自分の敬を修めるようにせよ】

この場合、「人」とか「反」とかといった同じ文字が含まれていることに注意しておくことだ。そしてよくみると、全体が対句で対応しているということがよくわかる。こういった類句式の文章は、同じ型で訳してまず大丈夫であるから、一部分でも解ければ全体を解くのが楽になる。

尻《しり》取り式

子どもの遊びのあの「しりとり」と同じことだ。上の句の終わりのことばを受けて、それを次の句の初めに置くという方法である。ま、昔はむつかしく連鎖《れんさ》法だの、承遞《しょうてい》法だのと言っていたが、なーに、「尻取り式」というほうがわかりやすくっていい。例えば、次のような場合だ。

雖《モ》ニ我之死《スト》一、有《リテ》レ子存《ス》焉。子又《タ》生《ミ》レ孫《ヲ》、孫又《タ》生《ミ》レ子《ヲ》、子又《タ》有《リ》レ子、子又《タ》有《リ》レ孫。子子孫孫、無《キ》ニ窮《きゅうシ》匱《とぼシキ》一也。

註　「窮匱」は、物がとぼしくて生活が苦しい。

或いは次のような場合もある。

君《きみ》明《ナレバ》　則《チ》　民安《やすンズ》。民安《ンズレバ》　則《チ》　国治《マリ》　家斉《ととのフ》。国家治斉《ちせいナレバ》、則《チ》　天下平《たひらカナリ》

也。

本来ならば、上の句が「国治家斉」だから、下の句も同じにして「国治家斉」とすべきだが、単調すぎるので、「国家治斉」と入れかえ、「国家」全体を主語、「治斉」全体を述語にしたわけである。『大学』（四書の一つ）の「修身・斉家・治国・平天下」を踏む。

尻上がり式

これも昔は漸層《ぜんそう》法なんて、もったいぶった言いかたをしていたものだが、内容は、要するに尻上がりに段々とボルテージが高まってゆくことである。小から大へ、浅から深へ、軽から重へと盛りあげていって、最後に一番言いたいことを言うわけだ。例えば次の文。これは、前出の尻取り式とのミックスでもある。

戦伐《せんばつ》之道、勝ツ二於始《はじめ》ニ一者ハ、将卒《しやうそつ》必ズ驕《おご》ル。驕ル者ハ怠《おこた》リ、怠ル者ハ或ハ衄《やぶ》レル二乎終《をはり》ニ一。衄《やぶ》ルル二乎始ニ一者ハ、将卒必ズ憤《いきどほ》ル。憤ル者ハ厲《はげ》ミ、厲ム者ハ遂ニ勝ツ二乎終《をはり》ニ一。

註「衄」は敗北。「厲」はふるいたつ。

この文章は、「戦伐之道」すなわち戦争の流れについて論じており、「始めに勝つ者」と「始めに衄（敗）れる者」という二つのケースを例にあげて、最終的には、逆の結果となってしまうということを言うわけだ。初めに勝ったんだから、続けてずっと勝つというわけにはゆかない。また初めに負けたからといって、それで勝負がついたわけではない、という筋である。

だいたい、以上の相関式・類句式・尻取り式・尻上がり式の四つがいろいろとミックスされているのがふつうよくある対句的文章だと考えておけばよい。

ただし、こういうのは、典型的な美文とか、或いは議論の文の場合に多いのであって、伝記とか、説話とか、小説とかといったストーリー的なものは、叙述が雑多であるから、対語対句ばかりで処理できるわけではないということを心得ておいてくれたまえ。つまり、万能公式なんて、ないということさ。もっとも、教科書に採用されている文には、古文、例えば、韓愈・柳宗元などが多い。これら古文は、四六文に対抗したわけであるから、作為的な対語対句には好感を持っていなかった。だから、古文学習の機会の多い諸君は、いわゆる対語対句に頼りきってはまずいということになろう。ただし、詩の場合は別である。そのことはあとでまた述べることにしよう。

(26) 管《かん》到《とう》

突然、ひどく奇妙なことばが出てきてびっくりしたことと思う。しかし、びっくりすることはない。管到とは、「上の語が、下のことばのどこまでかかるか」ということ。なんのことはない。諸君が古文や英語の時間でいつも練習している、あの「どこまでかかるか」である。漢文もことばである以上、これは当然出てくる問題だ。管到の「管」は「領（おさめる）」の意味とほぼ同じと考えてよい。日本史に関東管領なんてあるじゃない。

さっそく例文①・②を見てくれたまえ。

① 不下知ツテ二其ノ能《のう》ノ千里ナルヲ一而シテ食《やしな》ハ上。（「食」は「養」の意）

② 知ツテ二其ノ能ノ千里ナルヲ一而シテ不レ食ハ。

この①・②の読みかたを書き下し文になおすと、どちらも「その能の千里なるを知ってしかして食《やしな》はず」であって同じである。だから書き下し文を見ただけでは、①か②かどちらかという判断はできない。

それでは、意味はどうなるかというと、まったく違うのである。すなわち、次のようになる。

①「その〔馬の〕働きが一日に千里も走れるのを知らないし、それ相応に飼育しない」

②「その〔馬の〕働きが一日に千里も走れるほどであるのを知っていながら、それ相応に飼育しない」

こういうふうに意味が異なる最大の理由は、①・②それぞれにおける否定の助字「不」の管到が異なっているからである。すなわち、①の場合の「不」は、文全体、最後の「食」字にまでかかっているが、②の場合の「不」は、ただ次の「食」一字にかかっているにすぎない。基礎編（一〇九ページ）で述べたもっと簡単な例で言うと、例えば、

③　書キレ字ヲ不レ読マレ書ヲ。

④ 不㆓書キ㆑字ヲ読マ㆒㆑書ヲ。

③は「字を書くけれども、本は読まない」、④は「字も書かなければ、本も読まない」ということで、ここでも「不」の管到の違いがよく出ている。

この③・④の場合、なるほど書き下し文はいちおう同じで「字を書き、書を読まず」となるが、しかし、工夫のしようによっては、読みかたで違いを表すこともできる。

⑤ 書クモ㆑字ヲ不㆑読マ㆑書ヲ。

⑥ 不㆓書キ㆑字ヲ読マ㆒㆑書ヲ。

このように、管到でいちばん苦労するのは、否定形の場合である。だから、否定形が出てきたときは、どこまでかかるかという判断をしっかりと定めないと訳せないわけだ。

管到において否定形の次にマークしなければならないのは、引用である。中国人は、引用、それも古典からの引用が大好きである。だから、その引用がどこまでか、ということを見きわめなくてはならない。

ただし、入試問題の場合だと、例えば人名を先にあげて「孔子曰……」とか「孟子曰……」というふうにしてくれているのがふつうである。これだと楽である。管到は、引用文のみだけだからである。

するとこういう質問が出るだろう。その引用がどこまでか、どうやって判断するんですかッ、とね。わかる、いい質問だ。しかし、安心したまえ。高校の漢文教科書における約束では、引用したときは、その引用文の終わりには、「ト」という送りがなをつけることになっている。例えば『孟子』の次の文。

詩ニ云フ、天之方《まさ》ニ蹶《うご》ク、無《な》二カレト然《しか》ク泄泄《えいえい》一トスルコト。泄泄ハ猶ホ二キ沓沓《たふたふ》一ノ也。

「詩」は『詩経』、「蹶」は「顚覆《てんぷく》」、「泄泄」・「沓沓」はともにおしゃべり、の意で「詩経に『天がいま周王朝を顚覆させようとしているのであるから、臣下はおしゃべりで怠けていてはならない』とある。『泄泄』というのは『沓沓』というのと同じ意味である」という文だ。このとき、最も注意すべきは、送りがな「ト」であり、それがどこにあるかだ。

引用の次にマークするのは話である。会話・対話もそれに含まれる。すなわち、「曰《いはク》、謂《いへラク》、謂《おもへラク》、以為《おもへらく》、云《フ》 ……」ということばにはじまる直接話法である。このときも、その直接話法が一つ終わるごとに、それをしめくくる送りがなの「ト」をつけるのがふつうとなっている。例えば同じく『孟子』の次のような文がそれだ。

王曰《ク》、賢者《モ》亦《タ》楽《シムカト》レ此《これヲ》乎。孟子対《こたへテ》曰《ク》、賢者《ニシテ》而《ル》後楽《シム》レ此《ヲ》。不《ル》レ賢《ナラ》者《ハ》、雖《いへどモ》レ有《リト》レ此、不《ル》レ楽《シマ》也《ト》。（「此」は飼っている動物をいう。この文の前に出てきていたのでここでは代名詞で代わりをしている。）

だから、対話体のとき、その「曰ク」以下において「ト」と記されているところがどこかということを一つの手がかりとすればよい。これも管到の例であり、非常によく出てくる。ただし、『論語』や『孟子』の場合、対話でなくて単独に「子曰……」とか、「孟子曰……」という形で始まり、それだけで終わっているとき、すなわち文全体が一人の言った文である場合には「ト」をつけないのがふつうである。なぜなら管到の範囲が初めからわかっているからである。例えば『論語』にこう言う。

子曰《ク》、巧言令色《かうげんれいしよく》、鮮《すくなシ》矣仁《じん》。（「巧言令色」はことばたくみに人に気に入られようとすること）

ここでは「すくなシ仁」の下に「ト」は不要。

(27) 漢文の文章構造

これまで説明してきたのは、文の構造であった。しかし、文が集まって文章を作るわけであるから、当然、文章の構造というところに進まねばならない。すなわち、漢字（漢字論）↓熟語（以上が語彙論或いは語句論）↓文（文論）↓文章（文章論）へという展開だ。

そしてこの文章論がなんといっても中心である。そりゃそうだ、われわれが苦労して漢文を勉強してきたのも、この最後の文章論のためである。入試に出題されるのは、九十九・九パーセント、文章である。文や単語の問題というのは、ほとんどないと言ってよい。

と言うわけで、いよいよ最後の舞台の幕あけとなるところだが、実は、二畳庵先生、あまり気が乗らない。と言うわけは、まず第一に、この文章論を論じ始めると、てっとりばやく言うと、きりがない。ウンザリである。第二は、漢文の文章論と言っても、つきつめてゆくと、各国語の文章論と共通のところが非常に多くなってくるという理由である。なるほどたしかに、漢文特有の文章構造があることはある。しかし、特殊な文章構造というのは、意外と少ない。大半は、日本語においても、英語においてもあてはまる。とすると、面倒な漢文を例にとるよりも日本語を例にとるほうがてっとりばやい、ということになる。つまり、文章論は国語全体の問題になってくるということである。こういうわけであるから、文章論については現代文を通じて勉強してくれることを期待して、ここでは取りあげないことにしよう。などと書くと、ソンナ無責任ナ、と怒る諸君の顔が浮かぶから、困るんだよなあ。

そこで、妥協案として、以前の日本知識人が漢文の文章を書く（長文の英作文みたいなものだ）とき、どういう注意をしていたか、ということの二、三を紹介しておくことにしよう。いわば漢作文のありさまの紹介である。

順落と逆下と

なんだかむつかしそうなことばだが、なーにたいしたことはない。「順落」とは「順に落ちる」すなわち「上から下へ」ということ、「逆下」とは「逆《さかさ》に下《くだ》る」すなわち「下から上へ」ということ。なんのこっちゃ、と言うと、順落は、直読のことで、中国人の読みかた、逆下は、訓読のことで、日本人の読みかた、ということで、語勢（語気のいきおい）が異なってくることに注意せよ、というわけだ。例えば、日本語で言うと、

逆下の例　酒ヲ一盃《いっぱい》飲メヨ。

順落の例　飲メヨ、一盃ノ酒ヲ。

という感じである。

これは詩文を作るときに最も心掛けておかねばならないとされたようだ。そして可能なかぎり、順落の感じで漢詩文を作る練習をしたらしい。今で言えば、同時通訳風である。諸君が英文を書くときも、おそらく頭の中でそういう工夫をしているのではなかろうか。

分開法

最も基本的な文章作りの方法で、「頭・腹・尾」の三つに分開（「分解」も同じ）せよ、という。そして「大文（長文）ハ、腹ヲ五分トシ、頭ヲ一分トス。小文（短文）ハ、腹ヲ三分トシ、頭ヲ一分トス。尾ハ共ニ頭ノ三分ノ二トス」と言っている。ふーん、というわけだ。これによると、尾つまり結論のところは、頭つまり序論の三分の二で、序論は腹つまり本論が長いときは一対五、短いときは一対三の割合となる。これは文章作法として、今でも通用するだろう。

それでは、頭・腹・尾をどのように書くかと言うと、落語を例にして、こう言っている。

頭ハ話ノ前口上《まへこうじやう》ナリ。腹ハ話ノ最中《さいちゆう》ニテ、種々ノ事情ヲ多ク含ム処《ところ》トス。コノ処《ところ》ノ斡旋《あつせん》（言いまわし）ニヨリテ、サマデモ無キ事サヘ、面白ク可笑シク聞ユルナリ。尾ハ即チ話ノオトシ（おち）ノ処ニテ、ナニホド長キ話モ、コノ処ノ云ヒ方ニテ、総体ノ結束トナルナリ。

サテ落語ヲ話スニ当リテ、前口上ハ舌ヲ渋《しぶ》ラシ、沈着（おちつき）シテ説キ出シ、次第ニ絶倒（おかしい）スルヤウニ説クヲ常トス。最中ニオイテハ、或ヒハ笑ヒ、或ヒハ哭シ、或ヒハ悲シミ、変化百出シ、曲折多カランコトヲ欲ス。尾ノオトシハ、駿馬《しゆんめ》（いい馬）ノ坡《つつみ》ニ止マルゴトク、余勢アランコトヲ欲ス。駿馬、沫《あわ》ヲカミ、ナホ奔騰（飛び駆ける）セント欲スル勢アルガゴトシ。

案外、平凡な説明でツマラナイ。しかし考えてみれば、文章を書くときの要領としては結局この説明につきる。平凡ではあるが、まさにこういう要領であり、しかし、なかなかこの要領が身につかない。平凡なことが実はなかなかむつかしいわけである。

さてこの説明に続いて、例として唐の柳宗元の「羆説《ひせつ》」という文章を挙げて、分析しているから、示しておこう。研究してくれたまえ。註は私がつけたもの。

① 鹿ハ畏《おそ》レレ貙《ちゆう》ヲ、貙ハ畏レレ虎ヲ、虎ハ畏ルレ羆《ひ》ヲ。（以上三句ヲ第一節トス。コノ節ハ下文ノ「貙走而虎至」ノ句、「虎亦亡去」ノ句ノ伏兵ナリ）

註「貙」は虎に似た獣。「羆」はひぐま。

②羆之状《ハ》、被髪《ひはつシテ》人立《じんりつシ》、絶《はなはダ》有《リテ》レ力而甚《ダ》害《そこなフ》レ人《ヲ》焉。（以上ヲ第二節トス。羆ノ状ト人ヲ害スルコトヲ叙シ、下ノ「捽搏挽裂」ノ句ノ伏兵トス。上ノ二節（①・②）ハ即チ頭ナリ）

註「被髪」はばらばらのさばけ髪。「人立」は人のとおりに立つ。

③楚《そ》之南《ニ》有《リ》二猟者一。能《ク》吹《キテ》レ竹《ヲ》為《ものまねスト》二百獣之音《ヲ》一云《フ》。（以上ヲ第三節トス。猟者ノ能ク獣声ヲナスコトヲ云フ）

註「音」は鳴き声。「云」は、……という話だ、の感じ。

④持《チ》二弓矢《ヲ》一罌《つぼにいレテ》レ火《ヲ》而即《チゆキ》レ之山《ニ》、為《なシテ》二鹿鳴《ろくめいヲ》一以《テ》感《ゼシメ》二其《ノ》類《ニ》一、伺《うかがヒテ》二其《ノ》至《ルヲ》一発《シテ》レ火《ヲ》而射《ントス》レ之《ヲ》。（以上ヲ第四節トス。猟者《れふしや》ノ術ヲ叙ス）

註「罌」は腹部が大きく、口のすぼんだつぼ。動詞に使っているので「つぼにいる」と読んでおいた。

⑤〔その鹿のものまね鳴き声にひっかかって鹿が寄ってくるかと思うと、なんと〕貙《ちゅ》聞クヤ二其ノ鹿《しか》ナルヲ一也、趨《はし》リテ而至ル。猟者恐ル。因リテ〔竹笛を吹いて〕為《まね》テレ虎ヲ而驚カスレ之ヲ。貙走リテ而〔今度はなんと〕虎至ル。猟者愈々《いよいよ》恐レ、則チ又タ為《ものまね》スレ羆《ひ》ヲ。虎モ亦タ亡《に》ゲ去ル。〔以上第五節。互ニ畏レ去ルコトヲ叙《の》ベテ第一節〔①〕ニ応ジ、以テ下文ヲ起コス〕

⑥羆聞キテ而求メ二其ノ類ヲ一、至レバ則チ人ナリ〔猟師〕也。捽搏挽裂《そつはくばんれつ》シテ而食《くら》フレ之ヲ。〔以上第六節。羆ノ人ヲ害スルコトヲ叙シテ第二節〔②〕ニ応ズ。第三節〔③〕以下、第六節〔⑥〕マデヲ腹トス。猟者ハ猛獣ノ声ヲマネスレド猛獣ノ力ニハ敵対スル能ハズ。ソノ為ニ猛獣ノ餌ト成リシコトヲ叙シ、以テ下段ノ議論ヲ引キ起コセリ〕

註「捽搏」はつかみ打つ。「挽裂」はひきさく。

⑦ 今夫レ不レシテ善《よ》カラレ内ニ而恃《たの》ムレ外ヲ者ハ、未レダ有レラ不レンバ為《た》ラ二罷之食一也。（コノ処ハ尾ナリ。上文ノ意ヲ受ケ、外ノ上面《うはつら》ノサマヲ頼《たより》トナシ、ソノ内実ハ抜殻《ぬけがら》ノゴトキ者ハ、コノ猟者ノ罷ニ食ハレタルガゴトキアリサマトナラヌ者ハナシト云フ意ニテ、上文ヲ結ブ。コレ即チ話ノ落《お》チノ処ナリ）

㊟「不善内」は、心の内に良いことがなく、の意。

取喩法

文章に効果を与える方法の一つに喩《たとえ》がある。この喩が巧みであると文章も生きてくる。そこで昔からいろいろな比喩の作りかたが生まれてきた。それを列挙してみよう。

(1) **直喩**

文字どおりの喩えかたで、ふつうは「猶（なほ……ごとし）」とか、「若・如（……ごとし）」、或いは「似（……ににたり）」を使う。

猶ホ二シ縁《よ》リテレ木ニ求ムルガレ魚ヲ也。（魚をとるのに水のあるところに行かず、木にのぼって魚

とりをするようなものだ。見当はずれ、方法の誤り等の意）

譬《たと》ヘバ如シ二北辰《ほくしん》ノ一。（喩えてみると北極星のようなものだ）

注 ただし、北辰は、厳密に言えば北極星近くの星座付近に当たる天の中心域のこと。

凄然《せいぜん》トシテ似タリレ秋ニ。（さみしくて秋のようだ）

(2) **類喩**

一類を取り、次々と同類を挙げてゆく。次の例では、堂・陛《へい》（階段）・地が建物と土地との関係で類となり、地位の上下を表している。

天子ハ如クレ堂ノ、群臣ハ如クレ陛《へい》ノ、衆庶ハ如シレ地ノ。

註「陛」は堂に昇るときに使う階段。

(3) **詰喩《きつゆ》**

これは、比喩は比喩でも難詰する感じ。

虎兕《こじ》出《い》デ二於柙《かふ》ヲ一、亀玉《きぎよく》毀《やぶ》レバ二於櫝《とく》中ニ一、是レ誰ノ之過《あやまち》ナルカ歟。

【虎や兕《さい》が柙《おり》から逃げ出し、宝物の亀玉が箱〔櫝〕の中でこわれたりするようなそのようなことになるならば、これは誰の過失であろうか】

(4) **対喩**

初めに比喩を挙げ、次に同じようなケースを挙げて証明する。

魚ハ相ヒ忘レ二於江湖ニ一、人ハ相ヒ忘ル二於道術ニ一。

【魚は水の中にいることを気づかないがそのように、人間は道を行う〈行わねばならない〉なかにいることに気づかない】

(5)　**博喩**

比喩を一つだけ挙げるのではなく、あれこれいろいろ挙げるしかたである。

若《も》シ金ナレバ　以テレ汝ヲ作《な》サンレ礪《れい》ト、若シ巨川ナレバ　以テレ汝ヲ舟楫《しうしふ》トセン、若シ大旱《たいかん》ナレバ　以テレ汝ヲ霖雨《りんう》トセン。

【もし金属〔金〕との関係で言えば、あなたをといし〔礪〕にあてよう、大川で言えば、舟のかじ〔舟楫〕、おおひでり〔大旱〕で言えば、長雨〔霖雨〕としよう】

(6)　**詳喩**

喩えが簡単でなくて、詳しく多くのことばを使い、そのあとに、その比喩にあてはまる語をもってくる。「火」はあかり、「振」はゆさぶる。

夫レ取ルレ蟬《せみ》ヲ者ハ、務《つと》ムルノミレ在ルヲ下其ノ明ラカニシ二乎火ヲ一振フニ中其ノ木ヲ上而已。火不ンバレ明ラカナラ、雖モレ振フト二其ノ木ヲ一無キナリレ益也。今人主有レバ三能ク明ラカニスル二其ノ徳ヲ一、則チ天下帰《スルコト》レ之《ニ》、若《シ》三蟬之帰《スルガ》二明火《ニ》一也。

頂針法

「頂針」はハリの打ちかたからきたことばで、頭のてっぺんを頂門と言うが、そこに針を打つことを頂針と言い、そこを押さえると、全身に効果があると言われる。さて、その頂針法と言うのは、上の句中における重要字を、下の句の初めに持ってきて、文を進める文章法である。これは、着実に文章を展開するときによく用いられる。

① 是《ヲ》謂《フ》二**無礼**《ト》一。**無礼**《ハ》無《シ》レ所レ用《フル》二於交際《ニ》一矣。（「無礼」ということばの使い方に注意）

② 不《レバ》レ得《ラレ》二於朝《ニ》一、則《チ》在《ルノミ》二**山林**《ニ》一而已矣。**山林**《ハ》者、士之所《ナリ》二独《リ》善《よク》自《ラ》養《フ》一也。（「朝」は朝廷の意）

③ 蓋シ古文之奥ハ、不レ止マラ二於是一ニ。是レハ独リ為メニ二挙業一ノ設《まう》クルノミ耳。（「奥」は、その神髄《しんずい》とか奥深い極意《ごくい》とかの意。「挙業」は試験の意）

＊　＊　＊

さてさて、これで講義は終わる。いよいよ最後になったのう。みな、ようがんばった。ここまでついてきた君なら大丈夫、漢文法の基礎は十分じゃ。この基礎力に依れば、大学入試などメじゃない。次は、独力で漢詩文を読む道が開かれておる。

大学にめでたく進学後、大学時代はもちろんのこと、大学卒業後の社会生活において、なんでもいい、漢詩文の名作・古典を常に読んでゆくことじゃ。それも独り静かに読むことじゃ。すぐには役に立たんが、そこが重要。〈無用の用〉ということがある。この〈無用の用〉が、君をきっと支え、励まし、最高の友人となってくれるであろう。これからの人生、幾山河の苦難はあろうが、古典を友として、たじろがずに行け、若者よ。

後記

本書の著者名「二畳庵主人」は、Ｚ会に執筆する時の私の筆名であった。五十年前の二十代前半、庭の片隅に建てた文字通り二畳強の小さな別棟が私の書斎であった。そこが私の城であり、二畳庵主人と号し、学問研究に熱中する一方、Ｚ会に書き続けた。漢文問題の作成であり、エッセイであり、講義であった。それは私の趣味、いや楽しみであった。

二十代のころ、私はアルバイトとして、大阪に在るいろいろな高校の非常勤講師を続けた。私立の大阪高校（男子校）、金蘭会高校（女子校）、公立の泉尾高校、住吉高校、大手前高校、そして高津高校（定時制）教諭と。楽しかった。語弊を許されれば、言おう、高校生をからかいながら漢文を教えた。陶淵明の「帰去来辞《ききょらいのじ》」を教えた学期の期末試験では、「天国にいる陶淵明先生に手紙を書きなさい」などと出題した。今だったら、保護者、いや生徒自体から猛烈な抗議を受けることであろう。「ふざけるな、入試に役立つことを教えろ」と。違う。「帰去来辞」（帰《かへ》んなんいざ。田園将《まさ》に蕪《あ》れんとす。胡《なん》ぞ帰らざる……）の感想を書かせたのである。どのように理解し、どのように思ったのか、ということの問いかけの出題であった。それを手紙の形で求めたのである。

或る冬の日、雪が校庭に積もり降りしきっていた。泉尾高校の教室に入った私は、おい、雪合戦しよう、と言った。ワーッという歓声とともに私と生徒の男女五十人とは校庭に飛び出し、思いっきり雪合戦を楽しんだ。授業はなし。遠い日のことである。

私は大学に勤務したが、高校生とはずっと関わってきた。すなわち、Z会において二畳庵主人の筆名で高校生をからかいながらの執筆である。高校生に教えるのは楽しい。私は家人にずっと言い続けてきた、大学を定年退職したあとは、教壇で高校生に教えたい、と。

その夢はかなわず、今も大学勤務が続いているが、高校生との縁は二つ続いている。すなわち、一つはZ会において本名で書いているエッセイ「こころの物語」である。

数年前、奈良県で起こった不幸な事件（有数の進学校の生徒が医師の父に対して重大決心をしたものの、自宅への放火となり犠牲者が生じた事件）に私は衝撃を受けた。ただちにZ会に申し出、Z会の中三以上の会員すべてを対象として、人生とは何か、人間の生きかたとは何か……等々、受験の重圧下にある多感な彼らに話しかけるエッセイ「こころの物語」を書くことにしたのである。Z会は単なる受験勉強指導に終わってはならない、受験生を人間として遇する教育であってほしい。そういう想いから、私は、毎月、それこそ心をこめて今も書き続けている。

いま一つは、若い人のために実際に教壇に立っている。神戸に師友塾という塾がある（東京にも分校あり）。その塾長、大越俊夫氏は傑物である。同氏が不登校生の学校復帰のために開いた学校が師友塾である。

引きこもりにある不登校生の苦しみ、同時にその保護者の悩み——それらに対して公立学校や各種教育委員会はほとんど無力である。しかし、不登校生の人間としての尊厳は、だれかが守らねばならないではないか。それを民間人の大越氏が行っているのである。

十数年前、神戸で不幸な事件があった。中学生が小学生を惨殺し遺体を切断した事件である。こうした不幸は二度とあってはならないとした井戸敏三・兵庫県知事は人間や教育についての懇話会を設置した。この会は名目だけでなく知事自身がほとんど毎回参加した。この懇話会委員として私は大越氏と知りあい、その見識と実践とに敬服し、そのことが縁で、二年前から毎月一回、師友塾の生徒に高校用教科書を使って漢文を教えている。

彼らは十代後半（時には二十代も）の男女で高校中退者である。かつては不登校生であった。しかし、元気を回復し、師友塾で勉学に復帰している。彼らは非常に礼儀正しい。今どき、これほどきちんと挨拶のできる若者がいるであろうか。いつも感心しながら、高校生に教えたいというかつての夢が実現できて私は嬉しい。

さて、本書『漢文法基礎』。これは、Z会機関誌に長く連載していて、それをまとめたものである。私自身の受験生時代、平野次郎著『解析(1)の講義』・『解析(2)の講義』という数学の参考書を読み、全編、講義文でわかりやすかったことに大いに感銘を受けていた。将来、そういう講義調で著述をしたいという気持ちを抱き、それが後にZ会での連載となったのである。平野氏は東大教養学部に勤務されていた。

著者名が二畳庵主人の『漢文法基礎』をこうして刊行した後、或るときから長い間、増刷をしていなかった。その理由は、受験生の心構えの変化である。かつてのZ会会員は、漢文が受験勉強に必要であろうとなかろうとそれとは別に勉強しようというエリートたちだった。だから、およそガリガリ受験勉強とは無縁な本書を楽しんで読んでくれていた。読者をからかっている本書を余裕をもって読んでいた。

しかし、ここ十数年、それこそ平成になってからは、漢文を古典の素養として勉強しようという雰囲気の受験生が激減した。もちろん、それはZ会会員だけでなく、全国的傾向ではあろう。のみならず、大学入試センター試験以外、入試から漢文を除くという安っぽい大学が激増し、それとともに漢文を不要としたため、受験生の多くがそれと連動して安っぽくなってきたのである。まして分厚い同書を読もうとする気骨のある受験生は減ってきた。すべてお手軽の時代となり、私のような時代遅れの人間とは無縁となりつつあった。

それならいいわ、というのが私である。なにも媚び諂《へつら》ってまでして増刷する要はないと思った。ところが伝わってきた話では、インターネット上、同書の刊行希望者が相当にいるとのこと。また、復刊希望の出版社から私への直接の呼びかけもあった。私はパソコンを扱えないので、家人にインターネット上の関係部分を出してもらって、そのさまざまな書きこみを読んだ。なかなかおもしろかった。爆笑、哄笑、微笑、苦笑。ただ、古書のオークションにおける同書の値段が高く、それは私の意に反した。まずは高校生が買えなくてはならないからである。そこで復刊を決心した。

本書は、前述のように、最初、Ｚ会から刊行された。その初刊に際して、藤井史昭相談役（当時社長）、編集部の秋山哲治・望月高一朗・杉村幸子各氏にたいへん御協力をえた。厚く感謝を表し申しあげる。そして今回、復刊に向けての作業途中、私が、Ｚ会会員のみならず一般読者にも読閲の機会をという勝手な希望を抱いたところ、加藤文夫社長は快く了承してくださり、講談社からの復刊となった。Ｚ会の度量の広さ、ならびに献身的に御協力いただいていた編集部の田中さち代氏に対して、心より感謝を表し申しあげる。

復刊に当って、講談社編集部の阿佐信一氏ならびに校閲部諸氏にはたいへんお世話になり、感謝申しあげている。その方針としては、全体的に相当の修補を加え、第五部「問題編」や第六部「中国の文化と社会と」は削った。量が多くなりすぎるためである。もっとも、将来この第六部は修補して別の独立した形で刊行したいとは思っている。

その第六部の最末尾段落を最後に引用して筆を擱《お》きたい。それは、本書の新しい読者である若い人たちに対する私の大いなる期待の気持ちからである。

＊　＊　＊

最近、若い人たちの間で、江戸時代知識人の著述を読もうとする人が出てきつつあると聞く。それは喜ばしい。もちろん、現代のセンスで読むわけであるから、私はより一層よいと思っている。いわゆるカンカチ頭の漢文屋さんたちは、頭が柔軟でなく、読んでもその表面の意味を見るだけである。しかし、いつだったか、ラジオで、高校生がニーチェの作品を読んだ感想を言っていたが、私はびっくりした。なんと彼は「ドラムソロを聞く感じだ」と語っていた。実に新鮮な読後感だ。そのうち、江戸時代の大儒者荻生徂徠《おぎゅうそらい》のものを読んで「ドラムソロを聞く感じだ」と言う人が諸君の中から出てくるかもしれない。いや、きっと出てくることを期待する。

平成二十二年三月二十四日

孤剣楼　加地伸行

ら　行

わ　行

や　行

ま 行

は　行

な　行

た　行

さ　行

か 行

索　引

（漢字は主として音読順）

あ　行

KODANSHA

本書は一九八四年一〇月に増進会出版社より刊行された『漢文法基礎』（新版）を大幅に改訂したものです。

加地伸行（かじ　のぶゆき）

1936年大阪生まれ。京都大学文学部卒業。専攻は中国哲学史。大阪大学名誉教授。文学博士。著書に『孝研究―儒教基礎論』『中国論理学史研究』『儒教とは何か』『孔子』『沈黙の宗教―儒教』『「論語」再説』など。講談社学術文庫に『孝経 全訳注』『論語 全訳注 増補版』などがある。

講談社学術文庫

定価はカバーに表示してあります。

漢文法《かんぶんぽう》基《き》礎《そ》　本当《ほんとう》にわかる漢文入門《かんぶんにゅうもん》

二畳庵主人《にじょうあんしゅじん》／加地伸行《かじのぶゆき》

2010年10月12日　第1刷発行
2021年8月24日　第23刷発行

発行者　鈴木章一
発行所　株式会社講談社
東京都文京区音羽 2-12-21 〒112-8001
電話　編集（03）5395-3512
販売（03）5395-4415
業務（03）5395-3615

装　幀　蟹江征治
印　刷　豊国印刷株式会社
製　本　株式会社国宝社
本文データ制作　講談社デジタル製作

ISBN978-4-06-292018-6

「講談社学術文庫」の刊行に当たって

これは、学術をポケットに入れることをモットーとして生まれた文庫である。学術は少年の心を養い、成年の心を満たす。その学術がポケットにはいる形で、万人のものになることは、生涯教育をうたう現代の理想である。

こうした考え方は、学術を巨大な城のように見る世間の常識に反するかもしれない。また、一部の人たちからは、学術の権威をおとすものと非難されるかもしれない。しかし、それはいずれも学術の新しい在り方を解しないものといわざるをえない。

学術は、まず魔術への挑戦から始まった。やがて、いわゆる常識をつぎつぎに改めていった。学術の権威は、幾百年、幾千年にわたる、苦しい戦いの成果である。こうしてきずきあげられた城が、一見して近づきがたいものにうつるのは、そのためである。しかし、学術の権威を、その形の上だけで判断してはならない。その生成のあとをかえりみれば、その根は常に人々の生活の中にあった。学術が大きな力たりうるのはそのためであって、生活をはなれた学術は、どこにもない。

開かれた社会といわれる現代にとって、これはまったく自明である。生活と学術との間に、もし距離があるとすれば、何をおいてもこれを埋めねばならない。もしこの距離が形の上の迷信からきているとすれば、その迷信をうち破らねばならぬ。

学術文庫は、内外の迷信を打破し、学術のために新しい天地をひらく意図をもって生まれた。文庫という小さい形と、学術という壮大な城とが、完全に両立するためには、なおいくらかの時を必要とするであろう。しかし、学術をポケットにした社会が、人間の生活にとってより豊かな社会であることは、たしかである。そうした社会の実現のために、文庫の世界に新しいジャンルを加えることができれば幸いである。

一九七六年六月　　　　野間省一

死に至る病
セーレン・キェルケゴール著／鈴木祐丞訳

「死に至る病とは絶望のことである」。この鮮烈な主張を打ち出した本書は、キェルケゴールの後期著作活動の集大成として燦然と輝く。最新の校訂版全集に基づいてデンマーク語原典から訳出した新時代の決定版。

2409

統合失調症あるいは精神分裂病 精神医学の虚実
計見一雄著

昏迷・妄想・幻聴・視覚変容などの症状は何に由来するのか？「人格の崩壊」「知情意の分裂」などの謬見はしだいに正されつつある。脳研究の成果も参照し、病の本態と人間の奥底に蠢く「原基的なもの」を探る。

2414

『老子』 その思想を読み尽くす
池田知久著

老子の提唱する「無為」「無知」「無学」は、儒家思想のたんなるアンチテーゼでもニヒリズムでもない。最終目標の「道」とは何か？ 哲学・倫理思想・政治思想・自然思想・養生思想の五つの観点から徹底解読。

2416

時間の非実在性
ジョン・E・マクタガート著／永井 均訳・注解と論評

はたして「現在」とは、「私」とは何か。A系列（過去・現在・未来）とB系列（より前とより後）というマクタガートが提起した問題を、永井均が縦横に掘り下げてゆく。時間の哲学の記念碑的古典、ついに邦訳。

2418

ハイデガー入門
竹田青嗣著

『ある』とは何か」という前代未聞の問いを掲げた未完の大著『存在と時間』を豊富な具体例をまじえながら分かりやすく読解。「二十世紀最大の哲学者」の思想に接近するための最良の入門書がついに文庫化！

2424

哲学塾の風景 哲学書を読み解く
中島義道著（解説・入不二《いりふじ》基義《もとよし》）

カントにニーチェ、キルケゴール、そしてサルトル。哲学書は我流で読んでも、実は何もわからない。必要なのは正確な読解。読みながら考え、考えつつ読む、手加減なき師匠の厳しくも愛に満ちた指導を完全再現。

2425

中国の古典

論語新釈
宇野哲人《うのてつと》著（序文・宇野精一）

「宇宙第一の書」といわれる『論語』は、人生の知恵を滋味深く語ったイデオロギーに左右されない不滅の古典として、今なお光芒を放つ。本書は、中国哲学の権威が詳述した、近代注釈の先駆書である。

451

大学
宇野哲人全訳注（解説・宇野精一）

修己治人、すなわち自己を修練してはじめてよく人を治め得る、とする儒教の政治目的を最もよく組織的に論述した経典。修身・斉家・治国・平天下は真の学問の修得を志す者の熟読玩味すべき哲理である。

594

中　庸《ちゆうよう》
宇野哲人全訳注（解説・宇野精一）

人間の本性は天が授けたもので、それを〝誠〟で表し、「誠とは天の道なり、これを誠にするのは人の道なり」という倫理道徳の主眼を、首尾一貫、渾然たる哲学体系にまで高め得た、儒教第一の経典の注釈書。

595

菜根譚《さいこんたん》
洪自誠《こうじせい》著／中村璋八・石川力山訳注

儒仏道の三教を修めた洪自誠の人生指南の書。菜根とは粗末な食事のこと。そういう逆境に耐えてこそこの世を生きぬく真の意味がある。人生の円熟した境地、老獪極まりない処世の極意などを縦横に説く。

742

孫子
浅野裕一著

人間界の洞察の書『孫子』を最古史料で精読。春秋時代末期に書かれ、兵法の書、人間への鋭い洞察の書として名高い『孫子』を新発見の前漢末の竹簡文をもとに解読。組織の統率法や人間心理の綾など詳細に説く。

1283

墨子
浅野裕一著

博愛・非戦を唱え勢力を誇った墨子を読む。中国春秋末、墨子が創始した墨家は、戦国末まで儒家と思想界を二分する。兼愛説を掲げ独自の武装集団も抱えたが秦漢期に絶学、二千年後に脚光を浴びた思想の全容。

1319